“i优势”

北方工业大学附属学校德育、体育、美育课程体系

（学生用书）

王　英　主编

一年级

中国发展出版社
CHINA DEVELOPMENT PRESS

图书在版编目（CIP）数据

“i优势”：北方工业大学附属学校德育、体育、美育课程体系（学生用书）/ 王英主编 .
北京：中国发展出版社，2019.7

ISBN 978-7-5177-1027-1

Ⅰ . ① i… Ⅱ . ①王… Ⅲ . ①德育—中小学—教材 ②体育课—中小学—教材 ③美育—中小学—教材 Ⅳ . ① G634

中国版本图书馆 CIP 数据核字（2019）第 137690 号

书　　名：“i优势”：北方工业大学附属学校德育、体育、美育课程体系（学生用书）
著作责任者：王　英
出 版 发 行：中国发展出版社
（北京市西城区裕民东路 3 号 9 层　100029）
标 准 书 号：ISBN 978-7-5177-1027-1
经　销　者：各地新华书店
印　刷　者：河北鑫兆源印刷有限公司
开　　本：889mm × 1194mm　1/16
印　　张：38.5
字　　数：800 千字
版　　次：2019 年 8 月第 1 版
印　　次：2019 年 8 月第 1 次印刷
定　　价：158.00 元（全 9 册）

联 系 电 话：（010）68990630　68990692
购 书 热 线：（010）68990682　68990686
网 络 订 购：http://zgfzcbs. tmall. com//
网 购 电 话：（010）88333349　68990639
本 社 网 址：http://www.develpress. com. cn
电 子 邮 件：370118561@qq. com

前 言

qīn ài de xiǎo péng yǒu

亲爱的小朋友：

yíng zhe huā xiāng bàn zhe niǎo yǔ mù yù zhe chūn fēng nǐ tà jìn le xué xiào de dà mén

迎着花香，伴着鸟语，沐浴着春风，你踏进了学校的大门。

cóng jīn tiān qǐ nǐ jiù shì xiǎo xué shēng duì wǔ zhōng de yì yuán le zhè shì yí jiàn hěn

从今天起，你就是小学生队伍中的一员了，这是一件很

jiāo ào de shì qíng o

骄傲的事情哦！

nǐ jiāng hé lǎo shī tóng xué men yì qǐ xué xí zhī shi gòng tóng chéng zhǎng rèn shi zhè

你将和老师、同学们一起学习知识，共同成长，认识这

ge fēng fù ér měi hǎo de shì jiè Nǐ jiāng huì yōng yǒu hěn duō hǎo péng you yì qǐ yòng huān

个丰富而美好的世界。你将会拥有很多好朋友，一起用欢

shēng xiào yǔ diǎn zhuì nǐ de měi yí gè rì zi

声笑语点缀你的每一个日子。

zài zhè yì nián lǐ nǐ jiāng huì hé jiǔ ge yǒu qù ér yǒu yì yi de xiǎo huó dòng xiāng yù

在这一年里，你将会和九个有趣而有意义的小活动相遇。

nǐ jiāng huì zhī dào xīn de zhī shi dǒng dé yì xiē dào lǐ zhǎng wò yì xiē běn lǐng Bìng qiě xué

你将会知道新的知识，懂得一些道理，掌握一些本领，并且学

huì hé xiǎo huǒ bàn men yì qǐ sī kǎo gòng tóng jìn bù

会和小伙伴们一起思考，共同进步。

běi fāng gōng yè dà xué fù shǔ xué xiào yǒng yuǎn shì nǐ chéng zhǎng de wǔ tái lǎo

北方工业大学附属学校永远是你成长的舞台，老

shī yǒng yuǎn shì shǒu hù nǐ chéng zhǎng de dà péng you Yuàn nǐ hǎo hǎo xué xí tiān tiān

师永远是守护你成长的大朋友。愿你好好学习，天天

xiàng shàng chéng zhǎng wéi yì míng dú yī wú èr de xiǎo wèi lái

向上，成长为一名独一无二的“小未来”。

目 录

一字诀　善——人之初，性本善 …… 1

二字诀　志——有志者，事竟成 …… 10

三字诀　技——精一技，通百路 …… 15

四字诀　恒——学无涯，贵有恒 …… 22

五字诀　律——克于己，复于礼 …… 28

六字诀　责——尽己责，担道义 …… 33

七字诀　识——学而思，思而行 …… 38

八字诀　合——尚和合，求大同 …… 43

九字诀　悦——身心悦，远近悦 …… 51

后　记 …… 57

一字诀

善——人之初，性本善

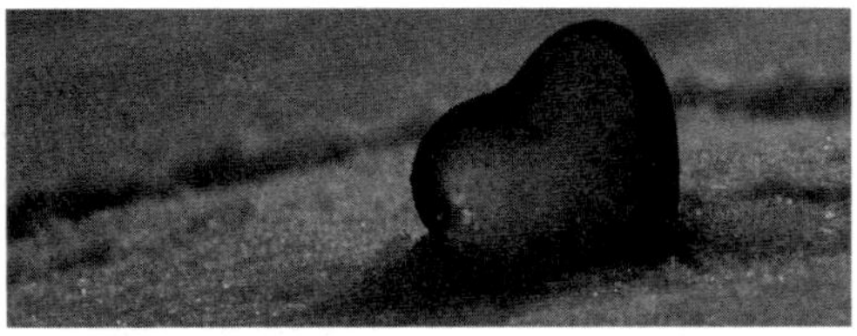

小朋友们，你们知道“善”（shàn）字的含义吗？“善”就是“善良”。要怀有一颗仁爱（rén ài）之心，懂得伸张正义（zhèng yì），拥有家国（jiā guó）情怀。

怀有一颗仁爱之心就是要关心同学，主动帮助有困难的同学，献出自己的爱心。

懂得伸张正义就是要有正义感，敢于维护正义，对不好的事情说“不”。

拥有家国情怀就要爱家乡，爱祖国，爱人民，努力学习，掌握本领，保卫我们的祖国。

写一写

善　仁　爱　正　义　家　国

第一课　学好价值观，不负新时代（上）

小朋友们，你知道社会主义核心价值观的24个字都是哪些吗？你会背诵吗？你知道这24个字的含义吗？

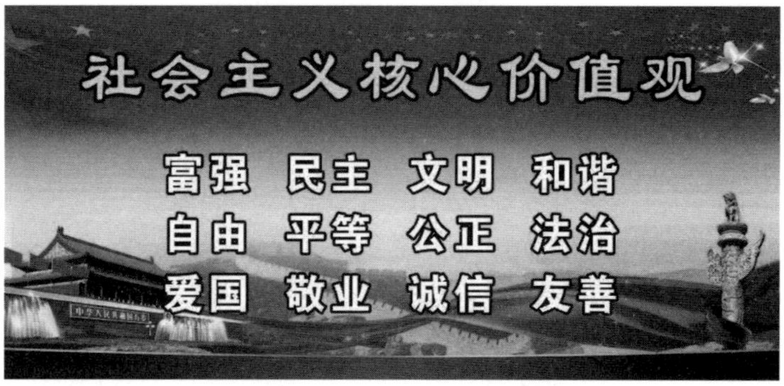

全神贯注

请你和爸爸妈妈一起观看动画片，跟着大头儿子、小头爸爸、围裙妈妈、棉花糖和云朵妈妈一起来学习这24个字吧。

动画片看完了，你能回答下面的问题吗？请你把你的答案和爸爸、妈妈或者你小组的其他成员说一说，看看你的回答是否正确。

一、富强

1. 白爷爷和大头儿子的爷爷小时候遇到了什么事？

2. 从那时起白爷爷有了一个愿望，是什么呢？

3. 白爷爷看升国旗和展览的时候为什么哭了？

二、民主

1. 班级里发生了什么事情？

2. 班长候选人都有谁呢？

3. 后来班级里出现了什么问题？

4. 老师的办法是什么？

三、文明

1. 大头儿子捡到了什么东西？

2. 大头儿子和小头爸爸为了找到外国老爷爷都去了哪些地方？

四、和谐

1. 短片中出现了哪些不和谐的事情？

2. 小头爸爸的办法是什么？

亲子时光

请和爸爸妈妈一起背诵下面的句子，看谁背得最快、最准确。

- 富强就是国家好、家家好、大家好。
- 民主就是人人出主意，力量比天大。
- 文明是多彩的、平等的、包容的。
- 这贵、那贵、和为贵，人和、家和、万事兴。

学以致用

亲爱的小朋友，请你想一想，我们在日常学习和生活，怎样做到“富强”“民主”“文明”“和谐”呢？

第二课　学好价值观，不负新时代（中）

小朋友，上节课的四个词语你学会了吗？这节课我们再学习四个词语，这四个词语描绘的是一个美好社会的样子，让我们打开动画片，一起来看一看一个美好的社会应该是什么样子的吧。

全神贯注

请试着回答下面的几个问题，看看你是否看懂了呢？

一、自由

1. 老师要求同学们做什么？
2. 后来发生了什么问题？
3. 老师制定的规则是什么？

二、平等

1. 大头儿子为什么要搬走了？
2. 最后大头儿子为什么不用搬走了呢？

三、公正

1. 大头儿子为什么哭了？
2. 老师后来是怎样给学生发玩具的？
3. 最后每个小朋友都得到玩具了吗？

四、法治

1. 小朋友们的模拟法庭都有什么角色？
2. 大头儿子发现家里进了小偷后做了什么呢？
3. 在真正的法庭上小头爸爸展示了什么？

攻克难关

上面的问题你都回答上来了吗？真棒！接下来，让我们一起背诵下面的四句话吧。

- 珍视秩序，珍视自由。
- 人人平等。
- 公正是照亮社会的阳光，它给人温暖，给人力量。
- 依法治国，国泰民安。

学以致用

亲爱的小朋友，请你想一想，我们在日常学习和生活，怎样做到“自由”“平等”“公正”“法治”呢？

第三课　学好价值观，不负新时代（下）

小朋友们，这节课我们来学习社会主义核心价值观的最后四个词语了，请你认真观看动画片，回答下面的问题。

全神贯注

一、爱国

1. 同学们为了找拼图都去了哪些地方？
2. 同学们找拼图过程中有哪些感想呢？

二、敬业

1. 大头儿子为什么不高兴了？
2. 为什么大头儿子和棉花糖的爸爸那么忙呢？

三、诚信

1. 大头儿子忘记了什么？得到帮助了吗？
2. 卖早点的叔叔做了什么呢？
3. 卖菜的那位叔叔为什么被警察带走了？

四、友善

1. 丽丽怎么了？
2. 小头爸爸为大头儿子想了什么办法呢？
3. 大头儿子是怎么做的呢？
4. 同学们是怎么做的呢？
5. 最后丽丽怎么样了？

各抒己见

请你想一想，这四个词语所描述的品德你都能做到吗？你能做到哪些？不能做到哪些？请和你的同学、爸爸妈妈说一说你的想法。

攻克难关

请大声朗读，并背诵以下四句话。

- 爱国就是爱我们共同的家。
- 干一行、爱一行、精一行。
- 诚信，为人之本。
- 关心别人，快乐自己。

学以致用

亲爱的小朋友，请你想一想，我们在日常学习和生活，怎样做到“爱国”“敬业”“诚信”“友善”呢？

一笔一划

小朋友们，社会主义核心价值观的12个词语我们都学习完了，你都学会了吗？你明白这些词语的含义了吗？让我们来写一写这12个词语吧。

富强	民主	文明	和谐
自由	平等	公正	法治
爱国	敬业	诚信	友善

亲子时光

请你为爸爸妈妈背诵一遍这三节课里学到的12句话，请爸爸妈妈写下你的成长记录。

宝贝能够完全正确地背诵下来的是哪几句话？

____

____

宝贝对哪一句记忆得最不好，您觉得原因是什么？

____

____

针对上面的问题您是怎样帮助孩子的呢？

____

____

本月活动

惟妙惟肖

小朋友，社会主义核心价值观的12个词语不仅要会读、会写、会说，更重要的是要将它们变成自己的语言、思想和行为。让我们来编排一个小品，将这12个字活灵活现地展示给大家。

活动引导

请同学们仔细思考以下问题，并和爸爸妈妈、老师、同学们说说你的想法。

1. 小品的名字叫什么？
2. 选择社会主义核心价值观众的哪个词呢？（可多选）
3. 小品的剧情是怎样的？
4. 小品预计几分钟？
5. 我想和哪些小伙伴来演，我们分别扮演哪些角色呢？
6. 这个小品可以告诉大家什么呢？

《我的成长印记》

亲爱的同学们：

童年，是小草的芽儿，充满了希望；是初升的太阳，充满了活力；是清润的雨水，充满了欢乐。让我们在这纯洁、美妙的童年里，像小雏鹰一样，勇敢地张开翅膀，学会飞翔。

在北方工业大学附属学校九年的学习时光中，你将会发现自己的不同，发展自己的潜能，在未来发挥你的优势，实现自己的价值。

现在，让我们用一张属于自己的“手印画”，开启我们的成长之旅吧！

下面几幅是其他小朋友画的手印画，漂亮吗？请你展开丰富的想象，用自己的小手和画笔，完成属于你自己的手印画吧。

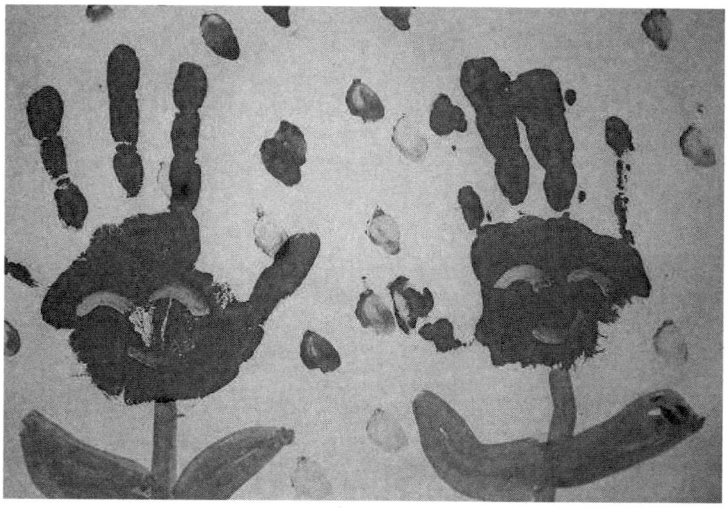

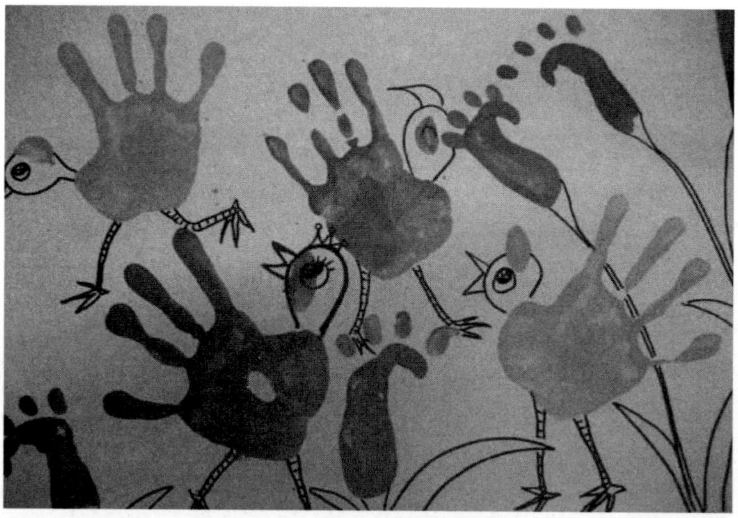

我的“手印画”

二字诀

志——有志者，事竟成

“志”就是要有志向，也就是要有属于你自己的小小梦想，并且要努力学习、不怕困难，勇敢地追求梦想，有为之努力的激情，有为之奋斗的行动，最后实现梦想，达成自己远大的志向。这个过程就是：立梦（lì mèng）、追梦（zhuī mèng）、圆梦（yuán mèng）。“有志者，事竟成”，意思就是有志向的人，做事一定会成功。所以，你要学会拼搏，学会奋斗，做一个执着追求梦想而又充满自信的人。

十月一日是新中国成立的日子，是伟大祖国母亲的生日。这一天，大街小巷都会挂满红红的国旗，人们用一张张喜气洋洋的笑脸庆贺祖国华诞。你们是祖国的花朵、祖国的未来、祖国的栋梁，因此，每一位小朋友都要立志为祖国的发展和强大贡献自己的一份力量。

小朋友们，我们的国旗叫“五星红旗”。你知道国旗代表着什么吗？你在什么地方能看到我们的五星红旗呢？

这节课，我们将完成一副拼画，你将学会拼出五星红旗，并按照你的想法，把它插在“代表中国的地方”。希望你能够理解国旗的意义，更加热爱她，热爱我们的祖国。

第四课　DIY 拼画：保卫祖国

奇思妙想

亲爱的小朋友，下面四幅图中有一样共同的东西，它是什么呢？对了，是中国的国旗，它出现在了天安门广场、南极科考站，也缝在了运动健儿的衣服上，还能随着杨利伟叔叔遨游太空，因为，国旗代表“中国人”，也代表“中国的地方”。

请你想一想，还有哪些地方可以看到我们中国的国旗呢？请尝试着写在下面的横线上，不会写的字可以用拼音哦。

____

____

____

能工巧匠

下面的小图画你喜欢哪几个？将它们画在空白处，作为你的爱国小图画吧。请记住，爱国小图画里一定要有国旗哦。

爱国小图画的名字：________________________________

本月活动

妙笔生辉

小朋友，你的梦想是什么呢？做一名科学家，成为一名医生，还是做一名保家卫国的战士？你梦想中未来的祖国是什么样子的呢？请打开想象，以《我的梦想》为题，在这里完成一副绘画作品。

《我的梦想》

《我的成长印记》

让我们用“我热爱我的祖国，因为……”造三个句子。

①我热爱我的祖国，因为____________________

②我热爱我的祖国，因为____________________

③我热爱我的祖国，因为____________________

我的闪亮时刻：

请回忆，你在这个月里得到了老师和家长的哪些表扬？获得了哪些小奖状？取得了哪些好成绩？选择你最难忘的写下来吧。

我是小雷锋：

请写下这个月中最让你感到骄傲的助人为乐的好事。

老师的话：

请找一位老师（如你的班主任或者任课老师），为你写下一句评价或鼓励的话。

我的宝贝长大了：

亲爱的同学们，这个月里你有哪些收获？取得了哪些进步？得到了哪些成长？请和你的爸爸妈妈说一说，让他们为你记录下来吧。

印章收集处：

请你的老师和同学把奖励你的小印章盖在这里哦。

三字诀

技——精一技，通百路

“技”就是技艺、技能，我们要掌握一门技巧，学会一项能力。要学会一门技艺，首先要学会观察（guān chá）和思考（sī kǎo）。要学会对事物进行仔细观察，收集各种信息，通过思考理解其内在的意义，并大胆提出问题，养成与同学、老师交流和沟通的好习惯。

观察，就是仔细查看事物的形状、大小、颜色、结构等等，看看它和别的东西哪里一样，哪里不一样，并做好观察笔记。

思考，就是想一想这件事物为什么是这个样子，为什么有些地方和别的事物不一样，想一想哪些地方可以做一些改变，让它变得更好。

第五、六课　小小纸飞机，承载科技梦

亲爱的小朋友们，你会折纸飞机吗？你会几种折法？你知道什么样的纸飞机飞得最高、最远吗？

今天，我们将学习折纸飞机，并开展“未来号”纸飞机大赛。希望你积极思考，善于实践（shí jiàn），制作出一款最棒的纸飞机。祝你成功！

博闻广见

亲爱的小朋友，你见过飞机吗？你都认识哪些飞机呢？你能说出下面三架飞机的名字吗？

第一架飞机是“客机”，它可以用最快的速度把旅客送到世界各地；第二架飞机是“战斗机”，它可以保卫祖国的领空不受侵犯；第三架飞机是“航天飞机”，它能够把宇航员送上太空。

飞机可以立下这么多功劳，你喜欢飞机吗？你想驾驶飞机飞上蓝天吗？

能工巧匠

现在，让我们开动脑筋，伸出灵巧的小手，折一架漂亮的纸飞机吧。

1. 将纸的一端按照虚线（------）折叠。

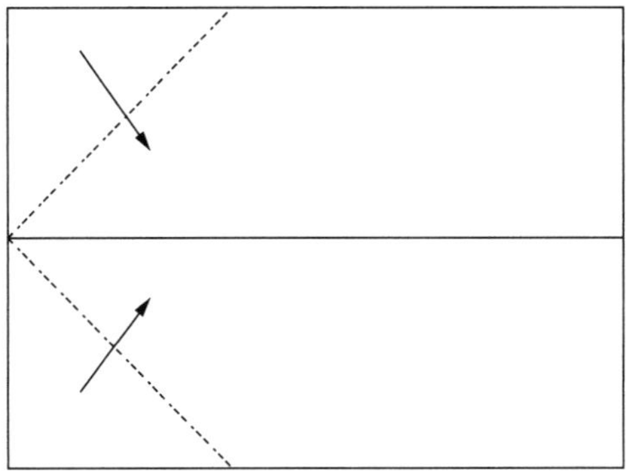

2. 再次沿着虚线向中间折叠。

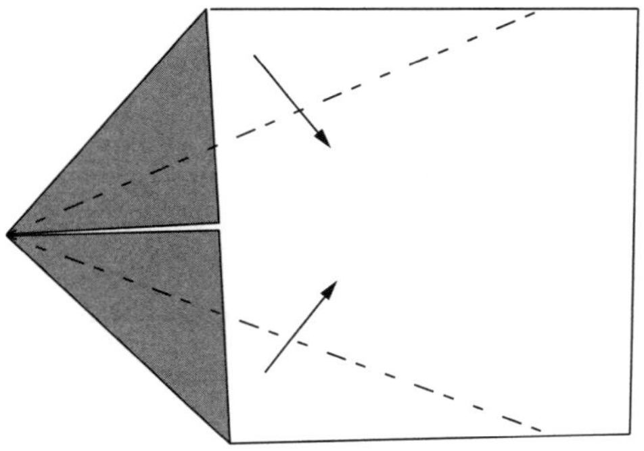

3. 沿着虚线将下半部分向上折叠。

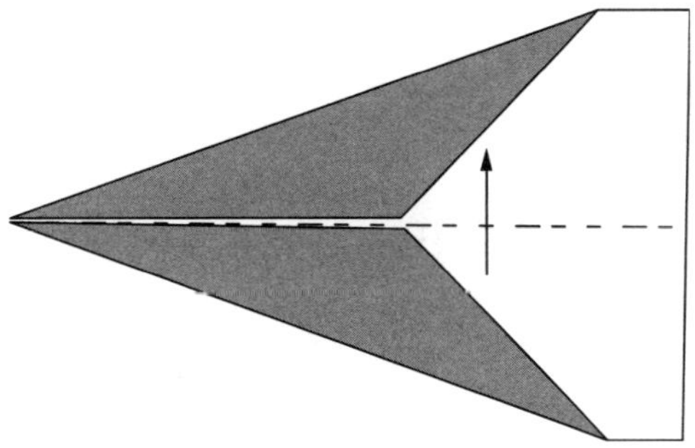

4. 沿着虚线折叠机翼，注意b比a要长一些。

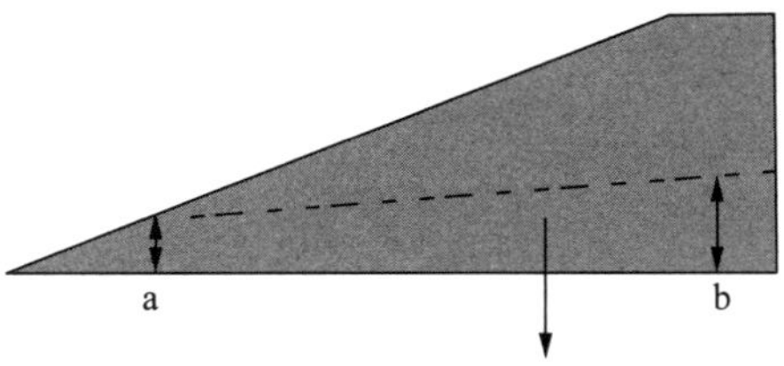

5. 将飞机头部向下折出折痕，并沿折痕将尖角向上推。

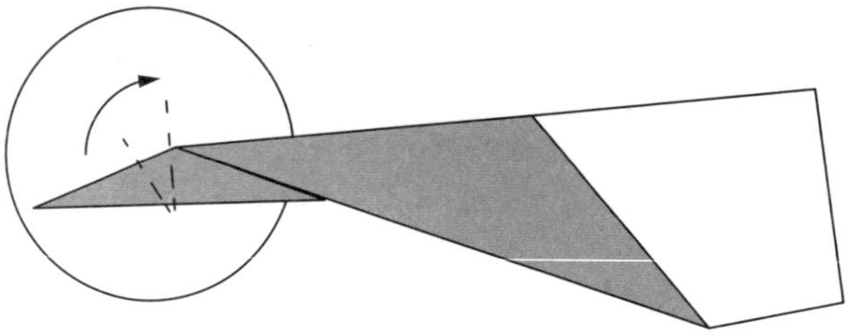

6. 用抬起的尖角两侧包裹住机头，然后将尖端向下压。

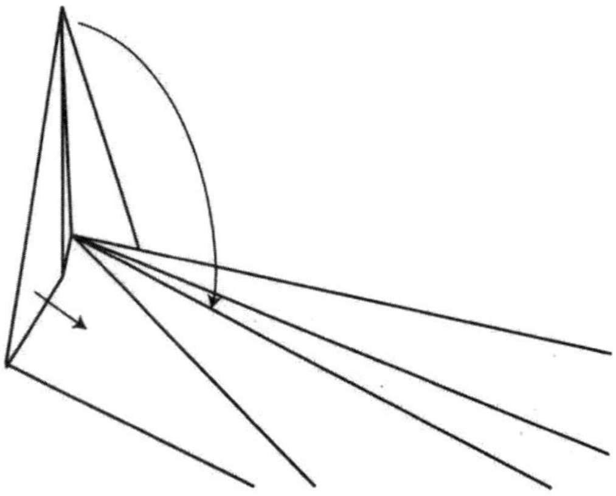

7. 将尖角超出机翼平面的部分塞入机身中间的缝隙内。

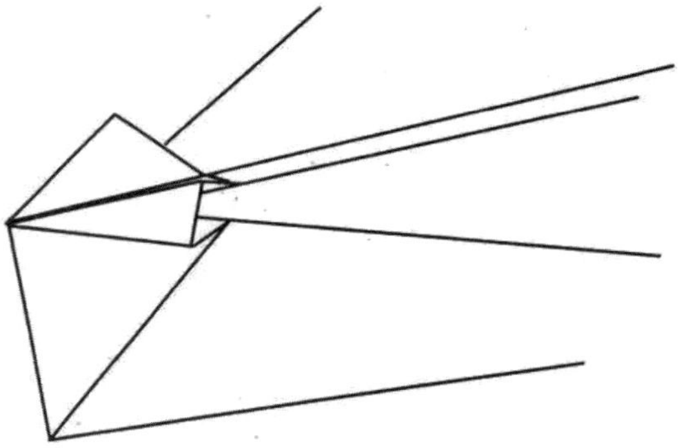

8. 沿虚线将机尾部分折出折痕，然后将右下角向上推，按折痕压实，形成翘起的尾翼。

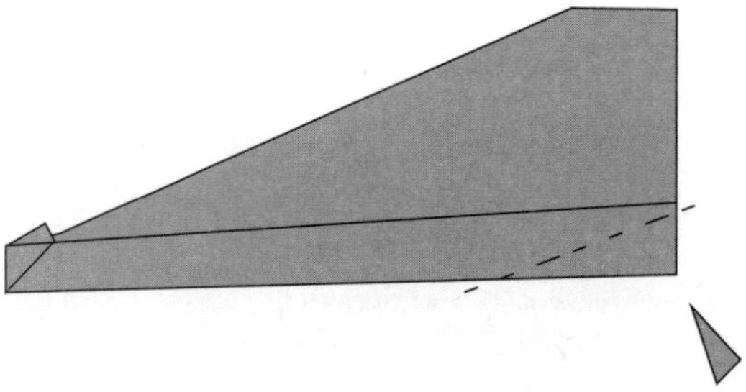

9. 沿虚线将机翼末端向上折出尾梢小翼。

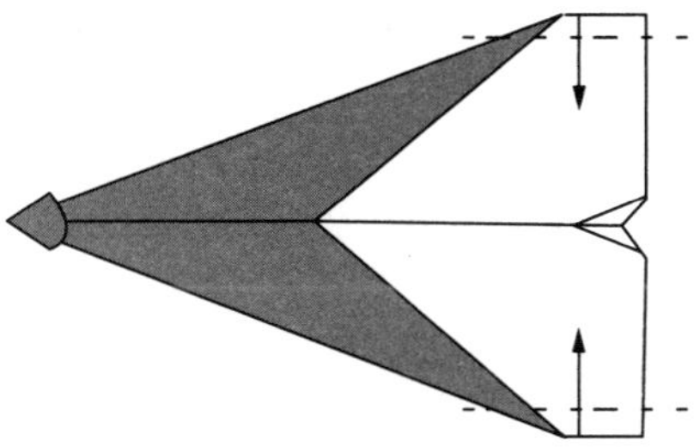

10. 成品图。

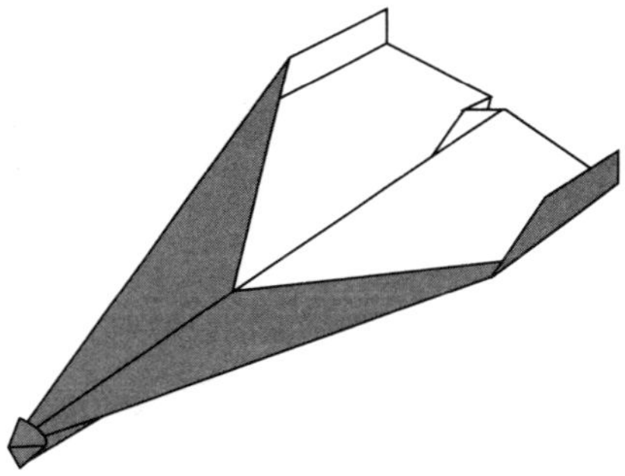

小朋友，你折好了吗？这架飞机是世界上最有名的纸飞机，它的名字叫“复仇者”。它是由一群年轻的英国人设计的。飞行距离可以超过30米，在空中停留20秒，创下了吉尼斯世界纪录。

奇思妙想

请你想一想，怎样可以使纸飞机飞得更高、更远，在空中停留的时间更长呢？请把你的答案和同学、老师或者爸爸妈妈说一说，看看谁的办法最好。

本月活动

纸飞机大赛

请你设计并制作一架纸飞机，参加学校的“未来号”纸飞机大赛，并请爸爸妈妈把你制作的过程录制下来。你要一边做一边讲解，看看怎样能把步骤说清楚。如果有困难，就及时向爸爸妈妈请教。

活动引导

1. 我的纸飞机叫什么名字？

2. 它的型号（可自创）是什么？

3. 它的特点有哪些？

4. 它的取胜优势有哪些？

5. 在设计和制作纸飞机的过程中，我需要向老师、家人和同学寻求怎样的帮助？

《我的成长印记》

我的小小纸飞机：

☆你的纸飞机在比赛中取得了怎样的成绩？

____

☆你还需要改进的地方是：

____

____

☆通过这次比赛，你有哪些收获？

____

____

我的闪亮时刻：

请回忆你在这个月里得到了老师和家长的哪些表扬？获得了哪些小奖状？取得了哪些好成绩？选择你最难忘的写下来吧。

____

____

____

____

我是小雷锋：

请写下这个月中最让你感到骄傲的助人为乐的好事。

____

____

____

____

老师的话：

请找一位老师（如你的班主任或者任课老师），为你写下一句评价或鼓励的话。

____

____

____

____

我的宝贝长大了：

亲爱的同学们，这个月里你有哪些收获？取得了哪些进步？得到了哪些成长？请和你的爸爸妈妈说一说，让他们为你记录下来吧。

____

____

____

____

印章收集处：

请你的老师和同学把奖励你的小印章盖在这里哦。

四字诀

恒——学无涯，贵有恒

“恒”的意思是永恒、持久、持之以恒。要认真、专注地做事，拥有追逐梦想的勇气、顽强的毅力以及永不放弃的决心，培养不怕吃苦、竭尽全力的精神品质。

作为一名一年级的小学生，我们首先要学会认真（rèn zhēn），做事不能马马虎虎、三心二意，而是要用心和专注，细心地对待周围的事物。

在这个月的活动中，你将尝试着养成一个好习惯，希望你能够认认真真地做好每一件事，过好每一天。

关于“恒”的名言：

世上无难事，只要肯登攀。——毛泽东

有恒心，有胆量，方能成功。——周恩来

耐心和恒心总会得到报酬的。——爱因斯坦

没有伟大的意志力，就不可能有雄才大略。——巴尔扎克

第七课　21天=1个好习惯

亲爱的小朋友，你在日常生活中有哪些良好的习惯呢？你是怎样做到的呢？这节课，我们将学习培养一个好习惯的办法，希望你认真学习，坚持到底，养成更多的好习惯，并让这个好习惯陪伴着你一生的成长。

你知道吗

亲爱的同学，你认识她吗？她叫张海迪（zhāng hǎidí）。

因为残疾，她从5岁开始就不能走路了，但是她很坚强，自学完成了小学、中学、大学的课程，学会了三种语言，还学会了针灸（zhēn jiǔ），并发表了许多文章。你看，她的笑脸多灿烂啊！。

那么，请你想一想，是什么让她克服重重（chóng chóng）困难，取得这样的成就呢？

回答正确，那就是坚定的理想和非凡的毅力。

妙趣横生

现在，我们来玩一个好玩的“毅力”小游戏——西天取经。请小朋友们认真听老师讲解游戏规则，按要求分好小组，注意游戏当中要遵守纪律。

一丝不苟

请按照下面的步骤完成课前小实验：“变软的蛋壳”，并尝试将每一个实验步骤加语言讲解录制下来。

1. 请找到一个小碗，将牙膏挤到碗里；

2. 找到一个煮熟的白皮鸡蛋，将一端浸在牙膏里，然后用保鲜膜将小碗密封保存4天；

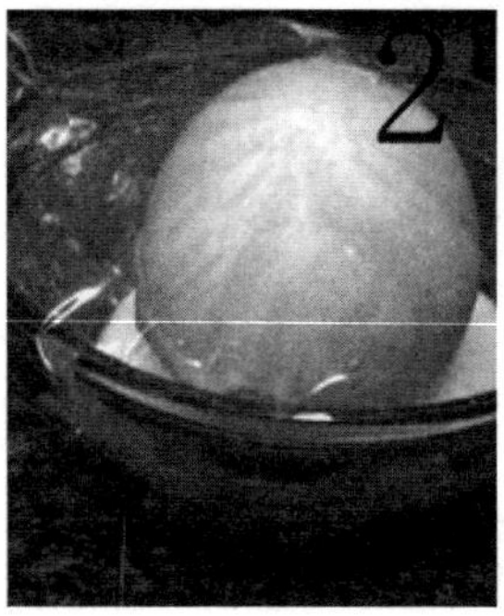

3. 4天以后将鸡蛋取出，擦干净，再放置一天后，将鸡蛋放入醋里浸泡12个小时（被牙膏浸泡过的一端做上标识）。

奇思妙想

将鸡蛋从醋中取出，你发现被牙膏泡过的蛋壳和没有被牙膏泡过的蛋壳有什么不一样吗？你从中明白了什么呢？请与老师和同学一起分享你的答案，交流心得，并尝试把你的心得体会写下来。

____

____

亲子时光

下面，请你和爸爸妈妈一起制订你的毅力计划吧。

☆我想在21天后养成的好习惯（好的习惯可以是下课铃响后记得上厕所、记住课程表的科目、准备好下一节课要用的课本和作业、写字姿势端正等等）：

____

____

☆爸爸妈妈希望我在21天后养成的好习惯：

____

____

☆经过和爸爸妈妈商量，我确定了我的“毅力计划”是：

☆我的“毅力计划”开始时间：

☆我的“毅力计划”口号：

☆请爸爸妈妈为你读一读、讲一讲张海迪的个人名言，并讲述一个不怕困难、坚持不懈，最终取得成功的“毅力小故事”。

本月活动

侃侃而谈

小朋友们，你们的“毅力计划”都制定好了吗？让我们来举办一个“我的毅力计划”班级宣讲会，把你的计划告诉大家，我们一起努力，实现目标。

妙语连珠

张海迪的名言：

- 每个人的生命都是一只小船，理想是小船的风帆。
- 即使跌倒一百次，也要一百零一次地站起来。
- 在困境里，要树立信心，相信一切都会过去，还要自我鼓励，以乐观的心态战胜困难。

《我的成长印记》

我的毅力：

在“西天取经”的游戏中，你扮演的是什么哪个角色？游戏的过程中，你受到了同学们的哪些干扰？你如何战胜这些干扰的？结果如何？请和你的小组的伙伴们进行交流，分享经验，在下面写下你的心得体会。

我的闪亮时刻：

请回忆你在这个月里得到了老师和家长的哪些表扬？获得了哪些小奖状？取得了哪些好成绩？选择你最难忘的写下来吧。

我是小雷锋：

请写下这个月中最让你感到骄傲的助人为乐的好事。

老师的话：

请找一位老师（如你的班主任或者任课老师），为你写下一句评价或鼓励的话。

我的宝贝长大了：

亲爱的同学们，这个月里你有哪些收获？取得了哪些进步？得到了哪些成长？请和你的爸爸妈妈说一说，让他们为你记录下来吧。

____

____

____

____

印章收集处：

请你的老师和同学把奖励你的小印章盖在这里哦。

五字诀

律——克于己，复于礼

“律”就是要学会“律己”，懂得克制自己、把握自己；要主动学习、自觉做事，学会管理自己的生活、自己的时间，也就是学会自理。

“自理”（zì lǐ）是一个小朋友成长的标志。作为一名小学生，你要学会自己穿衣服，自己刷牙、洗脸、梳头发，也要学会自己整理书包，收拾学习用品，做到自己的事情自己做，成长为一名合格的小学生。

小歌谣：

小学生，要自理，学会自己管自己；
在家不当小皇帝，长大才能有出息。
学校活动莫推迟，班级工作要尽职；
辛勤劳动最光荣，好逸恶劳最可耻。

第八课 生活自理我能行

亲爱的小朋友，你每天有哪些事情能自己做到，哪些事情要爸爸妈妈帮助你来做的呢？这些事情非常难吗？你有决心学会自己做这些事情吗？

上了小学，我们就该学会“自己的事情自己做”了，因为你应该做到，也能做到。希望经过这节课的学习，你能够在爸爸妈妈的帮助下，制定一份日常行为表，并坚持每天照做。慢慢地，你就会自己做更多的事情，很少需要爸爸妈妈的帮助了。

本月活动

亲子活动

让我们和爸爸妈妈一起来制作一张漂亮的日常行为图表吧。首先，你需要准备10张照片，照片的内容请参照下面样例中的文字说明，然后将照片洗出来粘贴到相应的方框中。请注意，“按时起床”和“按时睡觉”的照片中需要体现时间。

你可以自己决定照片的大小，图表制作好后请挂在家中，要时刻提醒自己哦。祝你成功！

小提示：小朋友们，寒假就要到了，你们还可以制作一份《寒假行为图表》，时刻提醒自己，自己的事情自己做。

日常行为表样例：

照片粘贴处	按时起床	认真完成作业	照片粘贴处
照片粘贴处	自己穿衣服	做一件家务	照片粘贴处
照片粘贴处	认真刷牙	睡前洗漱	照片粘贴处
照片粘贴处	自己梳头发	睡前阅读	照片粘贴处
照片粘贴处	吃营养早餐	按时睡觉	照片粘贴处

请看看国外的小朋友制作的图表吧：

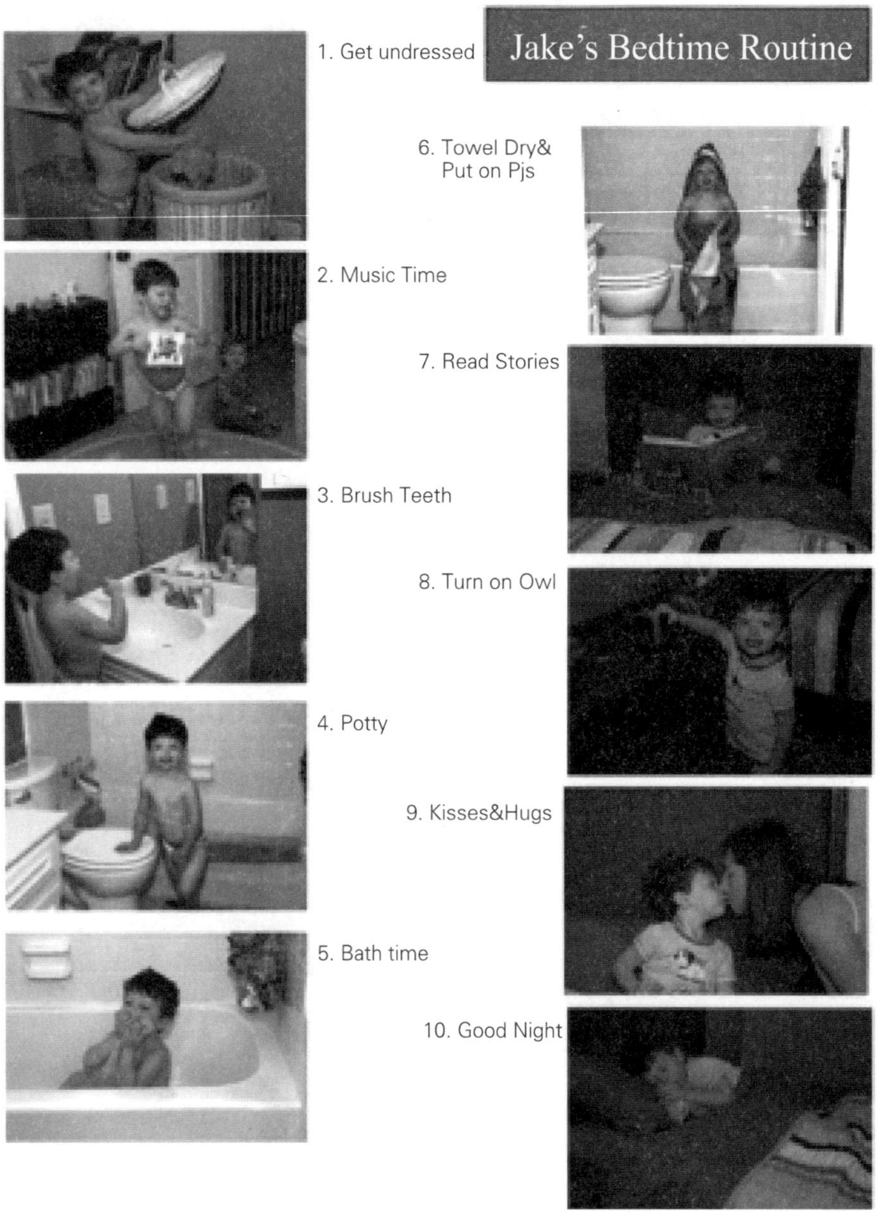

精彩纷呈

同学们的图表制作得怎么样？现在，我们来向老师和同学们进行展示和讲解，听听他们有哪些好的建议吧。

《我的成长印记》

我的健康生活：

你的每日图表执行得怎么样？有没有严格要求自己按时完成每一件事？或者还需要爸爸妈妈的督促？或者没有做到自己的事情自己做？请你做一个小总结，想一想自己成功或者失败的原因是什么。

我的闪亮时刻：

请回忆你在这个月里得到了老师和家长的哪些表扬？获得了哪些小奖状？取得了哪些好成绩？选择你最难忘的写下来吧。

我是小雷锋：

请写下这个月中最让你感到骄傲的助人为乐的好事。

老师的话：

请找一位老师（如你的班主任或者任课老师），为你写下一句评价或鼓励的话。

我的宝贝长大了：

亲爱的同学们，这个月里你有哪些收获？取得了哪些进步？得到了哪些成长？请和你的爸爸妈妈说一说，让他们为你记录下来吧。

印章收集处：

请你的老师和同学把奖励你的小印章盖在这里哦。

六字诀

责——尽己责，担道义

“责”的意思就是负责任。作为一个社会中的人，我们都有需要承担的责任，比如要孝敬父母、听父母的话，要尊敬老师、团结同学，这些好的品质都是懂责任、有担当的表现。

母爱如海，父爱如山。爸爸妈妈为我们的成长日益辛劳，无微不至地照顾我们的生活。他们默默无声地给我们滋润，无怨无悔地为我们付出。所以，要做到“责”，首先要懂得“孝亲”（xiào qīn），要学会孝敬父母，不仅自己的事情自己做，还要主动帮助爸爸妈妈做力所能及的事。

在这个月的学习中，我们将认识雷锋叔叔，学习他全心全意为人民服务、为了人民的事业无私奉献的“螺丝钉”精神。

第九课　我是小小螺丝钉

小朋友们，你们知道吗，每年的三月五日，是全国人民“学习雷锋”的日子。这节课，我们就来认识雷锋叔叔，学习他乐于助人、顽强刻苦的螺丝钉精神。希望你们从今天起，人人都能成为一个快乐的“小雷锋”，做一名懂事的好孩子。

亲子时光

同学们，你认识他吗？他叫雷锋，你知道关于他的事迹吗？你知道什么叫作“雷锋精神”吗？请爸爸妈妈为你讲述两个雷锋叔叔的故事，并将这两个故事与你的老师和同学们分享。

做一做

亲爱的小朋友，请你想一想，作为一名一年级的小学生，我们该如何做到学习雷锋？在日常的学习生活中该如何体现呢？请写下你的想法，并与老师和同学分享你的答案。

我们要：

☆热爱祖国；

☆努力学习；

☆______________________________

☆______________________________

☆______________________________

☆______________________________

☆______________________________

☆______________________________

本月活动

调查研究

同学们，公物就是大家共同使用的事物，比如班级内的黑板、多媒体设备、课桌椅、卫生工具、门窗属于班级公物，垃圾箱、长椅、公园健身器材、共享单车等属于社会公物。每个人都应该爱惜、爱护这些公共物品。让我们小组结队展开调研，看看这些公物是否得到了大家的保护呢？

活动引导

请同学们仔细思考以下问题，并和爸爸妈妈、老师、同学们说说你的想法。

1. 我的小组成员都有谁？

2. 我们的调研地点是哪里？

3. 我们发现没有被好好保护的公物有哪些？

4. 拍照取证。
5. 我们认为这些公物没有被好好保护的原因是什么？
6. 我们认为大家应该怎样来保护这些公物？

赏心悦目

在1978年和2013年，为了纪念毛泽东同志“向雷锋同志学习”题词发表15周年和50周年，中国邮政分别发行了一套“向雷锋同志学习”的纪念邮票。请欣赏这些邮票，感受雷锋叔叔的奉献精神和顽强斗志。

1978年发行的邮票一共三枚，分别为毛主席的题词、华国锋主席的题词，以及雷锋在汽车驾驶室方向盘前学习毛泽东著作的情景。

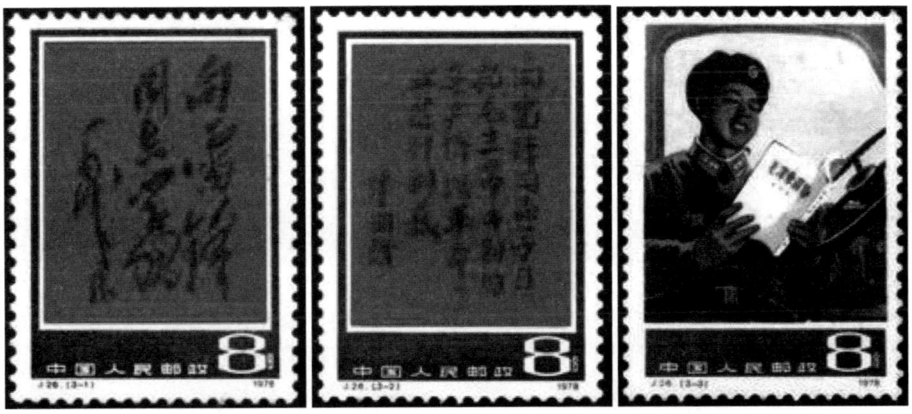

2013年的邮票一共4枚，分别为：学习钻研、“向雷锋同志学习”、爱岗敬业、助人为乐。

《我的成长印记》

我的“雷锋精神”：

小朋友们，请你摘抄三句雷锋叔叔的名言，并仔细体会，努力记住这些话。

①

②

③

我的闪亮时刻：

请回忆你在这个月里得到了老师和家长的哪些表扬？获得了哪些小奖状？取得了哪些好成绩？选择你最难忘的写下来吧。

我是小雷锋：

请写下这个月中最让你感到骄傲的助人为乐的好事。

老师的话：

请找一位老师（如你的班主任或者任课老师），为你写下一句评价或鼓励的话。

我的宝贝长大了：

亲爱的同学们，这个月里你有哪些收获？取得了哪些进步？得到了哪些成长？请和你的爸爸妈妈说一说，让他们为你记录下来吧。

印章收集处：

请你的老师和同学把奖励你的小印章盖在这里哦。

七字诀

识——学而思，思而行

“识”的含义是见识和视野，指一个人要拥有广博的见识和开阔的视野，这样，他才能明白更多道理，懂得更多是非，比别人看得更高、想得更远，做到心中有天下。

要想拥有广博的见识，首先要做到“博览”（bó lǎn）。有一句成语叫“见多识广”，说的就是要多多读书，要多看、多听、多想、多问，日积月累形成丰富的知识。

形容“博览”的成语：

学识渊博、博古通今、博大精深、博学多才、博识多通、学富五车、饱学之士

四月是春天的季节，在这充满生机、万物复苏的季节里，我们将会和爸爸妈妈一起，阅读关于春天的书籍，翻开一页页书，打开春天的大门。

第十课　小小希望播种记

亲爱的同学们，春天已经向我们走来，你看到她了吗？听到她了吗？感受到她了吗？你准备好和春天有个“约会”了吗？这节课，我们一起来播种一颗小小的种子，让它陪伴我们一起成长。

让我们一起来感受春天，放飞希望吧！

娓娓动听

请学唱经典歌谣《春天在哪里》，并表演给爸爸妈妈看。

本月活动

能工巧匠

《播种春天》

亲爱的小朋友，你喜欢哪些漂亮的植物？你种过哪些植物花草吗？春天是播种的季节，让我们动动脑筋，动动小手，一起种下一颗植物吧。你要认真、仔细，这样你播种的小种子才能发芽、开花。我们看看哪位小朋友种得最认真、最好，能够成为“播种小能手”。

首先，你要准备一些材料，比如种子、花盆或播种盘、花土、花肥、喷壶、小工具。

1. 选择疏松透气的土壤，装入花盆或播种盘里。

2. 将花盆里的土壤浇透水，把种子均匀地洒在土层上。

3. 覆盖一层很少的泥土在种子上面，一般盖土的厚度是种子本身直径的1～2倍。

4. 用喷壶在土壤表面喷上水。

5. 把花盆放在有阳光的地方，定期浇水。过几天，你就会发现种子冒出了绿绿的小芽儿了。

亲子时光

请你和爸爸妈妈一起建立一个“书香家庭”，读一本关于春天的书吧。

选书参考：

《我的成长印记》

我的阅读小档案（请尝试自己填写，不会写的字就问问爸爸妈妈）：

你读的书叫什么名字？（别忘记加“《》”哦！）

____

你知道这本书的作者是谁吗？

____

你用了多长时间读完了这本书？

____

你会哪些关于春天的诗句呢？

____

我的闪亮时刻：

请回忆你在这个月里得到了老师和家长的哪些表扬？获得了哪些小奖状？取得了哪些好成绩？选择你最难忘的写下来吧。

____

____

____

____

我是小雷锋：

请写下这个月中最让你感到骄傲的助人为乐的好事。

____

____

____

____

老师的话：

请找一位老师（如你的班主任或者任课老师），为你写下一句评价或鼓励的话。

____

____

____

____

我的宝贝长大了：

亲爱的同学们，这个月里你有哪些收获？取得了哪些进步？得到了哪些成长？请和你的爸爸妈妈说一说，让他们为你记录下来吧。

印章收集处：

请你的老师和同学把奖励你的小印章盖在这里哦。

八字诀

合——尚和合，求大同

“合”字的意思就是与别人合作，要更好地与人合作，首先要学会探究一件事物的本质，学会理解其他人的不同之处。

理解（lǐ jiě）就是通过阅读、倾听、观察、试验、分析、研究、交流、探讨等方法，了解事物的内在本质。比如，牛顿看到了苹果落在地上，他通过研探究、钻研，明白了因为地球的引力，成熟的苹果才会落到地上，这就是“理解”。

在这个月的活动中，你将学习关于“中国少先队”的知识。你要仔细阅读课文，上课认真听老师的讲解，积极与小伙伴们交流、分享，和爸爸妈妈充分互动，这样你才能真正地理解少先队的知识。

第十一课　争做小先锋——少先队队前教育

亲爱的小朋友们，再过几天，你们就要加入中国少年儿童先锋队了。你们会戴上鲜艳的红领巾，成为一名光荣的少先队员。希望你们爱祖国、爱人民，努力学习，遵守纪律，严格要求自己，做党的好孩子，做一名合格的共产主义的接班人。

你知道吗

亲爱的小朋友，你知道“中国少先队”是怎么产生的吗？我们的队徽是什么样的？红领巾代表什么呢？请我们一起来认真学习吧。

少先队的产生和发展：

1924年，中国共产党创立了“劳动童子团”；

1930年，成立了“共产主义儿童团”；

1949年，建立了“少年先锋队”。

我们的队徽：

一颗金黄色的五角星和一支火炬。火炬象征光明，红色代表革命的胜利，队旗上的五角星代表中国共产党的领导。

我们的中队旗和大队旗：

红领巾是国旗的一角，是用烈士的鲜血染红的：

队长、队委员标志：

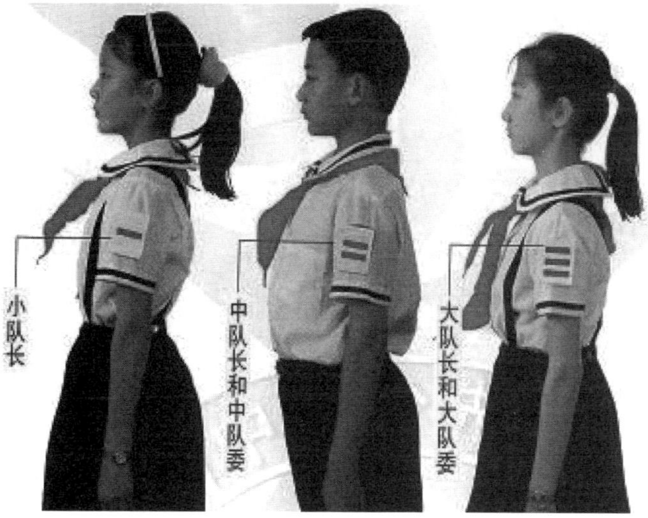

在升旗仪式、见到师长和在烈士墓前扫墓时需要行队礼，右手五指并拢，高举头上，代表着人民的利益高于一切。

入队呼号时右手握拳，拳在头上。辅导员领呼：“准备着，为共产主义事业而奋斗！”少先队员回答：“时刻准备着！”

入队誓词：

我是中国少年先锋队队员。我在队旗下宣誓：

我热爱中国共产党，热爱祖国，热爱人民，好好学习，好好锻炼，准备着：为共产主义事业贡献力量！

中国少年先锋队章程——《少先队员十知道》：

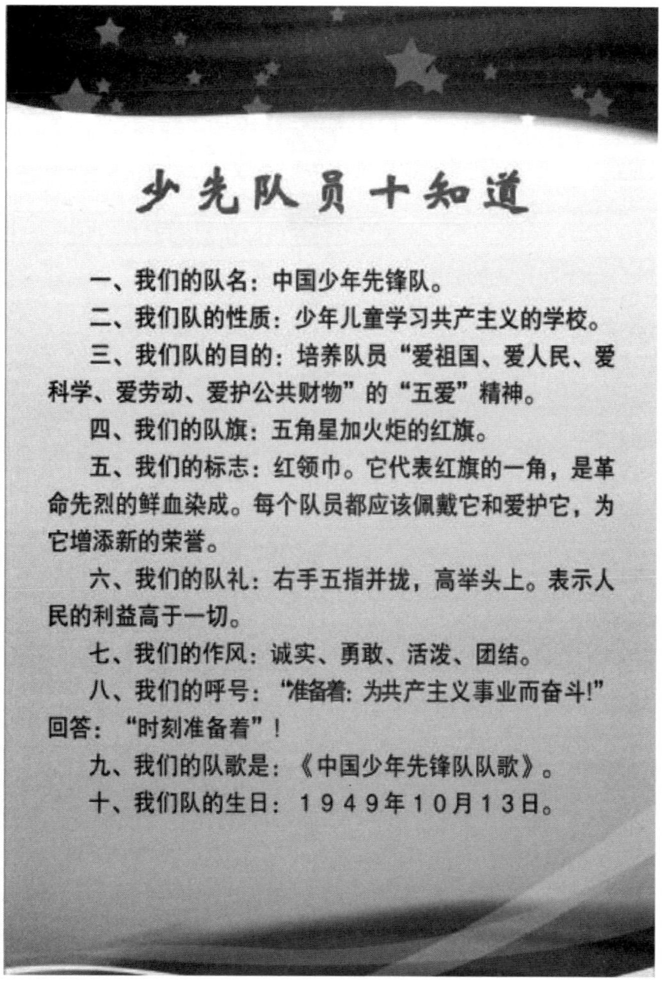
少先队员十知道

一、我们的队名：中国少年先锋队。

二、我们队的性质：少年儿童学习共产主义的学校。

三、我们队的目的：培养队员“爱祖国、爱人民、爱科学、爱劳动、爱护公共财物”的“五爱”精神。

四、我们的队旗：五角星加火炬的红旗。

五、我们的标志：红领巾。它代表红旗的一角，是革命先烈的鲜血染成。每个队员都应该佩戴它和爱护它，为它增添新的荣誉。

六、我们的队礼：右手五指并拢，高举头上。表示人民的利益高于一切。

七、我们的作风：诚实、勇敢、活泼、团结。

八、我们的呼号：“准备着：为共产主义事业而奋斗!”回答：“时刻准备着”！

九、我们的队歌是：《中国少年先锋队队歌》。

十、我们队的生日：1949年10月13日。

本月活动

你追我赶

小朋友们，加入了中国少年先锋队，我们就要努力学习，做一名优秀的少先队员。现在，就让我们开展一个“争做小先锋”班级评选活动。让我们一起比一比：

谁上课最认真听讲？

谁的作业本最干净？

谁的课桌最整齐？

谁爱阅读课外书？

谁最爱劳动？

谁的抽屉里最整洁？

谁爱帮助有困难的同学？

谁最有礼貌？

……

请你仔细观察班里哪位同学做得最好，在下面的表格中写下他（她）的名字，和你的“推荐理由”，并提出一个自己在学习和生活中的困难和困惑，请这名同学来帮助你解答。

活动任务单

优秀小先锋	我推荐的同学和理由	自己向他/她提出的问题
“学习习惯”小先锋	同学姓名： 推荐理由	我的问题
“卫生习惯”小先锋	同学姓名： 推荐理由	我的问题
“礼貌习惯”小先锋	同学姓名： 推荐理由	我的问题
“劳动习惯”小先锋	同学姓名： 推荐理由	我的问题
“阅读习惯”小先锋	同学姓名： 推荐理由	我的问题
“节约习惯”小先锋	同学姓名： 推荐理由	我的问题

亲子时光

请你和爸爸妈妈一起唱《中国少年先锋队队歌》吧。

《我的成长印记》

我是小先锋：

你在"争做小先锋"比赛中表现得怎么样？有没有把作业本和书包整理干净、把抽屉收拾整洁、多多阅读课外书、爱劳动、爱帮助有困难的同学？……如果你都能做到，那么你将是一名优秀的少先队员；如果有些事情还做不到，那么你要好好努力，克服困难，做一名真正的"少先队小先锋"。

我还需要努力改进的地方：________________________________

____

我的闪亮时刻：

请回忆你在这个月里得到了老师和家长的哪些表扬？获得了哪些小奖状？取得了哪些好成绩？选择你最难忘的写下来吧。

____

____

____

我是小雷锋：

请写下这个月中最让你感到骄傲的助人为乐的好事。

老师的话：

请找一位老师（如你的班主任或者任课老师），为你写下一句评价或鼓励的话。

我的宝贝长大了：

亲爱的同学们，这个月里你有哪些收获？取得了哪些进步？得到了哪些成长？请和你的爸爸妈妈说一说，让他们为你记录下来吧。

印章收集处：

请你的老师和同学把奖励你的小印章盖在这里哦。

九字诀

悦——身心悦，远近悦

“悦”就是快乐和喜悦。快乐是一种精神上的愉悦，一种心灵上的满足，它会使一个人变得开心。虽然我们触摸不到它，但是它却能出现在我们的脸上，让我们绽放笑容。

首先，我们要学会让自己快乐起来，也就是“悦己”（yuè jǐ）。让自己心情舒畅，心中充满阳光。拥有快乐，其实很简单，只要经常笑一笑，你就能随时感受到开心和幸福。

很快，你就要迎来学生时代中的第一个暑假。你将暂时离开学校，步入社会。希望你每天都能在欢声笑语中度过，尽情享受欢乐而有意义的假期生活。记得要完成假期作业哦。

第十二课　多彩笑脸，欢乐童年

小朋友们，送走多彩的五月，我们迎来了绚丽的六月，也迎来了属于我们自己的节日——"六一儿童节"。

这节课，你们将和老师、同学们一起，在快乐的小游戏中度过。你们将尽情地体验游戏的乐趣、运动的乐趣，并学会同学之间的互助和关爱。希望你们每一天都能像今天这样开开心心、无忧无虑，学会把不开心的烦恼统统忘掉、抛掉，因为这些烦恼就像一片片叶子，会随着时间的小河慢慢漂走的。

让我们一起，祝愿全世界的小朋友们：六一快乐，天天快乐！

妙趣横生

小朋友们，做游戏是一种最有效、最简单的体验快乐的办法。这节课，让我们一起和老师、同学们一起，做好玩的小游戏，全身心地投入到游戏中，感受节日的快乐。

赏心悦目

亲爱的同学们，你们知道吗，在2008年的北京奥运会开幕式上，展现了很多快乐的笑脸，有焰火笑脸，有图画笑脸，而最震撼的，就是2008张从世界各地征集的孩子们的笑脸。请欣赏这些笑盈盈的脸庞，你有没有体会到他们的快乐呢？你是否已经不由自主地展露出微笑呢？

本月活动

妙笔生辉

请你为自己或家人画一张笑脸图。你可以对着镜子笑一笑，或者把家人的笑脸拍下来，然后用画笔将这些快乐、美好的瞬间描绘出来。

《笑脸图》

我画的是____________________的笑脸。

亲子时光

小朋友们，古今中外有很多名人讲过关于快乐的名言。请你和爸爸妈妈一起读一读这些名言，请爸爸妈妈为你讲解，一起体会快乐的真谛。

☆乐人之乐，人亦乐其乐；忧人之忧，人亦忧其忧。——白居易

☆快乐应该是美德的伴侣。——巴尔德斯

☆真正的快乐是内在的，它只有在人类的心灵里才能发现。—— 布雷默

☆快乐是一种心灵自在安详的舞蹈，快乐是给人以爱自己也同时享有爱的欢愉的沐浴。快乐是身心的舒适和松弛，快乐是一种和谐和宁静。——毕淑敏《幸福的七种颜色》

☆在不违背天地之道的情况下，成为一个自由而快乐的人。这就好比一台戏，优秀的演员明知其假，但却能够比在现实生活中更真实、更自然、更快乐地表达自己。人生亦复如此。我们最重要的不是去计较真与伪，得与失，名与利，贵与贱，富与贫，而是如何好好地快乐度日，并从中发现生活的诗意。——林语堂《人生不过如此》

☆最深最平和的快乐，就是静观天地与人世，慢慢品味它的美与和谐。这份快乐，乍一看也许平淡无奇，事实上它深远而悠长，在我，生命的享受就在其中了。今天，是一个好天气，台北近郊的一片山水是如此的安详而美丽。我看青山真妩媚，而青山看我当如是。好朋友，世界有你这样的人，我也看不厌呢。——三毛

《我的成长印记》

我的快乐小书签

亲爱的小朋友们，下面这些小书签漂亮吗？请你也制作一些快乐小书签，送给家人、老师和好朋友们吧。

我的闪亮时刻：

请回忆你在这个月里得到了老师和家长的哪些表扬？获得了哪些小奖状？取得了哪些好成绩？选择你最难忘的写下来吧。

____

____

____

____

我是小雷锋：

请写下这个月中最让你感到骄傲的助人为乐的好事。

____

____

____

____

老师的话：

请找一位老师（如你的班主任或者任课老师），为你写下一句评价或鼓励的话。

____

____

____

____

我的宝贝长大了：

亲爱的同学们，这个月里你有哪些收获？取得了哪些进步？得到了哪些成长？请和你的爸爸妈妈说一说，让他们为你记录下来吧。

印章收集处：

请你的老师和同学把奖励你的小印章盖在这里哦。

后 记

时光荏苒，踏着清晨的第一缕曙光，哼着童谣，背着书包，乘着童年的纸飞机，向梦想的方向起航；嘴里叼着棒棒糖，在秋千上快活地荡漾，流露出天真的模样。童年就像百花齐放的春天。

童年的梦就像百花齐放般美好，五彩斑斓，绚丽无比；童年的梦又如夜空，那么宽阔，那么宁静；童年的梦就像无数的星星，它们只会眨着眼，不会说话，诚实而从容。无数的星星如无数的梦，飞入了你们小小的脑袋，从此，你们开始思考无数的问题。

在这个月的活动中，我们一起学习了社会主义核心价值观；制作了“保卫祖国”的拼画；知道了如何让纸飞机飞得更高、更远；养成了一个好习惯；学习了无私奉献的雷锋精神；学会了播种花草；成了一名光荣的少先队员；体验了快乐的游戏和童年的美好。

如果说童年是一泓清泉，你们就是汇成这泉水的雨露；如果说童年是一幅画卷，你们就是拥有神笔的马良；如果说童年是一首音乐，你们就是组成这乐谱的音符；如果说童年是一张白纸，你们就是设计师，在这儿画一笔，在那儿点一点，让所有童年的欢乐都洋溢在纸上。就让这幅画卷慢慢铺开，写满未来的足迹，汇成一幅人生的壮丽篇章吧！

“i优势”

北方工业大学附属学校德育、体育、美育课程体系

（学生用书）

王　英　主编

二年级

中国发展出版社
CHINA DEVELOPMENT PRESS

图书在版编目（CIP）数据

“i优势”：北方工业大学附属学校德育、体育、美育课程体系（学生用书）/ 王英主编 . 北京：中国发展出版社，2019.7

ISBN 978-7-5177-1027-1

Ⅰ . ① i… Ⅱ . ①王… Ⅲ . ①德育—中小学—教材 ②体育课—中小学—教材 ③美育—中小学—教材 Ⅳ . ① G634

中国版本图书馆 CIP 数据核字（2019）第 137690 号

书　　名：“i优势”：北方工业大学附属学校德育、体育、美育课程体系（学生用书）

著作责任者：王　英

出 版 发 行：中国发展出版社

（北京市西城区裕民东路 3 号 9 层　100029）

标 准 书 号：ISBN 978-7-5177-1027-1

经　销　者：各地新华书店

印　刷　者：河北鑫兆源印刷有限公司

开　　本：889mm × 1194mm　1/16

印　　张：38.5

字　　数：800 千字

版　　次：2019 年 8 月第 1 版

印　　次：2019 年 8 月第 1 次印刷

定　　价：158.00 元（全 9 册）

联 系 电 话：（010）68990630　68990692

购 书 热 线：（010）68990682　68990686

网 络 订 购：http://zgfzcbs. tmall. com//

网 购 电 话：（010）88333349　68990639

本 社 网 址：http://www.develpress. com. cn

电 子 邮 件：370118561@qq. com

前 言

亲爱的小朋友：

告别了充满欢声笑语的一年级生活，你又长大了一岁。在过去的一年里，你都学到了哪些知识？取得了哪些进步？有没有长高一些？是不是会读、会写更多的字了？交了哪些好朋友呢？

经历了一年的成长学习，你是否立下了一个小小志愿？是否养成了一个好习惯？是否学会了画画或者唱歌？是否学会了自己戴红领巾？你做了多少好人好事？得到了老师和同学怎样的赞美？你种下的那棵小植物是不是也长高了？你一定收获了许多漂亮可爱的小印章吧？长辈们有没有夸奖你更加懂事了？你觉得自己在哪方面进步最大呢？

在新的一年里，我们将继续学习关于“善、志、技、恒、律、责、识、合、悦”的知识，你会做有趣的小实验、小游戏，阅读美丽的小故事，制作好玩的小手工。

愿你们在知识的海洋里快乐地成长，扬帆远航！

文明礼貌歌

新世纪的小公民，礼貌待人讲文明。
尊敬师长爱同学，主动帮助其他人。
坐车坐船要让座，老幼病残要关心。
公共场所守秩序，不打不闹不吵人。
垃圾扔进垃圾筒，人人都要讲卫生。
公共设施要爱护，花草树木要留神。
个个都爱小动物，生态平衡有保证。
社会公德要遵守，维护社会大家庭。

目 录

一字诀　善——人之初，性本善 …… 1

二字诀　志——有志者，事竟成 …… 9

三字诀　技——精一技，通百路 …… 15

四字诀　恒——学无涯，贵有恒 …… 21

五字诀　律——克于己，复于礼 …… 27

六字诀　责——尽己责，担道义 …… 32

七字诀　识——学而思，思而行 …… 37

八字诀　合——尚和合，求大同 …… 43

九字诀　悦——身心悦，远近悦 …… 50

后　记 …… 56

一字诀

善——人之初，性本善

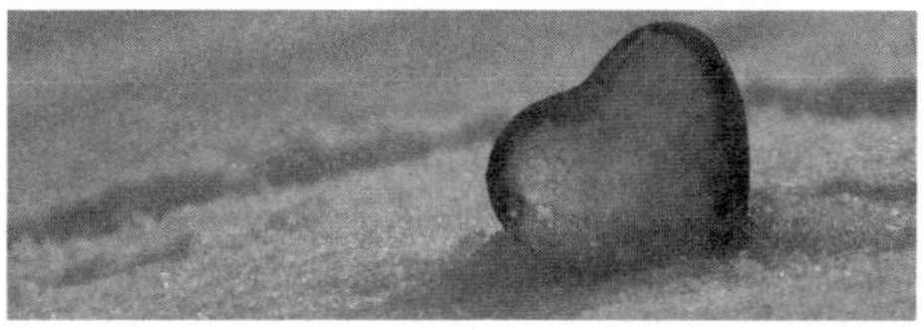

小朋友们，你们知道“善”字的含义吗？“善”就是“善良”。要怀有一颗仁爱之心，懂得伸张正义，拥有家国情怀。

怀有一颗仁爱之心就是要关心同学，主动帮助有困难的同学，献出自己的爱心。

懂得伸张正义就是要有正义感，敢于维护正义，对不好的事情说“不”。

拥有家国情怀就是要爱家乡，爱祖国，爱人民，努力学习，掌握本领，保卫我们的祖国。

写一写

善 仁 爱 正 义 家 国

第一课 善待动物，尊重生命

亲爱的小朋友们，你养过小动物吗？你喜欢小动物吗？你最喜欢哪种小动物呢？要知道，动物，是和人类一样有生命的精灵，也是地球的成员。动物与人之间有着深厚的情谊，保护它们，就是保护我们自己；善待它们，也是善待我们自己。

希望你能够做到关爱动物，不抛弃伴侣宠物，不虐待流浪动物；同时，也要号召你身边的人和你一起，善待动物、保护动物。让我们一起感受动物们的可爱，和它们成为真正的好朋友。

博闻广见

小朋友，你们知道吗，人类是由猿演化而来的，从古猿、能人、直立人、早期智人、晚期智人到现代人，历经了几百万年的漫长岁月。所以，人类也是动物大家庭中的一员，我们每一个人都是动物的好朋友，你们说对吗？

现在，请你们想一想，人类在动物大家庭中应该扮演什么样的角色呢？

妙趣横生

小朋友们，你们了解动物们都有哪些特点吗？现在，我们一起来玩一个《猜猜我是谁》的小游戏，看看哪位小朋友对小动物们的了解最多。

各抒己见

小朋友，你最喜爱哪种小动物？小猫咪？小狗？海豚？大象？大熊猫？……快向老师和同学们说说你的答案，介绍你最爱的小动物有哪些体态特征、生活习性，以及你为什么喜欢它。

本月活动

集思广益

请你和同组的小伙伴们合作，了解和收集动物们受到伤害和动物保护的信息，提出保护动物、爱护动物的建议，发出“善待小动物”“停止虐待小动物”“用收养代替购买”“没有买卖就没有杀害”等倡议。请确定你们的主题，编写标语并制作海报。让我们一起倡导全社会都来善待小动物，关爱小生命。

活动引导

请同学们仔细思考以下问题，并和爸爸妈妈、老师、同学们说说你的想法。

1. 我所看到的、听到的、了解到的伤害动物的行为有：

2. 我如何看待这种行为：

3. 我们小组的倡议主题是：

4. 我们的宣传标语是：

5. 我们的海报：

标语欣赏：

✧ 你的一生会有很多宠物，但是他们的一生只有你。

✧ 如果地球上只有人类了，你会不会觉得孤单？

✧ 动物是人类亲密的朋友，人类是动物信赖的伙伴。

亲子时光

小朋友们，请你们和爸爸妈妈一起，学唱保护动物的歌谣。

动物拍手歌

你拍一，我拍一，保护动物要牢记。

你拍二，我拍二，孔雀锦鸡是伙伴。

你拍三，我拍三，雄鹰翱翔在蓝天。

你拍四，我拍四，天空雁群会写字。

你拍五，我拍五，丛林深处有老虎。

你拍六，我拍六，黄鹂百灵唱不休。

你拍七，我拍七，竹林熊猫在嬉戏。

你拍八，我拍八，大小动物都有家。

你拍九，我拍九，人和动物是朋友。

你拍十，我拍十，保护动物是大事。

《我的成长印记》

我是动物们的好朋友：

小朋友们，你们小组的海报做好了吗？请结合这次活动，说说你对“善”的理解。

____

____

荐书：《我的野生动物朋友》

本书是小蒂皮10岁回到巴黎后所写的，她与非洲各种野生动物生活在一起的动人故事和亲身感受。

我的闪亮时刻：

请回忆你在这个月里得到了老师和家长的哪些表扬？获得了哪些小奖状？取得了哪些好成绩？选择你最难忘的写下来吧。

____

____

____

____

我是小雷锋：

请写下这个月中最让你感到骄傲的助人为乐的好事。

____

____

____

____

老师的话：

请找一位老师（如你的班主任或者任课老师），为你写下一句评价或鼓励的话。

____

____

____

____

我的宝贝长大了：

亲爱的同学们，这个月里你有哪些收获？取得了哪些进步？得到了哪些成长？请和你的爸爸妈妈说一说，让他们为你记录下来吧。

印章收集处：

请你的老师和同学把奖励你的小印章盖在这里哦。

二字诀

志——有志者，事竟成

“志”就是要有志向，也就是要有属于你自己的小小梦想，并且要努力学习、不怕困难，勇敢地追求梦想，有为之努力的激情，有为之奋斗的行动，最后实现梦想，达成自己远大的志向。这个过程就是：立梦、追梦、圆梦。

“有志者，事竟成”，意思就是有志向的人，做事一定会成功。所以，你要学会拼搏，学会奋斗，做一个执着追求梦想而又充满自信的人。

十月一日是新中国成立的日子，是伟大祖国母亲的生日。这一天，大街小巷都会挂满红红的国旗，人们用一张张喜气洋洋的笑脸庆贺祖国华诞。你们是祖国的花朵、祖国的未来、祖国的栋梁，因此，每一位小朋友都要立志为祖国的发展和强大贡献自己的一份力量。

第二课　多彩国庆节

小朋友们，你们知道我们的新中国是哪一年成立的吗？我们的祖国母亲如今有多少岁了？我们为什么要在国庆节这天，在大街小巷都挂满五星红旗呢？

新中国的诞生是来之不易的，有多少人为之流血和牺牲，才换来了我们今天的幸福生活。在1949年的10月1日，毛泽东主席在天安门城楼向世界宣告了新中国的成立。今天，就让我们一起，来认识这位伟大的、和蔼可亲的毛爷爷。

博闻广见

亲爱的小朋友，你知道天安门城楼的正中央，悬挂的是谁的画像吗？你听过北京火车站的钟声报时的声音吗，你知道它是源于哪首曲子吗？

他就是毛泽东，一位伟大的无产阶级革命家，中国共产党、中国人民解放军和中华人民共和国的主要缔（dì）造者和领导人。

人们都尊称他为“毛主席”，而小朋友们则称他为“毛爷爷”。

请你和小组的伙伴们一起，查阅相关资料，完成下面的填空：

毛泽东出生于______年______月______日，字______，笔名______，湖南湘潭人。他对马克思列宁主义的发展、军事理论的贡献以及对共产党的理论贡献被称为______________________________。

妙笔生辉

小朋友们，欢乐的国庆节过去了，你在节日期间都做了什么？是和爸爸妈妈一起游览了名胜古迹、祖国的大好河山，还是与哪位亲人、朋友们相聚？你参加了哪些有趣的活动？或者帮助爸爸妈妈做了哪些家务？请你回忆在国庆节里看到的景象，以《多彩国庆节》为题完成一幅绘画作品。我们将开展一次年级绘画比赛，要仔细听老师的要求哦。

庆国庆

国
庆

祝
福
祖
国
妈
妈

1949
2005
欢度国庆

本月活动

集思广益

古往今来，中华儿女的姓氏多至几百个，伟大的中华民族正是因为众多中华儿女的贡献才得以壮大。那么，与我们姓氏相同的名人有哪些呢？他们都做出过怎样的贡献？下面，让我们一起找一找姓氏名人，把他们的杰出故事收集起来吧！

活动任务单

我的姓名	
班级上与我同姓的伙伴有多少个？	
我的姓氏处于《百家姓》中的什么位置？	
古往今来"我的姓氏"名人都有哪些？	
"我的姓氏"名人分别做出了什么贡献？	
我对姓氏名人做出的杰出贡献有了哪些认识？	

赏心悦目

毛主席的幽默

1. "客人"走了吗？

1947年3月，敌人对延安进行了狂轰滥炸。一天下午，敌机扔下的一颗炸弹在毛泽东的窑洞门前不远处爆炸，一阵山摇地动之后，便见硝烟弥漫，毛泽东的卫士心急如焚地推门而入，但见毛泽东从容自若，右手拿着笔正在大地图上移动着。毛泽东不慌不忙地问道："客人走了吗？"卫士摸不着头脑："哪有客人呀？""飞机呀！"大家一听，都笑了起来。

卫士拿着散落在门前的一块炸弹片给毛泽东看。毛泽东接过来掂量一下，又风趣地说："嗯，发财发财，能打两把菜刀呢。"

2. 鞋垫"闹革命"

1961年在庐山开会期间，繁忙的工作之余，毛泽东与其他中央领导同志一起参加舞会。跳了一场舞后回到座位上休息时，他的一只白色鞋垫从皮鞋里露出一半来，他自己未曾发觉。

当工作人员提醒他时，毛主席低头一看，忍不住笑道："鞋垫总在脚板底下压着，见不到光明，怎么不闹革命啊？"

亲子时光

请你利用周末时间，和爸爸妈妈去北京火车站，听一听整点报时的钟声，并欣赏和学唱歌曲《东方红》。

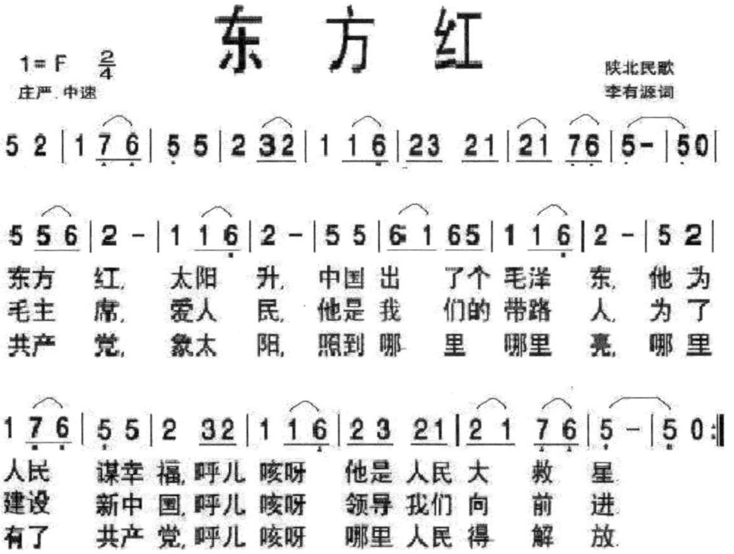

《我的成长印记》

我是小小朗诵家：

请你和同学们或者家人一起读一读毛爷爷的诗，把你喜欢的句子摘抄在下面的横线上。

沁园春·雪

北国风光，千里冰封，万里雪飘。望长城内外，惟余莽莽；大河上下，顿失滔滔。山舞银蛇，原驰蜡象，欲与天公试比高。须晴日，看红装素裹，分外妖娆。

江山如此多娇，引无数英雄竞折腰。惜秦皇汉武，略输文采；唐宗宋祖，稍逊风骚。一代天骄，成吉思汗，只识弯弓射大雕。俱往矣，数风流人物，还看今朝。

请写下你喜欢的句子：

____

____

____

____

____

我的闪亮时刻：

请回忆你在这个月里得到了老师和家长的哪些表扬？获得了哪些小奖状？取得了哪些好成绩？选择你最难忘的写下来吧。

我是小雷锋：

请写下这个月中最让你感到骄傲的助人为乐的好事。

老师的话：

请找一位老师（如你的班主任或者任课老师），为你写下一句评价或鼓励的话。

我的宝贝长大了：

亲爱的同学们，这个月里你有哪些收获？取得了哪些进步？得到了哪些成长？请和你的爸爸妈妈说一说，让他们为你记录下来吧。

印章收集处：

请你的老师和同学把奖励你的小印章盖在这里哦。

三字诀

技——精一技，通百路

“技”就是技艺、技能，我们要掌握一门技巧，学会一项能力。要学会一门技艺，首先要学会观察和思考。要学会对事物进行仔细观察，收集各种信息，通过思考理解其内在的意义，并大胆提出问题，养成与同学、老师交流和沟通的好习惯。

观察，就是仔细查看事物的形状、大小、颜色、结构等等，看看它和别的东西哪里一样，哪里不一样，并做好观察笔记。

思考，就是想一想这件事物为什么是这个样子，为什么有些地方和别的事物不一样，想一想哪些地方可以做一些改变，让它变得更好。

第三、四、五、六课　玩转科技，炫酷童年

小朋友们，你们知道什么是科技吗？科技一词，顾名思义就是科学和技术。在我们的生活中，处处都能看到科技的影子，家里的电器设备、电子产品，出门乘坐的交通工具，教室里的白板、电脑等等。

可以说，科技是无处不在的，在这个“职守月”当中，你们将前往中国科学技术馆，参观那里的科学乐园，这一定是一次美妙的旅程！希望你们能够痛痛快快地享受科技的乐趣，也希望你们能够喜欢上它，能够体会到科技力量的无穷无尽。许许多多的奥秘在等着你们去开发、去探索，愿你们好好学习，掌握更多的科学知识，破解一个又一个难题，为人类造福，实现自己的价值。

博闻广见

科学家爱因斯坦

小朋友们，你们都知道哪些科学家、发明家的名字呀？我想有一位科学家你们一定都听说过，他就是爱因斯坦。

一头乱蓬蓬（péng péng）的白发，一张布满皱（zhòu）纹的脸，一把横七竖八翘起的胡子，一双浅棕色陷入深思的眼睛——这就是爱因斯坦为我们留下的最经典形象。

阿尔伯特·爱因斯坦不仅是一位伟大的科学家，也是一个富有哲学探索精神的、杰出的思想家，同时又是一个正直的人，是一个和平的使者。他先后经历过两次世界大战，深刻体会到了战争带给世界和人民的灾难。他公开反对一切战争，是一个富有同情心和具有人道主义情怀的人。

请你和爸爸妈妈或者同学们一起，读一读爱因斯坦的小故事，了解这位可爱又可敬的科学家的聪明智慧吧。

成功公式

一天，一个爱说废话而不爱用功的青年，缠着爱因斯坦要他公开成功的秘诀。爱因斯坦厌烦了，便写了一个公式给他："A=x+y+z" 。

爱因斯坦解释道："A代表成功，x代表艰苦的劳动，y代表正确的方法 。" "z代表什么？" 青年迫不及待地问。"z代表少说废话，多用功。"

记忆也过人

有一次，爱因斯坦在美国演讲，有人问："你可记得声音的速度是多少？你如何记下许多东西？" 爱因斯坦轻松答道："声音的速度是多少，我必须查辞典才能回答。因为我从来不记在辞典上已经印着的东西，我的记忆力是用来记忆书本上没有的东西。"

大纸篓

一天，爱因斯坦到美国的一所大学做教授，一位工作人员问他需要什么工具。"一张书桌，一把椅子和一些纸张、铅笔就行了，对了，还要一个大废纸篓。" "为什么要大的？" "好让我把所有的错误都扔进去。"

本月活动

参观中国科学技术馆

小朋友，今天你参观了中国科技馆科学乐园，你都看到了、玩到了、体验了哪些好玩的小游戏？你从中学到了什么、感受到了什么呢？请你完成下面的问题，把这次美妙旅程中最精彩、最难忘的事情记录下来吧。

1. 最有趣的、让我最难忘的体验项目是：

____

2. 我是和其他同学一起合作体验的（请写下同学们的名字）：

____

3. 通过体验，我学习到的知识是：

____

____

4. 我的感受和感想：

____

____

亲子活动

请你和爸爸妈妈一起，完成下面几个有趣的小实验，并尝试在爸爸妈妈的启发下，回答“思考”中的问题。

〔实验一〕：筷子的神力

材料：矿泉水瓶一个、米一杯、竹筷子一根。

实验操作：

1. 将米倒满矿泉水瓶；
2. 用手将矿泉水瓶里的米按一按；
3. 用手按住米，从手指缝间插入筷子；
4. 用手轻轻提起筷子，矿泉水瓶和米一起被提起来了。

思考：为什么一根筷子会有如此的神力呢?

原来如此：由于矿泉水瓶内米粒之间的挤压，使矿泉水瓶内的空气被挤出来，矿泉水瓶外面的压力大于矿泉水瓶内的压力，使筷子和米粒之间紧紧地结合在一起，所以筷子就能将盛米的矿泉水瓶提起来。

〔实验二〕：瓶子赛跑

装有沙子和装有水的两个同等重量的瓶子从一个高度滚下来，谁先到达终点?

材料：同等大小、重量相等的瓶子两个，沙子、水、长方形木板一块，两本厚书。

实验操作：

1. 用长方形木板和两本书搭成一个斜坡；
2. 将水倒入瓶子中，将沙子倒入另一个瓶子中；
3. 把两只瓶子放在木板上，在同一起始高度让两只瓶子同时向下滚动；
4. 装水的瓶子比装沙子的瓶子提前到达终点。

思考：为什么装水的杯子会跑得快?

原来如此：沙子对瓶子内壁的摩擦比水对瓶子内壁的摩擦要大得多，而且沙子之间还会有摩擦，因此它的下滑速度比装水的瓶子要慢。

小创造：将瓶子里的物质换一换，再让它们比比赛吧!

〔实验三〕：胡椒粉与盐巴的分离

材料：胡椒粉、盐巴、塑料汤勺、小盘子。

实验操作：

1. 将盐巴与胡椒粉相混在一起；
2. 用筷子搅拌均匀；
3. 塑料汤勺在衣服上摩擦后放在盐巴与胡椒粉的上方；

4. 胡椒粉先粘附在汤勺上；

5. 将塑料汤勺稍微向下移动一下；

6. 盐巴后粘附在汤勺上；

思考：为什么胡椒粉与盐巴会分离开呢？

原来如此：胡椒粉可以比盐巴更早被静电吸附，因为它的重量比盐巴轻。

小创造：你能用这种方法将其他混合的原料分离吗？

《我的成长印记》

我的难忘科技月：

这个月，你们在家里完成了几个科学小实验？请来做一个小总结吧，看看哪里做得好，哪里还需要注意和改进。

我的闪亮时刻：

请回忆你在这个月里得到了老师和家长的哪些表扬？获得了哪些小奖状？取得了哪些好成绩？选择你最难忘的写下来吧。

我是小雷锋：

请写下这个月中最让你感到骄傲的助人为乐的好事。

老师的话：

请找一位老师（如你的班主任或者任课老师），为你写下一句评价或鼓励的话。

我的宝贝长大了：

亲爱的同学们，这个月里你有哪些收获？取得了哪些进步？得到了哪些成长？请和你的爸爸妈妈说一说，让他们为你记录下来吧。

印章收集处：

请你的老师和同学把奖励你的小印章盖在这里哦。

四字诀

恒——学无涯，贵有恒

“恒”的意思是永恒、持久、持之以恒。要认真、专注地做事，拥有追逐梦想的勇气和顽强的毅力，以及永不放弃的决心，培养不怕吃苦、竭尽全力的精神品质。

要想做到“持之以恒”，我们首先要学会认真（rèn zhēn），做事不能马马虎虎、三心二意，而是要用心和专注，细心地对待周围的事物。

在这个月的活动中，你将和爸爸妈妈一起制定“家庭‘毅力’小档案”，希望你和爸爸妈妈一起，认认真真、坚持不懈地做好每一件事。

关于“毅力”的名言：

我们应有恒心，尤其要有自信心！——居里夫人

无论什么时候，不管遇到什么情况，我绝不允许自己有一点点灰心丧气。——爱迪生

其进锐者，其退速。——孟子

第七课　家庭“毅力”小档案

小朋友们，“坚持”是一个人人都明白的道理，但却是最难做到的，因为要做到坚持，我们必须有付出，必须克服自己的坏习惯，做到“战胜自己”。俗话说，一个人最大的敌人就是自己。所以，

要做到坚持和持之以恒，并不是一件容易的事情。

今天，我们就请爸爸妈妈和我们一起来完成“毅力计划”。你和爸爸妈妈互相鼓励、互相加油，让爸爸妈妈为你做个好榜样。祝愿你们完成自己的目标，梦想成真，马到成功！

亲子时光

小朋友们，家永远是我们最温暖、舒适的港湾，爸爸妈妈永远是伴随、呵护我们成长的好伙伴，也是带领我们茁壮成长的领路人、好榜样。今天，和爸爸妈妈一起，制定属于你们的《家庭“毅力”小档案》吧，和爸爸妈妈比一比、赛一赛，看看谁最有毅力，谁做得最好。

1. 家庭成员小档案

请选择一张你最喜欢的与爸爸妈妈的合影，冲洗或打印出来，贴在下面的方框中。

☆你认为你的五官（眼睛、鼻子、嘴巴、耳朵）中，哪个和爸爸妈妈的比较像？

________________________长得像妈妈；

________________________长得像爸爸 。

☆你认为爸爸、妈妈拥有哪些优点呢？比如：勇敢、聪明、做事认真、孝敬老人。

____

____

____

☆你拥有爸爸妈妈的这些优点吗？你觉得应该向爸爸妈妈学习哪些优点呢？

____

____

____

2. 好了，现在，让我们和爸爸妈妈一起，制定“毅力目标”，开始持之以恒的挑战之旅吧。

☆请家人们一起讨论，确定每位家庭成员的“毅力目标”，如：爸爸每天晚上练习3个俯卧撑，妈妈每天坚持吃早餐，哥哥每天读书40分钟等。

☆我们的家庭毅力计划开始时间：________年________月________日；

☆我们的家庭毅力口号是：

____

☆请参考下面的图表，制作一份“毅力表”吧。

本月活动

察言观行

请你观察一天之中，本班同学在读写姿势、文具的使用、学习物品的整理等方面的习惯，在相应的空格中写下你观察到的现象，并总结不良学习习惯的表现、危害，研究和分析养成良好学习习惯的方法，与同学们一起开展学习习惯宣传与纠错活动，大家相互帮助，一起养成好习惯。

《学习习惯小调查》

	我认为这些不好习惯的危害	好的习惯应该是这样的
同学们的读书、写字姿势（是否正确、端正）：		
文具的使用（是否有浪费、因为不爱惜而损坏的现象）：		
物品的整理（同学们的物品是否摆放整齐、正确）：		
课间秩序（有没有不好好利用课间时间，追逐打闹等不好行为）：		

名人轶事

亲爱的小朋友，“毅力”是一种高贵的品格，是坚持、努力的同义词，意味着认真、执着、拼搏进取的精神，和坚持不懈、有始有终的生活态度。让我们先来了解一位科学家，看看他是如何认认真真、一心一意做事的。

认真的安培

安培全名安德烈·玛丽·安培，是一位法国物理学家、化学家和数学家。他被誉为“电学中的牛顿”，电流的单位安培就是以他的姓氏命名的。他曾因为“认真”而发生了两件趣事。

怀表变卵石

安培思考科学问题时十分专心致志。有一次，安培正慢慢地向他任教的学校走去，边走边思索着一个电学问题。经过塞纳河的时候，他随手拣起一块鹅卵石装进口袋。过一会儿，又从口袋里掏出“鹅卵石”扔到河里。

到学校后，他走进教室，习惯性地掏怀表看时间，拿出来的却是一块鹅卵石。原来，怀表已被他当成鹅卵石扔进了塞纳河。

马车车厢做“黑板”

还有一次，安培在街上行走，走着走着，忽然想起一个电学问题的算式。他正为没有地方运算而发愁时，突然见到面前有一块“黑板”。他大喜过望，拿出随身携带的粉笔就在上面运算起来。

那“黑板”原来是一辆马车的车厢背面。马车走动了，他也跟着走，边走边写；马车越来越快，他就跑了起来，一心一意要完成他的推导，直到实在追不上马车了他才停下脚步。安培这种失常的行为，让街上的人笑得前仰后合。

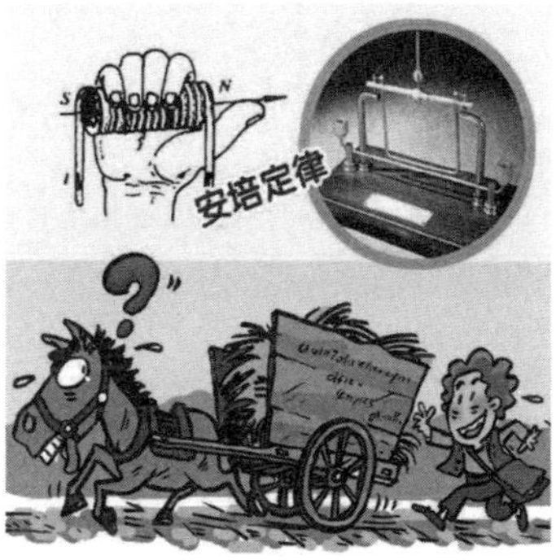

《我的成长印记》

我的“认真”格言：

请你收集和抄录一些关于“认真”的格言：

____

____

____

请尝试写一些属于你自己的关于“认真”的格言：

____

____

____

我的闪亮时刻：

请回忆你在这个月里得到了老师和家长的哪些表扬？获得了哪些小奖状？取得了哪些好成绩？选择你最难忘的写下来吧。

____

____

____

我是小雷锋：

请写下这个月中最让你感到骄傲的助人为乐的好事。

老师的话：

请找一位老师（如你的班主任或者任课老师），为你写下一句评价或鼓励的话。

我的宝贝长大了：

亲爱的同学们，这个月里你有哪些收获？取得了哪些进步？得到了哪些成长？请和你的爸爸妈妈说一说，让他们为你记录下来吧。

印章收集处：

请你的老师和同学把奖励你的小印章盖在这里哦。

五字诀

律——克于己，复于礼

“律”就是要学会“律己”，懂得克制自己、把握自己；要主动学习、自觉做事，学会管理自己的生活、自己的时间，也就是学会自理。

“自理”是一个小朋友成长的标志。作为一名小学生，你要学会自己穿衣服，自己刷牙、洗脸、梳头发，也要学会自己整理书包，收拾学习用品，做到自己的事情自己做，成长为一名合格的小学生。

在这个月的活动中，我们将学习关于健康饮食的知识，你会开展一些小调查和小研究、小实验，探寻食品和健康的奥秘。小朋友们，你们准备好吗？

第八课　健康饮食助成长

小朋友们，你们平时都爱吃哪些食品呢？比如：炸鸡翅、炸薯条、火腿肠、奶油蛋糕、烤肉串、冰淇淋、果脯等。这些可口的美味你是不是每天都在吃呢？

春节就要到了，你是不是准备或者已经向爸爸妈妈索要这些“好吃的”了呢？你们知道这些食品的美味背后，隐藏（yǐn cáng）着哪些危害吗？你知道绿色、健康的食品都有哪些吗？各种各样的蔬菜、水果都包含哪些营养价值？

在这节课的活动中，我们来一探究竟。希望你能够管住自己的“小馋嘴”，不吃或少吃“美味的垃圾食品”，多吃有营养的水果和蔬菜。

本月活动

调查研究

请小组合作，到菜市场挑选几样蔬菜。考察这些蔬菜的形状、种类，并查阅资料，了解它们的营养，完成下面的表格。请注意，要至少选择3个种类的蔬菜哦。

《我和蔬菜交朋友——蔬菜小调查》

请把你要研究的蔬菜名字写出来或画下来	请描述一下你要研究的蔬菜的形状	它属于哪个种类	请写出蔬菜的营养价值	对健康的重要性

一丝不苟

现在，我们来做三个小实验，看看我们平时喜欢吃的“美食”蕴藏（yùn cáng）的秘密。

请按照说明完成以下3个小实验，并将实验步骤和你的讲解拍摄下来留存。

〔实验一〕：小豆泡澡

实验步骤：将一些聪明豆（油炸类零食）泡在一碗清水中，第二天观察有什么变化?

实验结果：清水变成绿色、带油的污水。

〔实验二〕：可怕的添加剂

实验步骤：将3根炸薯条（快餐店购买的）、3根炒熟的土豆丝、3根生的土豆丝，均匀摆放在家中同一个位置，在第一天、第三天、第七天后观察并记录三者各发生了什么变化。

实验结果：新鲜食物会很快变质，但炸薯条因为添加了酥脆剂，在一周后仍然不会变质。

〔实验三〕：厉害的油

实验步骤：拿一个漏网，先往漏网里倒水，观察出水量。再将漏网表面涂抹一些油，再次倒水，再一次观察出水量。

实验结果：漏网上没有油的时候，水流出的速度要比有油的时候快得多。

各抒己见

请同学们将自己的实验过程、结果和收获向老师和同学们做个分享吧。

亲子时光

请你和妈妈一起，研究一下健康食品、健康菜谱，以及健康的烹饪方法（少盐、少油、少糖、新鲜、易消化等），一起制定一份《年夜饭健康菜单》，要注意结合全家人的口味喜好、年龄、健康状况等条件，比如：爷爷喜欢吃清淡的，爸爸工作劳累需要吃有营养、易消化的，小朋友们爱吃甜的等，并和老师、同学们进行分享和交流。

活动引导

1. 我和妈妈最想推荐的一道菜：________________

2. 推荐理由：

____

____

____

3. 美食照片：

《我的成长印记》

我是健康小达人：

小朋友们，通过各式各样的活动，我们知道了健康饮食的重要性，以及垃圾食品的危害。请你做一个小总结，写一写有哪些好的健康饮食习惯，有哪些健康的食品。别忘了和同学们交流哦。

____

____

____

____

我的闪亮时刻：

请回忆你在这个月里得到了老师和家长的哪些表扬？获得了哪些小奖状？取得了哪些好成绩？选择你最难忘的写下来吧。

____

____

____

____

我是小雷锋：

请写下这个月中最让你感到骄傲的助人为乐的好事。

____

____

____

____

老师的话：

请找一位老师（如你的班主任或者任课老师），为你写下一句评价或鼓励的话。

____

____

____

____

我的宝贝长大了：

亲爱的同学们，这个月里你有哪些收获？取得了哪些进步？得到了哪些成长？请和你的爸爸妈妈说一说，让他们为你记录下来吧。

印章收集处：

请你的老师和同学把奖励你的小印章盖在这里哦。

六字诀

责——尽己责，担道义

“责”的意思就是负责任。作为一个社会中的人，我们都有需要承担的责任，比如要孝敬父母、听父母的话，要尊敬老师、团结同学等，这些好的品质都是懂责任、有担当的表现。

母爱如海，父爱如山。爸爸妈妈为我们的成长日益辛劳，无微不至地照顾我们的生活，他们默默无声地给我们滋润，无怨无悔地为我们付出。所以，要做到“责”，首先要懂得“孝亲”（xiào qīn），要学会孝敬父母，不仅自己的事情自己做，还要主动帮助爸爸妈妈做力所能及的事。

当我们走入社会，就要承担相关的社会责任了，比如，要遵守社会秩序，遵守公约，遵守规则、规范，帮助有困难的人等等。只有人人都能恪（kè）尽职守，社会才能更加美好，更加和谐。

第九课　我的绿色班级

小朋友们，你们知道“垃圾分类”吗？你居住的小区里的垃圾回收桶是什么样子、什么颜色的？你家里的垃圾是怎样收集的呢？

在这个“职守月”的活动中，我们将学习垃圾分类的知识。你会学习到如何进行垃圾分类，还会和同学们一起，制定你们的“绿色班级”垃圾分类计划。希望通过学习，你能明白垃圾分类的重要性，并能号召爸爸妈妈和你一起，来认真执行垃圾分类的办法，让我们的地球更加健康、更加漂亮。

博闻广见

请观看视频，学习关于“垃圾分类”的知识。

“垃圾分类”主要是分清“可回收垃圾”和“不可回收垃圾”。

- 可回收垃圾：

废纸——报纸、期刊、图书、各种包装纸等。

塑料——各种塑料袋、塑料泡沫、塑料包装、一次性塑料餐盒餐具、硬塑料、塑料牙刷、塑料杯子、矿泉水瓶等。

玻璃——各种玻璃瓶、碎玻璃片、镜子、暖瓶等。

金属物——易拉罐、罐头盒等。

布料——废弃衣服、桌布、洗脸巾、书包、鞋等。

- 不可回收垃圾：

厨余垃圾——剩菜剩饭、骨头、菜根菜叶、果皮、果核等食品类废物。

其他垃圾——砖瓦、陶瓷、渣土、卫生间废纸、果壳、尘土等。

有毒有害垃圾——电池、荧光灯管、灯泡、水银温度计、油漆桶、部分家电、过期药品、过期化妆品等。

集思广益

请你根据以上知识，想一想校园、班级里该如何进行垃圾分类，并和你的小组同学交流想法。

1. 校园、班级里常见的垃圾有哪些？

2. 这些常见垃圾中，哪些是可回收的，而哪些是不可回收的呢？

可回收：

不可回收：

3. 请你设计一些“班级垃圾分类小图标”吧。

本月活动

绿满校园

让我们一起展开一次“绿满校园”活动。请同学们根据自己的创意，制作“绿色地球卡”，上面写下我们的绿色寄语，并将它们悬挂在班级、校园中需要提醒大家绿色环保的位置，比如电灯开关旁边、水池旁边、食堂门前、垃圾桶旁边等等。让一个个美丽的绿色卡片时刻提醒同学们：践行环保，人人有责。

活动引导

1. 我心中的美丽“绿色地球卡”是什么样的？
2. 如何把我心中美好的创意变为现实？
3. 我的绿色寄语是什么？
4. 我计划将我的卡片悬挂在哪里？

亲子时光

在生活中，有很多资源二次利用的方法，比如：用淘米水浇花，洗脸、洗手后的水可以冲马桶等。请你和爸爸妈妈一起，收集和研究一些资源二次利用的例子，并积极地应用于生活之中吧。

我们收集和研究的例子：

《我的成长印记》

我是环保小达人：

小朋友们，通过这节课的学习，你是不是了解到了关于“垃圾分类”“二次利用”的知识呢？人类的资源是有限的，但是我们的智慧是无穷无尽的，让我们一起行动起来，保护我们的地球母亲。现在，请你想一想，班级中的可回收垃圾可以怎样进行二次利用呢？请开动脑筋，向班委会发出一份小提案吧。

我的小提案：

我的闪亮时刻：

请回忆你在这个月里得到了老师和家长的哪些表扬？获得了哪些小奖状？取得了哪些好成绩？选择你最难忘的写下来吧。

我是小雷锋：

请写下这个月中最让你感到骄傲的助人为乐的好事。

老师的话：

请找一位老师（如你的班主任或者任课老师），为你写下一句评价或鼓励的话。

我的宝贝长大了：

亲爱的同学们，这个月里你有哪些收获？取得了哪些进步？得到了哪些成长？请和你的爸爸妈妈说一说，让他们为你记录下来吧。

印章收集处：

请你的老师和同学把奖励你的小印章盖在这里哦。

七字诀

识——学而思，思而行

“识”的含义是见识和视野，指一个人要拥有广博的见识和开阔的视野，这样，他才能明白更多道理，懂得更多是非，比别人看得更高、想得更远，做到心中有天下。

要想拥有广博的见识，首先要做到“博览”（bó lǎn）。有一句成语叫“见多识广”，说的就是要多多读书，要多看、多听、多想、多问，日积月累形成丰富的知识。

形容“博览”的成语：

学识渊博、博古通今、博大精深、博学多才、博识多通、学富五车、饱学之士

第十课　书香润童年

小朋友们，“博览、博识”的过程也是我们成长的过程，只有不断地拓（tuò）宽视野、增长见识，我们才能认识世界的美妙和博大，才能知道自己的渺（miáo）小，从而更努力地学习，让自己变得强大，有力量去征服世界。

阅读，是认识世界最简单、最有效的办法。我们不仅自己要多多阅读，还要学会与别人分享，把我们最喜欢的书推荐（jiàn）给同学们，让大家一起来读好书，共同开拓（tuò）眼界，共同进步。

这个月里，我们就学一学如何把自己的好的东西推荐给别人，和别人一起分享。

博闻广见

亲爱的小朋友，今天，我们要学习如何向别人做“推荐”（tuī jiàn）。

首先，我们要知道，推荐的目的是为了“分享”。想和小伙伴们分享好东西，那么你先要把这件东西的优点、好处说给小伙伴们听，这就是推荐。

做推荐的形式有很多，比如语言表述，把你的好东西和小伙伴们讲一讲，或者把这件东西的优点展示出来，比如写一张小卡片，制作PPT等等。

向别人做推荐的时候要说重点，也就是要介绍你认为最棒的、最精彩的地方。

本月活动

精彩纷呈

这节课，我们将举办一次班级“好书推荐会”，你要向老师和同学们推荐一本你特别喜欢的书。现在，请你想一想，如何向老师、同学们推荐一本好书呢？

活动引导

首先，我们要介绍这本书的名字和作者。

其次，要说一说这本书的主要内容。

第三，谈一谈让自己印象最深的内容。

第四，说一说读了这本书的感想。

能工巧匠

为了更好地展现我们的好书，让我们来做一张“好书推荐卡”，也就是为这本书做一张“名片”。你可以结合书的内容，画一些漂亮的小图画，并写上推荐语。请你参考以下样例，但一定要有自己的想法和创新哦！好了，现在，就请开动脑筋，伸出小手，制作你的“好书推荐卡”吧。

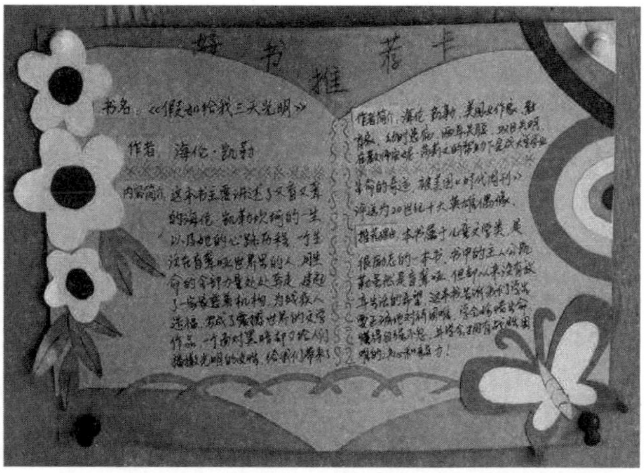

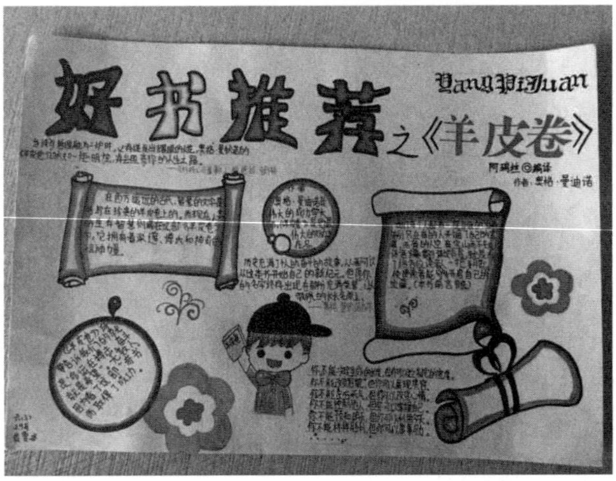

亲子时光

小朋友们，班级的“好书推荐会”马上要开始了，你准备好你的推荐了吗？你的推荐卡制作好了吗？请你先为爸爸妈妈做个展示，要注意语言要说清楚，把你的想法表达到位，声音要洪亮，并充满自信。再听听爸爸妈妈的建议，为你的班级推荐会做好充分的准备。

《我的成长印记》

我的阅读与成长：

☆今天的好书推荐会上，同学们介绍了许多非常棒的书籍，你最想读的是哪一本呢？为什么？

☆请你在阅读之后写一写你的收获吧。

我的闪亮时刻：

请回忆你在这个月里得到了老师和家长的哪些表扬？获得了哪些小奖状？取得了哪些好成绩？选择你最难忘的写下来吧。

我是小雷锋：

请写下这个月中最让你感到骄傲的助人为乐的好事。

老师的话：

请找一位老师（如你的班主任或者任课老师），为你写下一句评价或鼓励的话。

我的宝贝长大了：

亲爱的同学们，这个月里你有哪些收获？取得了哪些进步？得到了哪些成长？请和你的爸爸妈妈说一说，让他们为你记录下来吧。

印章收集处：

请你的老师和同学把奖励你的小印章盖在这里哦。

八字诀

合——尚和合，求大同

“合”字的意思就是与别人合作。要更好地与人合作，首先要学会探究一件事物的本质，学会理解其他人的不同之处。

理解就是通过阅读、倾听、观察、试验、分析、研究、交流、探讨等方法，了解事物的内在本质。比如，牛顿看到了苹果落在地上，他通过研探究、钻研，明白了因为地球的引力，成熟的苹果才会落到地上，这就是“理解”。

5月是个充满爱的月份，因为这个月有“母亲节”。你们将学着动手制作漂亮的玫瑰花，并和妈妈一起完成美丽的小手工。

第十一课　小小玫瑰献妈妈

小朋友们，你们平时是怎样表达对妈妈的爱的呢？给妈妈一个甜甜的吻、一个大大的拥抱，还是帮妈妈收拾房间，倒一杯水，洗菜、洗碗？相信你每天都会用实际行动来表达对妈妈的爱。

母亲节就要到了，今天，我们来学一学制作一朵漂亮的玫瑰花，献给亲爱的妈妈，好吗？

其乐融融

亲爱的小朋友，请找出3张与妈妈的合影（照片中可以有其他人），将3张照片分别粘贴在下面的方框里。

请你在课堂上向老师和同学们介绍你的妈妈，并讲述一件表现妈妈对自己爱的事。一定要踊跃发言哦。

1岁的我和妈妈：

3岁的我和妈妈：

6岁的我和妈妈：

能工巧匠

小朋友们，母亲节就要到了，让我们一起动手，为妈妈做一朵漂亮的玫瑰花，好吗？

1. 请用铅笔在彩纸上画出8个心形的花瓣，并用剪刀将每一片花瓣剪下来。

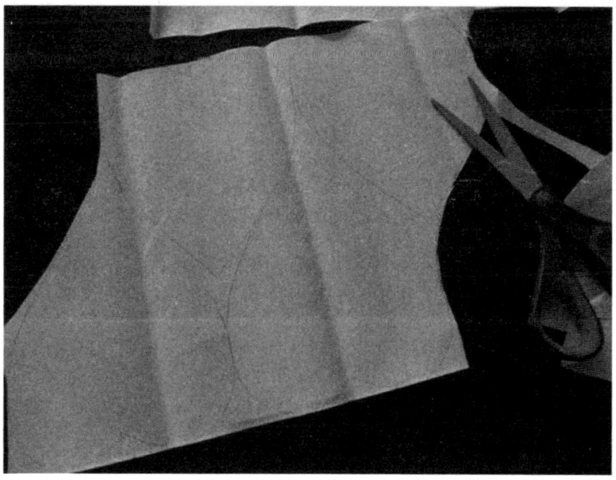

2. 请拿出你的铅笔，将花瓣上的两个圆卷弯，这样可以让你的花瓣更美丽！

3. 请拿出一片花瓣，紧贴在铁丝上，然后用胶带固定，看，你的花蕊做好啦。

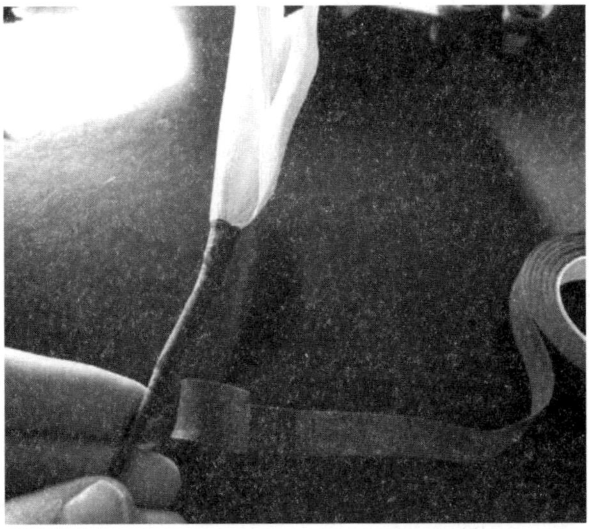

4. 接下来，我们把花瓣下角涂上胶水，将它们一片一片粘到铁丝上去吧。

5. 好了，你的玫瑰花做好了吗？

本月活动

亲子活动

小朋友，你的玫瑰花做好了吗？妈妈喜欢吗？现在，请你和妈妈一起合作，共同制作一件漂亮的手工艺品吧。你们之间要有分工，并且要把制作的过程和讲解拍摄下来。做好的手工艺品可以摆在家里，也可以送给你的奶奶、姥姥，或者邻居的阿姨、奶奶，或者送给那些需要帮助和关爱的母亲。

《我的成长印记》

我与妈妈共合作：

小朋友，你和妈妈一起制作小手工了吗？你们做的是什么？叫什么名字？你和妈妈如何进行分工的？你完成自己该做的事情了吗？请写一写你和妈妈的分工，以及当你做不到时，妈妈对你的帮助。

☆我和妈妈的分工：

____

____

☆妈妈对我的帮助：

____

____

我的闪亮时刻：

请回忆你在这个月里得到了老师和家长的哪些表扬？获得了哪些小奖状？取得了哪些好成绩？选择你最难忘的写下来吧。

____

____

____

我是小雷锋：

请写下这个月中最让你感到骄傲的助人为乐的好事。

____

____

____

老师的话：

请找一位老师（如你的班主任或者任课老师），为你写下一句评价或鼓励的话。

____

____

____

____

我的宝贝长大了：

亲爱的同学们，这个月里你有哪些收获？取得了哪些进步？得到了哪些成长？请和你的爸爸妈妈说一说，让他们为你记录下来吧。

印章收集处：

请你的老师和同学把奖励你的小印章盖在这里哦。

九字诀

悦——身心悦，远近悦

“悦”就是快乐和喜悦。快乐是一种精神上的愉悦，一种心灵上的满足，它会使一个人变得开心。虽然我们触摸不到它，但是它却能出现在我们的脸上，让我们绽放笑容。

首先，我们要学会让自己快乐起来，也就是“悦己”（yuè jǐ）。让自己心情舒畅，心中充满阳光。拥有快乐，其实很简单，只要经常笑一笑，你就能随时感受到开心和幸福。

很快，你就要迎来学生时代中的第一个暑假。你将暂时离开学校，步入社会。希望你每天都能在欢声笑语中度过，尽情享受欢乐而有意义的假期生活。记得要完成假期作业哦。

第十二课 诚实守信，绽放快乐之花

亲爱的小朋友们，诚信是中华民族的传统美德，千百年来人们讲究诚信、坚守诚信，但是，在现实生活中却存在很多不诚信的现象。

你有没有过不诚实、不守信用的时候呢？你会不会为这些事感到后悔呢？希望你在学习了这节课之后，明白“诚实”是一名好学生应该拥有的最重要的品德，也是每个人都应该恪（kè）守的道德信念。

博闻广见

关于“诚实”的故事

同学们，你听过关于“诚实”的小故事吗？比如《狼来了》《诚实的花朵》等等。今天，我们先来读一读两则关于“诚实”的故事吧。

郭沫若与芭蕉花

郭沫若小时候很淘气，但是也很孝顺。有一次，他的妈妈得了一种“眩晕病”，郭沫若听说芭蕉花可以治这种病，就想为妈妈买一支。可是这种花卖得很贵，并且难得一开，于是他就和哥哥一起跑到一座花园内找这种花，恰好那座花园里的芭蕉开了一朵大黄花，郭沫若和哥哥就把花偷偷地摘下来，送给了妈妈。

妈妈虽然知道郭沫若这样做是孝顺她，可是儿子的行为让她伤心了。她告诉郭沫若，要诚信做人。郭沫若对这段往事一直牢记在心，直到后来成为中国的大学问家，也未曾忘记。

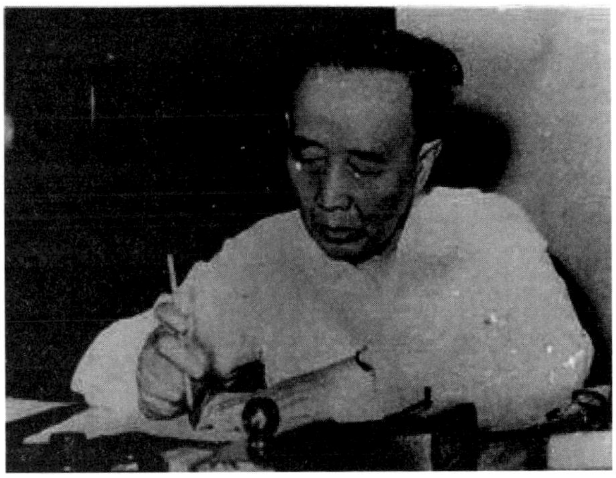

华盛顿与樱桃树

华盛顿用小斧头砍倒了他父亲的一颗樱桃树。父亲见心爱的树被砍，非常气愤，扬言要给那个砍树的人一顿教训。而华盛顿在盛怒的父亲面前，毫不避讳地承认了自己的错误。父亲被感动了，称华盛顿的诚实比所有樱桃树都宝贵得多。

亲爱的小朋友们，讲诚信就是要诚实、守信用，这是每一个人应该拥有的、最基本的道德品质。你还听说过哪些关于“诚信”的小故事？请你查阅资料，收集一些古今中外描写诚信的故事和名人名言，并与老师和同学们做分享。

聚精会神

同学们，你知道一些关于“诚实”“诚信”的名言吗？比如：

伟大人格的素质，重要的是一个诚字。——鲁迅

人而无信，不知其可也。——孔子

如果要别人诚信，首先要自己诚信。——莎士比亚

你能模仿以上名句，试着写一写自己的“诚信宣言”吗？

我的“诚信宣言”：

____

____

____

本月活动

集思广益

请你想一想，在学校和班级里，诚实守信应该有哪些表现？请你记录下来，并和你的小组同学进行交流和讨论，然后一起制定一份班级《诚信公约》。

《诚信公约》

①______________________________

②______________________________

③______________________________

④______________________________

⑤______________________________

____

____

____

____

____

亲子时光

家庭欢乐小游戏

1. 可怜的小猫

玩法：家人手拉手围坐成一个圆圈，面向圆心坐下，推选一人扮作小猫。扮小猫者，可任意蹲到其中一位家人的身前，模仿三声猫叫，每叫一声稍停一下，被选中的人应立即用手抚摸“猫”的头部，并说：“可怜的小猫。”如此三遍后，被选中者如果笑出声来，就应该与扮小猫者互换角色，游戏继续进行。如果顺利通过三次猫叫考验而本人又未笑出声，扮小猫者就应走向另外一人，游戏继续进行。

规则：（1）小猫不能接触选中人的身体；（2）选中人只能轻轻抚摸扮小猫者。

2. 猜五官

玩法：两个人面对面或者一个人面对两个人。一个人指着自己的五官任何一处，问对方：“这是哪里？”对方必须在很短的时间内来回答，例如：如果一方指的是自己的鼻子，那么就要说：“这是鼻子。”但是同时，手必须指着自己鼻子以外的任何其他五官。

《我的成长印记》

在心中种下“诚信之花”：

亲爱的小朋友，你以前有没有做过“不诚信、不诚实”的事情呢？请你把这件事情写下来，要知道，敢于承认，才能勇于改正。要做一个诚信的好孩子。

☆以前做错的事情：

☆现在的我会这样做：

我的闪亮时刻：

请回忆你在这个月里得到了老师和家长的哪些表扬？获得了哪些小奖状？取得了哪些好成绩？选择你最难忘的写下来吧。

我是小雷锋：

请写下这个月中最让你感到骄傲的助人为乐的好事。

老师的话：

请找一位老师（如你的班主任或者任课老师），为你写下一句评价或鼓励的话。

我的宝贝长大了：

亲爱的同学们，这个月里你有哪些收获？取得了哪些进步？得到了哪些成长？请和你的爸爸妈妈说一说，让他们为你记录下来吧。

印章收集处：

请你的老师和同学把奖励你的小印章盖在这里哦。

后记

时光荏苒，踏着清晨的第一缕曙光，哼着童谣，背着书包，乘着童年的纸飞机，向梦想的方向起航；嘴里叨着棒棒糖，在秋千上快活地荡漾，流露出天真的模样。童年就像百花齐放的春天。

童年的梦就像百花齐放般美好，五彩斑斓，绚丽无比；童年的梦又如夜空，那么宽阔，那么宁静；童年的梦就像无数的星星，它们只会眨着眼，不会说话，诚实而从容。无数的星星如无数的梦，飞入了你们小小的脑袋，从此，你们开始思考无数的问题。

在这个月的活动中，我们一起懂得了善待生命，善待小动物，善待花草植物；完成了一幅美丽的绘画《多彩国庆节》；体验了很多有趣的科学小实验；你们和爸爸妈妈一起制定了《家庭“毅力”小档案》；明白了垃圾食品的危害，知道了吃绿色蔬菜的好处；懂得了垃圾分类的好处，以及如何进行垃圾分类；学会了如何向同学们推荐自己喜欢的书籍；学会了做漂亮的玫瑰花献给妈妈；知道了要做一个诚实的好孩子。

如果说童年是一泓清泉，你们就是汇成这泉水的雨露；如果说童年是一幅画卷，你们就是拥有神笔的马良；如果说童年是一首音乐，你们就是组成这乐谱的音符；如果说童年是一张白纸，你们就是设计师，在这儿画一笔、在那儿点一点，让所有童年的欢乐都洋溢在纸上。就让这幅画卷慢慢铺开，写满未来的足迹，汇成一幅人生的壮丽篇章吧！

“i优势”

北方工业大学附属学校德育、体育、美育课程体系

（学生用书）

王　英　主编

三年级

中国发展出版社
CHINA DEVELOPMENT PRESS

图书在版编目（CIP）数据

“i优势”：北方工业大学附属学校德育、体育、美育课程体系（学生用书）/ 王英主编．北京：中国发展出版社，2019.7

ISBN 978-7-5177-1027-1

Ⅰ．① i… Ⅱ．①王… Ⅲ．①德育—中小学—教材 ②体育课—中小学—教材 ③美育—中小学—教材 Ⅳ．① G634

中国版本图书馆 CIP 数据核字（2019）第 137690 号

书　　名：“i优势”：北方工业大学附属学校德育、体育、美育课程体系（学生用书）
著作责任者：王　英
出 版 发 行：中国发展出版社
（北京市西城区裕民东路 3 号 9 层　100029）
标 准 书 号：ISBN 978-7-5177-1027-1
经　销　者：各地新华书店
印　刷　者：河北鑫兆源印刷有限公司
开　　本：889mm × 1194mm　1/16
印　　张：38.5
字　　数：800 千字
版　　次：2019 年 8 月第 1 版
印　　次：2019 年 8 月第 1 次印刷
定　　价：158.00 元（全 9 册）

联 系 电 话：（010）68990630　68990692
购 书 热 线：（010）68990682　68990686
网 络 订 购：http://zgfzcbs. tmall. com//
网 购 电 话：（010）88333349　68990639
本 社 网 址：http://www.develpress. com. cn
电 子 邮 件：370118561@qq. com

前 言

亲爱的小朋友们：

学完了生动有趣的二年级课程，请你想一想：哪个故事让你印象最深刻？让你明白了什么道理？这个道理让你有了怎样的进步？这样的进步是不是让你更加快乐？

在新的一年里，你将学习更多的知识，让你在头脑变得更加聪明的同时，身心也能够更健康，从而茁壮地成长。你要懂得什么是“真诚”，真诚就是真实和诚恳，在生活中，你要真诚地面对朋友、面对老师、面对亲人。

小朋友，你要做一个真诚的人。也就是说，你要热情大方、乐于助人，当别人遇到困难时发自内心地给予帮助；你要坚强自信、乐观向上，面对失败时不要灰心丧气，而是仍然相信自己；你要坚持真理，敢于承认错误并努力改正。

小朋友，愿你像夏日里的清风，做个惹人喜爱的小精灵；愿你如同冬天里的暖阳，永远绽放明媚的笑容。

目 录

一字诀　善——人之初，性本善 …… 1

二字诀　志——有志者，事竟成 …… 6

三字诀　技——精一技，通百路 …… 11

四字诀　恒——学无涯，贵有恒 …… 17

五字诀　律——克于己，复于礼 …… 23

六字诀　责——尽己责，担道义 …… 29

七字诀　识——学而思，思而行 …… 38

八字诀　合——尚和合，求大同 …… 47

九字诀　悦——身心悦，远近悦 …… 53

后　记 …… 58

一字诀

善——人之初，性本善

“善”就是“善良”的意思，我们知道，“善”在这里有三方面含义：仁爱、正义、家国。

我们要主动关心同学，帮助有困难的同学，献出自己的爱心，尽显我们的关爱之情。同时，我们也感受着别人带给我们的关爱，这就是互助互爱。

懂得伸张正义就是要有正义感，敢于维护正义。面对不好的人和事时，要对他们说“不”，这是需要有勇气的。所以，我们要努力学习知识，不断地让自己变得更强大、更勇敢，这样，我们才能变成一个个正义的“小超人”，传播“善”的正能量。

拥有“家国情怀”就是爱祖国、爱家乡、爱人民，努力学习。当我们心中有了仁爱之心，有了维护正义的坚强翅膀，我们才能够保卫我们的家乡，保卫我们的祖国。

第一课　我爱您，老师

同学们，教师节就要到了，你准备向老师表达怎样的节日祝福呢？尊师重教是全社会的美德，也是中华民族的优良传统。我们要看到并感受到老师为我们的学习进步和茁壮成长付出的辛劳。

通过这节课的学习，希望你们能够明确怎样做是尊敬老师。不只在教师节这一天才尊敬老师，而是自觉地把尊师落实到实际行动上，落实到每一天、每一节课。让我们在尊师重教的美好氛围中，健康地成长。

全神贯注

小朋友们，一年一度的教师节即将来临，让我们一起对老师说一声：老师，节日快乐！

现在，请你认真观看老师播放的教师节视频，回答下面的问题：

1. 视频中有几位老师？

2. 他们都是教什么的？

本月活动

学以致用

小朋友们，你们以前有过或者看到过不尊重老师的行为吗？你觉得尊敬老师应该怎样做呢？请同学们一起，齐心协力，制定本班的《尊师十条》。

1. 上课认真听老师讲课，有问题先举手；

2. 遇到老师要主动问好；

3. ______________________________

4. ______________________________

5. ______________________________

6. ______________________________

7. ______________________________

8. ______________________________

9. ______________________________

10. ______________________________

集思广益

看了这段视频，你有什么感触吗？是不是更加热爱、感激的你的老师，想给老师一个大大的拥抱？

请你和小组同学们一起，设计、制作一份《我爱您，老师》的手抄报。采撷老师们课上课下最打动你的“精彩瞬间”，并用绘画或者照片等形式记录下来，制成精美的手绘小报，作为献给老师的教师节礼物。

博闻广见

小朋友们，你们知道吗，在1985年9月10日，新中国的教师们迎来了自己第一个教师节。从此以后，每年的教师节成为人们生活中的一件大事，尊师重教成为一种美德。

泱泱中华，尊师重教的传统久矣，从某种角度讲，中国的教师节已有2000多年的历史了。

在汉、晋时期，每到孔子诞辰日（农历8月27日），皇帝就会率领文武官员去祭拜孔庙，还会请教师们吃饭。当时虽没有确立孔子诞辰日为教师节，但教师已开始享受节日休假、会餐等福利待遇了。

在唐、宋时代，每到这一天，国都和各州、府、县都要举行孔子诞辰祭典。当时的祭典非常隆重。并且，国子监、书院以及州、府、县也会选拔成绩突出者为“司业”，报送朝廷，这些“先进教育工作者”最高可获赏银500两。

到了清代，孔子诞辰祭典的规模和范围愈加宏大，成绩最为卓著的教师在这天会被授予八品职衔，提升为院长、监院、掌教、馆师等。清代许多著名学者如颜元、阮元、惠士奇等，就是在那时得到的提拔。

名人轶事

“善良”小故事：屈原背米

诗人屈原在幼年时期就有悲天悯（mǐn）人的情怀。当时正逢连年饥荒，一天，屈原家门前的大石头缝里突然流出了雪白的大米，百姓们见状，纷纷拿来碗瓢（piáo）、布袋接米，将米背回了家。

不久，屈原的父亲便发现家中粮仓中的大米越来越少，他很是奇怪。有一天夜里，他发现屈原正从粮仓里往外背米，便将屈原叫住，一问才知道原来是屈原把家里的米灌进了石缝里。父亲没有责备屈原，只是对他说：“咱家的米救不了多少穷人，如果你长大后做官，把楚国管理好，天下的穷人不就有饭吃了吗？”

自此屈原勤奋治学，为国、为民尽心尽力，被后世之人称颂，真正做到了由小善转为大善。

《我的成长印记》

善人善心：

读了《屈原背米》的故事，你有什么感悟吗？请你再读一些关于“善良”的故事吧。

我读的故事名字叫：______________________

我的感悟：

____

____

我的闪亮时刻：

请回忆你在这个月里得到了老师和家长的哪些表扬？获得了哪些小奖状？取得了哪些好成绩？选择你最难忘的写下来吧。

____

____

____

我是小雷锋：

请写下这个月中最让你感到骄傲的助人为乐的好事。

____

____

____

老师的话：

请找一位老师（如你的班主任或者任课老师），为你写下一句评价或鼓励的话。

我的宝贝长大了：

亲爱的同学们，这个月里你有哪些收获？取得了哪些进步？得到了哪些成长？请和你的爸爸妈妈说一说，让他们为你记录下来吧。

印章收集处：

请你的老师和同学把奖励你的小印章盖在这里哦。

志——有志者，事竟成

“志”就是要有志向，也就是要有属于你自己的小小梦想，并且要努力学习、不怕困难，勇敢地追求梦想，有为之努力的激情，有为之奋斗的行动，最后实现梦想，达成自己远大的志向。这个过程就是：立梦、追梦、圆梦。

十月一日是“国庆节”，是新中国成立的日子，是伟大祖国母亲的生日。这一天，大街小巷都会挂满红红的国旗，人们用一张张喜气洋洋的笑脸庆贺祖国华诞。

但是，我们要知道，我们今天的幸福生活是来之不易的，是用无数先烈的自由、鲜血、生命换来的。在这个月的学习中，我们将了解爷爷奶奶、爸爸妈妈们小时候的生活，体会在过去的年代生活是多么艰苦，同时也感受现在的幸福，学会珍惜幸福。

第二课 知感恩，惜幸福

小朋友们，你们知道自己的爸爸妈妈或者爷爷奶奶小时候的生活是怎样的吗？你们知道在过去的岁月中，人们的生活是什么样子的吗？他们在吃、穿、住、行等方面是怎样做的呢？在这个“铭志月”中，你们将和自己的父辈和祖辈们交流、沟通，听听他们讲讲过去的故事。

希望你们通过这节课的学习，能够明白现在生活的来之不易，懂得珍惜生活，同时，能够感受到祖国的日益强大、人民生活水平的日益提高，为自己是一名中国的少年儿童而感到骄傲和自豪。

博闻广见

小朋友们，你们见过新闻采访吗，你记忆中的采访是什么样子的？

“采访”就是要有一位记者，针对一个或多个问题，对别人进行提问，与对方进行简单的交流，并做好记录。在采访结束后，将交流的过程和记录进行整理。

请你通过查找资料，或看视频，了解做采访的一些步骤和要领。

本月活动

采访调查

现在，我们需要了解我们的祖辈（爷爷、奶奶、姥姥、姥爷）和父辈（爸爸、妈妈）们小时候的生活，想知道他们小时候在“衣、食、住、行”四个方面具体是什么样子的，和今天有哪些不同。请你根据老师的分组，确定你的采访主题，并根据所了解到的采访的知识，为你本次的采访制作一个小方案。

活动任务单

我的采访方案	
人物确定	我要采访的人物是： 祖辈代表1： 祖辈代表2： 父辈代表1： 父辈代表2：
采访预约	我进行采访的时间和地点是： 祖辈代表1时间、地点： 祖辈代表2时间、地点： 父辈代表1时间、地点： 父辈代表2时间、地点：
采访内容	我准备提出的问题有： 1： 2： 3： 4： 5：
采访记录	我的记录方式为： 例如：录音或笔记

亲子时光

亲爱的小朋友，我们学习了如何采访，也制定了自己的方案，那么，请你根据方案完成采访任务吧，注意请爸爸妈妈为你留下采访过程的影像（照片或视频）并留存。

集思广益

请与你的小组同伴一起，把你们采访的内容进行整理和汇总，并用PPT呈现出来，在课堂上与老师和同学们进行分享。

《我的成长印记》

懂得珍惜：

亲爱的小朋友，你在采访的过程中，以及在同学们的分享中，获得了哪些感受呢？你的童年和长辈们的童年比起来，是不是幸福得太多太多了？请你写一写自己的感悟吧。

____

____

____

____

我的闪亮时刻：

请回忆你在这个月里得到了老师和家长的哪些表扬？获得了哪些小奖状？取得了哪些好成绩？选择你最难忘的写下来吧。

____

____

____

____

我是小雷锋：

请写下这个月中最让你感到骄傲的助人为乐的好事。

____

____

____

____

老师的话：

请找一位老师（如你的班主任或者任课老师），为你写下一句评价或鼓励的话。

____

____

____

____

我的宝贝长大了：

亲爱的同学们，这个月里你有哪些收获？取得了哪些进步？得到了哪些成长？请和你的爸爸妈妈说一说，让他们为你记录下来吧。

____

____

____

____

印章收集处：

请你的老师和同学把奖励你的小印章盖在这里哦。

三字诀

技——精一技，通百路

“技”就是技艺、技能，我们要掌握一门技巧，学会一项能力。要学会一门技艺，首先要学会观察和思考。要学会对事物进行仔细观察，收集各种信息，通过思考理解其内在的意义，并大胆提出问题，养成与同学、老师交流和沟通的好习惯。

成语赏析

巧夺天工：人工的精巧胜过天然。形容技艺精妙。

鬼斧神工：形容技艺精巧。好像鬼神制造，不是人工做成。

大匠运斤：比喻人技艺精湛或文笔娴熟高超。

游刃有余：比喻做事熟练，解决困难问题毫不费力。

点屏成蝇：屏，屏风。把屏风上的污点画成苍蝇。形容绘画技术十分高超。

第三、四、五、六课　我是消防小标兵

亲爱的小朋友，我们生活在地球上，生活在美丽的大自然中。但是你知道吗，大自然有时候也会“发脾气”，会为人类带来各种各样的灾难。而人类在生产、生活中，也会由于处理不当，造成

一些人为的灾难。

这节课，你们将前往消防队参观和学习，和消防员叔叔们学习应对“火灾”的办法，学习火灾逃生的技巧和灭火器的使用方法。希望你们认识到灾害的可怕和破坏性，掌握应对火灾等各种灾害的技能，掌握更多的逃生方法，同时，明白生命的可贵和脆弱，懂得爱惜和珍视生命。

博闻广见

小朋友们，各种各样的灾难会影响我的生活，乃至威胁我们的生命。你都知道哪些灾难？下面，让我们来简单了解一些“自然灾害”及发生灾害时的自救知识。

自然灾害

地震

地震又称地动，是因为地球上的板块与板块之间相互挤压、碰撞，造成了板块边缘地带的错动和破裂，地震常常会造成严重的人员伤亡，也能引起火灾、水灾、有毒气体泄漏、细菌及放射性物质扩散，还可能造成海啸、滑坡、崩塌、地裂缝等次生灾害。

大雨、雷雨

大雨和雷雨都是一种自然天气，但是在暴雨、雷雨发生时，仍然会危及我们的人身安全。

大风、强风

大风、强风在气象学中专指8级风。大风时，陆地上树枝会折断，迎风行走会感觉阻力很大。大风也可以导致建筑物的损坏。

火灾

在各种灾害中，火灾是最经常、最普遍地威胁公众安全和社会发展的主要灾害之一。人类在会使用火的时候，就开始与火灾进行斗争了。

自救知识

灾害危及人类的生命，但是我们可以用智慧和勇敢来战胜灾害。请你和小组同伴们一起读一读下面的一些自救方法，再查找一些资料，学习更多的自救知识。

地震

发生地震时，你要听从老师的指挥转移和撤离，也可以躲避在课桌下、讲台旁，记住，绝对不能乱跑。

如果是在家里，要和爸爸妈妈及时、有序地撤离到楼外，记住，家里的卫生间可以为你提供一定的保护。

雷雨

在发生暴雨、雷雨时，要尽量待在家里，并切断家里的一切电源。不要开门、开窗。在下雨天要穿胶雨鞋，披雨衣，这些可以为我们起到对雷电的绝缘作用。要远离树木，选择在建筑物或汽车里躲避，因为车属于金属外壳，人既不会受到感应雷伤害，也不会被雷电直接击中。

大风

在大风天气里，应远离施工地，不要在高大的建筑物、广告牌或大树的下方停留，以免被掉落的玻璃、树枝等刺伤、砸伤。

火灾

发生火灾时，不要惊慌乱跑，要听从老师或家长的指挥。当火势不大，没有对人造成威胁时，应用灭火器、消防栓等扑火。如果你在建筑物里，楼梯、通道、安全出口等是火灾发生时最重要的逃生之路，要尽量往楼下跑。为了防止浓烟，可用毛巾、口罩捂住鼻子，也可以向头部、身上浇冷水或用湿毛巾、湿棉被、湿毯子等将头、身裹好，再冲出去。如果发现身上着了火，千万不可惊跑或用手拍打，应赶紧设法脱掉衣服或就地打滚，压灭火苗。还有，不要忘了拨打119电话及时报警。

记住，在火灾中，千万不要使用电梯。

本月活动

身临其境

小朋友们，我们将前往消防队参观和学习，你们要认真听消防员叔叔的讲解和教导，学习必要的消防知识，在危难之时保护自己。

亲子时光

小朋友们，我们认识了一些灾害，学习和研究了一些逃生办法，相信你对灾难逃生有了一定的了解和掌握。现在，请你向爸爸妈妈讲解你所知道的逃生技巧，并和爸爸妈妈一起，根据家里的情况，比如楼层高矮、有无电梯、空间大小、家具家用物品等实际条件，设计一个《家庭自救及紧急疏散方案》。要注意确定逃生通道，并进行一次“家庭紧急疏散演习”。

《我的成长印记》

我是消防小达人：

亲爱的小朋友们，你们去消防队进行了参观和学习，那么，你现在一定学会了如何使用灭火器吧？请你教一教你的家人、朋友，让多的人学会使用灭火器，远离灾难吧。

____

____

我的闪亮时刻：

请回忆你在这个月里得到了老师和家长的哪些表扬？获得了哪些小奖状？取得了哪些好成绩？选

择你最难忘的写下来吧。

我是小雷锋：

请写下这个月中最让你感到骄傲的助人为乐的好事。

老师的话：

请找一位老师（如你的班主任或者任课老师），为你写下一句评价或鼓励的话。

我的宝贝长大了：

亲爱的同学们，这个月里你有哪些收获？取得了哪些进步？得到了哪些成长？请和你的爸爸妈妈说一说，让他们为你记录下来吧。

印章收集处：

请你的老师和同学把奖励你的小印章盖在这里哦。

四字诀

恒——学无涯，贵有恒

“恒”的意思是永恒、持久、持之以恒。要认真、专注地做事，拥有追逐梦想的勇气和顽强的毅力，以及永不放弃的决心，培养不怕吃苦、竭尽全力的精神品质。

要想做到“持之以恒”，我们首先要学会认真，做事不能马马虎虎、三心二意，而是要用心和专注，细心地对待周围的事物。

在这个月的活动中，我们将了解关于残疾人的知识，学习一些简单的手语，知道应该如何尊重和关爱他们。

成语赏析

日雕月琢：在日月的雕琢下，经历了时间的洗礼，有沧桑之感。

锲而不舍：锲，镂刻；舍，停止。不断地镂刻。形容意志坚强，有恒心、有毅力。

坚韧不拔：韧，柔软而结实；拔，移动。形容信念坚定，意志坚强，不可动摇。

水滴石穿：水不停地滴，石头也能被滴穿。比喻只要有恒心，不断努力，事情就一定能成功。

愚公移山：愚公带领自己的家人，终于移走王屋、太行两座大山。比喻坚持不懈地改造自然和坚定不移地进行斗争。

第七课　与时间赛跑

亲爱的小朋友们，你们听过“一寸光阴一寸金，寸金难买寸光阴”这句话吗？你知道这句话是什么意思吗？这句话是说，“光阴”也就是“时间”是非常珍贵的，甚至连黄金都买不到。

是啊，时间一分一秒地过去，再也不会回来了。我们能做的，就是珍惜它，好好地利用它，不要等到时间都荒废了，才觉得后悔不已。你们还处在人生的起点上，人生的路还很长很长，但是这不能说，你们可以不好好珍惜时间。希望你们通过这节课的学习，能够体会到时间的宝贵，自觉地珍惜每一分每一秒。

调查探究

小朋友们，你自己每天是怎样利用时间的？你的家人、同学都是怎样利用时间的呢？今天，让我们做一个《时间利用一日小调查》，看看我们做每件事要用多少时间，有没有浪费时间的现象。

《时间利用一日小调查》

	调查内容	开始时间	结束时间
早上	起床		
	穿衣服		
	洗漱		
	上厕所		
	吃早饭		
	其他事情，包括：		
上学	上课时的听讲情况	第几节课走神了：	走神了多久：
	课间时间的利用情况	课间时间都做了哪些事情：	
晚上	写作业		
	看书		
	娱乐		
	睡觉		
	其他事情，包括：		

☆你觉得自己这一天中，哪些事情浪费了不必要的时间？你有什么改进计划吗？

浪费时间的事情	节约时间的办法

☆在这一天中，哪件事情是最重要的？请你排出前三名，并在课堂上和老师、同学进行交流。

最重要的事情第一名：____________________

最重要的事情第二名：____________________

最重要的事情第三名：____________________

各抒己见

小朋友们，珍惜时间是每个人都应该尽力做到的事情。那么如何有效地管理时间，让每分每秒过的更有意义呢？

比如说，当你想喝一杯咖啡时，家里没有开水，咖啡壶和杯子都没有洗干净，你手里只有一包可以冲泡的咖啡，这时，你该怎么做呢？

请你读一读以下三种办法：

办法1：先烧上水，玩游戏等着水开，水开了之后，洗咖啡壶和杯子，洗好之后就泡咖啡喝。

办法2：先洗咖啡壶和杯子，一切就绪后再烧一壶水，玩游戏等着水开，水开之后泡咖啡喝。

办法3：先洗好水壶，然后烧一壶开水，在等待水开的时间里，洗咖啡壶和杯子，等水开了以后就可以泡咖啡喝。

☆你觉得以上三种方法中，哪种办法最好，为什么呢？

本月活动

集思广益

小朋友们，时间万分珍贵，我们应该怎样珍惜它，好好利用它呢？你有哪些好办法吗？请你写出三条你认为最好的节约时间的办法，和老师、同学们分享和交流，并一起编写一份班级《珍惜时间倡议书》。

活动引导

1. 节约时间最好的办法：

①______________________________

②______________________________

③______________________________

2. 我的节约时间宣传标语：

①______________________________

②______________________________

③______________________________

3. 我们的倡议书：

____

____

____

____

亲子时光

请你和爸爸妈妈一起，读一读下面这篇名为《小明的星期天》的文章。

星期天，小明起床前就订好了一天的计划：9点开始做数学和英语作业，之后写一篇小作文，然后用一小时玩游戏。下午阅读喜欢的书籍。

9点钟他准时坐在书桌前，看到凌乱的桌面，心想不如先收拾整理，为今天的学习提供干净舒适的环境。半小时后书桌变整洁了，小明坐着床上喝水稍作休息。无意间发现画报上的彩图十分醒目诱人，便情不自禁拿起来看。看了一页又一页，不知不觉已经10点多了。 小明赶紧开始写作业，可不一会儿，好朋友给他打电话，两个人开心地聊了20分钟。挂上电话，小明见弟弟在一旁玩游戏，便与弟弟一块儿玩起来。很快就到了12点，他心想写作文需要用一段完整的时间，倒不如下午再好好做，于是安心吃饭了。

午饭后，小明马上回房间开始专心做作业。但不一会儿，眼皮就开始打架，小明决定先睡一会儿，养好精神。一觉醒来，已是下午3点多了，剩下的时间不可能完成所计划的事情了，小明着急地哭了起来，后悔不已。

请你想一想：导致小明不能完成计划的原因有哪些呢？

《我的成长印记》

守护时间：

小朋友们，请你和爸爸妈妈一起读一读朱自清的《匆匆》，体会文人笔下的时间流逝，养成珍惜时间的好习惯。

我的闪亮时刻：

请回忆你在这个月里得到了老师和家长的哪些表扬？获得了哪些小奖状？取得了哪些好成绩？选择你最难忘的写下来吧。

我是小雷锋：

请写下这个月中最让你感到骄傲的助人为乐的好事。

老师的话：

请找一位老师（如你的班主任或者任课老师），为你写下一句评价或鼓励的话。

我的宝贝长大了：

亲爱的同学们，这个月里你有哪些收获？取得了哪些进步？得到了哪些成长？请和你的爸爸妈妈说一说，让他们为你记录下来吧。

印章收集处：

请你的老师和同学把奖励你的小印章盖在这里哦。

五字诀

律——克于己，复于礼

“律”就是要学会“律己”，懂得克制自己、把握自己，要主动学习、自觉做事，学会管理自己的生活，管理自己的时间，也就是学会自理。

“自理”是一个小朋友成长的标志。作为一名小学生，你要学会自己穿衣服，自己刷牙、洗脸、梳头发，也要学会自己整理书包，收拾学习用品，做到自己的事情自己做，成长为一名合格的小学生。

在这个月的活动中，我们将学习如何欣赏春联，如何写春联，并把我们写好的春联挂在教室门外，开开心心地与老师和同学们迎接春节的到来。你是不是已经跃跃欲试了？

第八课　欢天喜地写春联

亲爱的小朋友们，春节就要到了，它是中华民族最隆重的传统佳节，是我们一年一度的狂欢节。这节课，我们将一起学春联、写春联。让我们一起感受传统文化的魅力。

希望你通过这次活动，热爱我们的传统节日、传统文化。希望你在假期里和许许多多的亲人好友团聚，感知亲情的温暖，感知人与人之间甜蜜、和谐关系的美好，并为他们送上你最真挚的节日祝福，做亲友长辈眼中的懂事的好孩子，做父母心中的无价宝贝。

博闻广见

小朋友们，春节期间我们会与家人团圆，也会和爸爸妈妈一起走亲访友拜年。你见到亲友长辈的时候都会说些什么话呢？请你收集一些“祝福话”“吉祥话”，和同学们分享。

在春节，人们不只是互相拜年、互相祝福，从腊月二十三（或二十四日）小年节起，人们便开始“忙年”了：扫房屋、洗头沐浴、准备年节器具等等。所有这些活动，都有一个共同的主题，就是“辞旧迎新”。人们还会耍狮子、舞龙灯、扭秧歌、踩高跷、杂耍诸戏，为新春佳节增添浓郁的喜庆气氛。

除此之外，人们还会扫尘、守岁、贴春联、贴福字、贴年画、放鞭炮，创造喜庆热闹的气氛，享受节日的欢乐，也借此祈愿在新的一年中能得到更多的福佑。

其中，写春联，是华人过春节的一个重要标志。“春联”又叫“春贴”“门对”“对联”，它用对仗工整、简洁精巧的文字描绘美好形象，抒发美好愿望，是中国特有的文学形式。当人们在自己的家门口贴上春联和“福”字的时候，意味着过春节正式拉开了序幕。每逢春节，无论城市还是农村，家家户户都要挑选漂亮的红春联贴于门上，辞旧迎新，增加喜庆的节日气氛。

腊月歌谣

二十三，糖瓜粘；
二十四，扫房子；
二十五，磨豆腐；
二十六，去割肉（炖炖肉）；
二十七，宰公鸡（杀灶鸡）；
二十八，把面发；
二十九，蒸馒头；
三十晚上熬一宿，
大年初一扭一扭。

小朋友们，你们知道正确的拜年手势吗？要知道，男孩子和女孩子的手势是不一样的，请你仔细看看下面的图，学会正确地拜年吧。

抱拳的礼节是平辈之间拜年的一种形式。

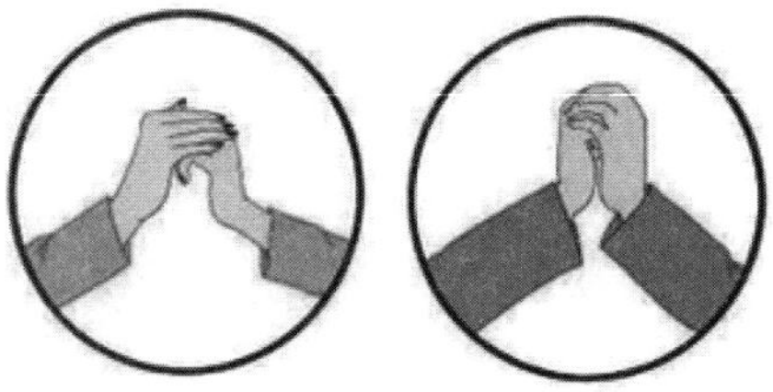

- 标准的男子姿势是右手成拳，左手包住，因为右手在概念上是攻击手，抱住以示善意；
- 女子则相反，但不包拳，只压手。
- 左右手弄反，表示的是哀拳，有报丧，求挠之意。

对联填词

小朋友们，今天我们要亲自动手写春联啦，请你和你的小组选择下面的一副春联，根据春联的整体含义，把空格里的字补充完整。

- 一帆风顺年年好　万事（　）（　）步步高　横批：吉星高照
- 春雨丝丝润万物　红梅点点（　）千山　横批：春意盎然
- 和顺一门有百福　平安二字值（　）（　）　横批：万象更新
- 春满人间百花（　）艳　福临小院四季常安　横批：欢度春节
- 事事如意大吉祥　家家（　）（　）永安康　横批：四季兴隆
- 一年四季（　）好运　八方财宝进家门　横批：家和万事兴
- 绿竹别其三分景　红梅正报万家春　横批：春回（　）（　）
- 日出江花红胜火　春来江水绿如（　）　横批：鸟语花香
- 春临大地百花艳　节至人间万象（　）　横批：万事如意
- 春满人间欢歌阵阵　福临门第喜气（　）（　）　横批：五福四海

本月活动

亲子活动

亲爱的小朋友，你在课堂上学会写春联了吗？你写的春联好看吗？请你和爸爸妈妈写几副对联，一起送给邻居和亲朋好友吧。记得把你们写对联的欢乐场景记录下来。

《我的成长印记》

我的春节文化之旅：

小朋友们，春节代表着我国悠久的历史和灿烂的传统文化，从古至今许多文人发出过对于春节的感悟。请你抄录2首关于春节的古诗词，并把不认识的字标出来，再通过查字典学会这些字，把它们的意思写在下面。

古诗词1：

生字的含义：

古诗词2：

生字的含义：

我的闪亮时刻：

请回忆你在这个月里得到了老师和家长的哪些表扬？获得了哪些小奖状？取得了哪些好成绩？选择你最难忘的写下来吧。

___

___

___

我是小雷锋：

请写下这个月中最让你感到骄傲的助人为乐的好事。

___

___

___

老师的话：

请找一位老师（如你的班主任或者任课老师），为你写下一句评价或鼓励的话。

___

___

___

我的宝贝长大了：

亲爱的同学们，这个月里你有哪些收获？取得了哪些进步？得到了哪些成长？请和你的爸爸妈妈说一说，让他们为你记录下来吧。

___

___

___

印章收集处：

请你的老师和同学把奖励你的小印章盖在这里哦。

六字诀

责——尽己责，担道义

“责”的意思就是负责任。作为一个社会中的人，我们都有需要承担的责任，比如要孝敬父母、听父母的话，要尊敬老师、团结同学等，这些好的品质都是懂责任、有担当的表现。

母爱如海，父爱如山。爸爸妈妈为我们的成长日益辛劳，无微不至地照顾我们的生活。他们默默无声地给我们滋润，无怨无悔地为我们付出。所以，要做到“责”，首先要懂得“孝亲”，要学会孝敬父母，不仅要自己的事情自己做，还要主动帮助爸爸妈妈做力所能及的事。

在这个月的学习中，我们将学习二十四节气。你将了解到二十四节气都有哪些，意义是什么。你将感叹中国古代劳动者的伟大智慧。

第九课　春夏秋冬年年至，一生耕耘安己责（上）

亲爱的小朋友们，你们知道二十四节气吗？二十四节气指中国农历中表示季节变迁的24个特定节令。从“立春”开始，最后一个是“大寒”，年复一年，周而复始，是指导农业生产的指南针，是劳动人民长期经验的积累成果和智慧的结晶。

在 2016年，二十四节气被正式列入联合国教科文组织“人类非物质文化遗产”代表作名录。在国际气象界，二十四节气也被誉为“中国的第五大发明”。

在这个“职守月”中，我们将学习二十四节气的相关知识，学习古代劳动人民勤勤恳恳、辛勤耕耘、默默奉献的精神。学会孝敬父母，为爸爸妈妈做力所能及的事情，体会劳动的乐趣。

博闻广见

小朋友们，这节课，我们将学习春天中的两个节气：惊蛰、春分。请你带着以下问题，认真观看老师播放的视频。

☆惊蛰：

1. 节节虫通过桃花飘落，悟出了什么道理？

____

____

2. 为什么惊蛰这一天会打“春雷”？

____

____

3. 吉吉鸟告诉我们，打雷时要注意什么？

____

____

☆春分：

1. 节节虫形容油菜花时，用了哪个成语？

____

2. 春分的“分”是什么意思？

____

3. 请摘抄视频中你最喜欢的一句话。

____

____

现在，请小朋友们和老师一起，学唱视频中的两个“节气歌谣”吧。

调查研究

小朋友们，惊蛰节气中，春雷会将冬眠的动物们惊醒，告诉它们春天来到了。现在，请你想一想，冬眠的动物都有哪些呢？

____

____

____

亲子时光

请你和爸爸妈妈一起，观看其他节气的视频，和爸爸妈妈一起，体会季节变化带给我们的乐趣吧。

第十课　春夏秋冬年年至，一生耕耘安己责（中）

小朋友们，上节课，我们一起学习了古代劳动人民发明的“二十四节气”。这节课，我们就来学一学古人孝亲的故事。

博闻广见

弃官寻母

朱寿昌，宋代天长人。七岁时，他的生母改嫁他人，五十年来，母子没有任何联系。后来，朱寿昌在朝做官，刺血书写《金刚经》，行四方寻找生母。得到线索后，决心弃官到陕西寻找生母，发誓不见母亲永不返回。终于，在陕州遇到生母和两个弟弟，母子欢聚，一起返回。这时母亲已经七十多岁了。

集思广益

小朋友们，读了上面的故事，你有没有被朱寿昌寻找母亲、锲而不舍的精神感动呢？请小组合作，寻找一个古人“孝亲”的故事，在课堂上讲给老师和同学们听。

亲子时光

小朋友们，我们学习了古人孝亲的故事，你有哪些收获吗？你自己怎么学习古人，做到孝敬爸爸妈妈呢？今天，让我们来尝试为爸爸妈妈做一道菜吧。

“西红柿炒鸡蛋”是中国人餐桌上最家常的一道菜了，它的做法比较简单，味道也不错。就请你在家里，为爸爸妈妈做一道西红柿炒鸡蛋怎么样？

请你自己查找资料，学习这道菜的做法，有不懂的地方再问爸爸妈妈。

你要在家人的指导下完成，注意切菜时不要切到手，使用炉具、天然气时一定要请家人协助。

第十一课　春夏秋冬年年至，一生耕耘安己责（下）

小朋友们，二十四节气是指导古代人民耕作的节令，同时也是季节更迭的标志。每个季节包含六个节气，你知道它们的对应关系吗？你知道在季节更替时，我们应该注意哪些问题吗？请说一说。

本月活动

集思广益

请小组合作，完成《“感知天气变化”调查表》，了解“二十四节气”与“春夏秋冬”的关系，了解相关的天气、季节的变化，以及对我们生活的影响，学会感知天气，照顾自己。

《“感知天气变化”调查表》

季节	包含的节气	气候特征、天气变化	我们应该注意哪些方面
春天			
夏天			
秋天			
冬天			

学以致用

小朋友们，耕种是古代劳动人民的责任，那么，作为一名小学生，你的责任有哪些呢？

1. 孝敬父母；

2. 好好学习；

3. ____________________

4. ____________________

5. ____________________

亲子时光

请你和爸爸妈妈一起欣赏中国台湾出版的《二十四节气邮票》。这些邮票分为4组，共24枚，均由台湾邮票设计家王炳南创意指导，陈健全绘图设计而成。这四组连票充满着浓郁的中华民族传统的乡土气息，将中国独特的历法，通过一年四季二十四个节气系列邮票做了形象生动的介绍，充分体现出中国优秀传统文化之精髓。

请你和爸爸妈妈找一找，还有哪些描绘二十四节气的绘画？

中華民國郵票
REPUBLIC OF CHINA
夏至
5
小暑
5
大暑
5

中華民國郵票
REPUBLIC OF CHINA
立秋
5
處暑
5
白露
5

中華民國郵票
REPUBLIC OF CHINA
秋分
5
寒露
5
霜降
5

中華民國郵票
REPUBLIC OF CHINA
立冬
5
小雪
5
大雪
5

中華民國郵票
REPUBLIC OF CHINA
冬至
5
小寒
5
大寒
5

《我的成长印记》

我来背一背：

1.小朋友们，二十四节气歌，是为便于记忆二十四节气而编成的小诗歌，请你读一读，背一背，和同学们比一比，看看谁记得最准、最快。

2.请你查找一些与二十四节气相关的农耕谚语、成语、歇后语。

____

____

____

____

我的闪亮时刻：

请回忆你在这个月里得到了老师和家长的哪些表扬？获得了哪些小奖状？取得了哪些好成绩？选择你最难忘的写下来吧。

____

____

____

____

我是小雷锋：

请写下这个月中最让你感到骄傲的助人为乐的好事。

____

____

____

____

老师的话：

请找一位老师（如你的班主任或者任课老师），为你写下一句评价或鼓励的话。

我的宝贝长大了：

亲爱的同学们，这个月里你有哪些收获？取得了哪些进步？得到了哪些成长？请和你的爸爸妈妈说一说，让他们为你记录下来吧。

印章收集处：

请你的老师和同学把奖励你的小印章盖在这里哦。

七字诀

识——学而思，思而行

“识”的含义是见识和视野，指一个人要拥有广博的见识和开阔的视野，这样，他才能明白更多道理，懂得更多是非，比别人看得更高、想得更远，做到心中有天下。要想拥有广博的见识，首先要做到“博览”，有一句成语叫“见多识广”，说的就是要多多读书，多看、多听、多想、多问，日积月累形成丰富的知识。

这个月有一个非常重要的节日，它就是我国四大传统节日之一的“清明节”。我们将在这个节日里品读和朗诵古诗，看看古人是怎样过清明节的，体会中华传统文化的璀璨（cuǐ càn）。

诗词赏析

清明

清明时节雨纷纷，路上行人欲断魂。
借问酒家何处有，牧童遥指杏花村。

这是唐代文学家杜牧的诗作。此诗写出了清明春雨中的所见，色彩清淡，心境凄冷，历来广为传诵。第一句交代了情景、环境、气氛；第二句写出了人物，显示了人物的凄迷纷乱的心境；第三句提出了如何摆脱这种心境的办法；第四句写答话带行动，是整篇的精彩所在。全诗运用由低而高、逐步上升、高潮顶点放在最后的手法，余韵邈（miǎo）然，耐人寻味。

第十二课　诵诗品词，气清景明

小朋友们，清明节是人们祭扫、踏青的节日，从古至今，有许多文人墨客在清明时节留下千古佳句。

在这个“博雅月”中，我们将学习和朗诵一些清明节的诗词作品。通过朗诵，用清晰、响亮的声音将优美的诗词背下来，同时借助优美的神态、体态来表达作品的思想感情，以及音乐的韵律美。

希望你们通过这次活动，能够陶冶性情，开阔胸怀，文明言行，增强理解，提高语言素养和阅读能力、文艺欣赏能力，学会读诗、品诗，学会在公众面前更好地表达自己，树立自信心。

博闻广见

1. 清明节又叫踏青节，是中国传统节日，也是最重要的祭祀节日之一，是祭祖和扫墓的日子。中华民族传统的清明节大约始于周代，距今已有二千五百多年的历史。

小朋友们，古有“清明前后，种瓜点豆”之说，请你查阅相关资料，或找找相关的视频，说说这句话的来历和含义。

____

____

____

____

2. 亲爱的小朋友们，你听过诗歌朗诵吗？你知道什么是“朗诵”吗？朗，就是声音清晰、响亮；诵，就是背诵。朗诵，就是用清晰、响亮的声音，结合适当的语气，来表达作品的思想感情的一种语言艺术。

要想学好朗诵，需要学会以下几点：

（1） 要有真挚的情感。朗诵时的声音情感要出自内心的深处，不能故意夸张，要熟读作品，体会作者的真情实感。

（2）要有丰富的表达方法。声音也是有“表情”的，我们经常能从别人的说话声调与语气中，感知他人的喜、怒、哀、乐，这就是“声音的表情”。朗诵时要“字正腔圆”，要有停顿，注意节奏。

（3）要有正确的体态表达。在整体的仪态中，“眼神”是最重要的。朗诵时眼神要生动，若眼神恍惚、不专注，就会让观众觉得缺乏真实感。若眼神生动灵活，仪态自然而然地就能适当地传达出诗情。有了真挚的情感及丰富的声音表情，再通过适当的仪态来传达诗中的意境，就更能感动人心。

集思广益

今天，我们来学习并朗诵描写“清明节”的古诗和现代文学作品。请你和小组同伴们一起读一读，体会作品所蕴含的情感，尝试小组编排诗词朗诵。你们可以选择古诗，也可以选择现代文学作品，并为以下10首古诗做注释。

古诗词十首：

1. **寒食** （唐）韩翃

春城无处不飞花，寒食东风御柳斜。日暮汉宫传蜡烛，轻烟散入五侯家。

注释：

____

____

2. **闾门即事** （唐）张继

耕夫召募爱楼船，春草青青万顷田；试上吴门窥郡郭，清明几处有新烟。

注释：

____

____

3. **苏堤清明即事** （南宋）吴惟信

梨花风起正清明，游子寻春半出城。日暮笙歌收拾去，万株杨柳属流莺。

注释：

____

____

4. **春日** （南宋）朱熹

胜日寻芳泗水滨，无边光景一时新。等闲识得东风面，万紫千红总是春。

注释：

5. **春夜喜雨** （唐）杜甫

好雨知时节，当春乃发生。随风潜入夜，润物细无声。

野径云俱黑，江船火独明。晓看红湿处，花重锦官城。

注释：

6. **苏堤清明即事** （南宋）吴惟信

梨花风起正清明，游子寻春半出城。日暮笙歌收拾去，万株杨柳属流莺。

注释：

7. **忆江南** （唐）白居易

江南好，风景旧曾谙。日出江花红胜火，春来江水绿如蓝，能不忆江南。

注释：

8. **村居** （清）高鼎

草长莺飞二月天，拂堤杨柳醉春烟。儿童散学归来早，忙趁东风放纸鸢。

注释：

9. **绝句** （唐）杜甫

迟日江山丽，春风花草香。泥融飞燕子，沙暖睡鸳鸯。

注释：

10. **清明夜** （唐）白居易

好风胧月清明夜，碧砌红轩刺史家。独绕回廊行复歇，遥听弦管暗看花。

注释：

现代文学作品4篇

春

朱自清

盼望着，盼望着，东风来了，春天的脚步近了。

一切都像刚睡醒的样子，欣欣然张开了眼。山朗润起来了，水涨起来了，太阳的脸红起来了。

小草偷偷地从土里钻出来，嫩嫩的，绿绿的。园子里，田野里，瞧去，一大片一大片满是的。坐着，躺着，打两个滚，踢几脚球，赛几趟跑，捉几回迷藏。风轻悄悄的，草软绵绵的。

桃树、杏树、梨树，你不让我，我不让你，都开满了花赶趟儿。红的像火，粉的像霞，白的像雪。花里带着甜味儿；闭了眼，树上仿佛已经满是桃儿、杏儿、梨儿。花下成千成百的蜜蜂嗡嗡地闹着，大小的蝴蝶飞来飞去。野花遍地是：杂样儿，有名字的，没名字的，散在草丛里，像眼睛，像星星，还眨呀眨的。

“吹面不寒杨柳风”，不错的，像母亲的手抚摸着你。风里带来些新翻的泥土的气息，混着青草味儿，还有各种花的香，都在微微润湿的空气里酝酿。鸟儿将巢安在繁花嫩叶当中，高兴起来了，呼朋引伴地卖弄清脆的喉咙，唱出宛转的曲子，与轻风流水应和着。牛背上牧童的短笛，这时候也成天嘹亮地响着。

雨是最寻常的，一下就是三两天。可别恼。看，像牛毛，像花针，像细丝，密密地斜织着，人家屋顶上全笼着一层薄烟。树叶儿却绿得发亮，小草儿也青得逼你的眼。傍晚时候，上灯了，一点点黄晕的光，烘托出一片安静而和平的夜。在乡下，小路上，石桥边，有撑起伞慢慢走着的人，地里还有工作的农民，披着蓑戴着笠。他们的房屋，稀稀疏疏的在雨里静默着。

天上风筝渐渐多了，地上孩子也多了。城里乡下，家家户户，老老小小，也赶趟儿似的，一个个都出来了。舒活舒活筋骨，抖擞抖擞精神，各做各的一份事去。“一年之计在于春”，刚起头儿，有的是工夫，有的是希望。

春天像刚落地的娃娃，从头到脚都是新的，它生长着。

春天像小姑娘，花枝招展的，笑着，走着。

春天像健壮的青年，有铁一般的胳膊和腰脚，领着我们上前去。

有的人

臧克家

有的人活着，他已经死了；
有的人死了，他还活着。
有的人，骑在人民头上："呵，我多伟大！"
有的人，俯下身子给人民当牛马。
有的人，把名字刻入石头，想"不朽"；
有的人情愿作野草，等着地下的火烧。
有的人，他活着别人就不能活；
有的人，他活着为了多数人更好地活。
骑在人民头上的，人民把他摔垮；
给人民作牛马的，人民永远记住他！
把名字刻入石头的，名字比尸首烂得更早；
只要春风吹到的地方，到处是青青的野草。
他活着别人就不能活的人，他的下场可以看到；
他活着为了多数人更好活的人，群众把他抬举得很高，很高。

十里长街送总理

吴瑛

天灰蒙蒙的，又阴又冷。长安街两旁的人行道上挤满了男女老少。路那样长，人那样多，向东望不见头，向西望不见尾。人们臂上都缠着黑纱，胸前都佩着白花，眼睛都望着周总理的灵车将要开来的方向。一位满头银发的老奶奶拄着拐杖，背靠着一棵洋槐树，焦急而又耐心地等待着。一对青年夫妇，丈夫抱着小女儿，妻子领着六七岁的儿子，他们挤下了人行道，探着身子张望。一群泪痕满面的红领巾，相互扶着肩，踮着脚望着，望着……

夜幕开始降下来。几辆前导车过去以后，总理的灵车缓缓地开来了。灵车四周挂着黑色和黄色的挽幛，上面装饰着大白花，庄严，肃穆。人们心情沉痛，目光随着灵车移动。好像有谁在无声地指挥，老人、青年、小孩，都不约而同地站直了身体，摘下帽子，眼睁睁地望着灵车，哭泣着，顾不得擦去腮边的泪水。

就在这十里长街上，我们的周总理迎送过多少位来自五洲四海的国际友人，陪着毛主席检阅过多少次人民群众。人们常常幸福地看到周总理，看到他矫健的身躯，慈祥的面庞。然而今天，他静静地躺在灵车里，越去越远，和我们永别了！

灵车缓缓地前进，牵动着千万人的心。许多人在人行道上追着灵车奔 跑。人们多么希望车子能停下来，希望时间能停下来！可是灵车渐渐地远去了，最后消失在苍茫的夜色中了。人们还是面向灵车开去的方向，静静地站着，站着，好像在等待周总理回来。

感悟清明（节选）

杨德祥

都说这个节日的春色，非常浓稠，
都说这个节日的内涵，十分丰厚。
清新的风和明亮的雨，是中国特有的门帘，
清秀的山和明丽的水，是全球向往的窗口。
我们的清明，多像一叶扁舟，
缅怀和思念，就这样静静地跨过时间的鸿沟：
我们的清明，多像一座彩楼，
憧憬和向往，就这样静静地登上明媚的霄九：
生存的意义在这一天得到洗礼，
生命的价值在这一天得到探究；
生活的底蕴在这一天得到升华，
生息的状态在这一天得到运筹。
我们坚信：稚嫩的对岸肯定是丰满的成熟，
我们坚信：青涩的前方无疑是飘香的丰收……
牵着清明的手，我们情系五洲，
中华民族伟大复兴的召唤，激励着炎黄的骨肉。

本月活动

精彩纷呈

小朋友们，请你和小伙伴们选择一篇古诗词或者现代文学作品，运用之前学到的朗诵方法进行编排，其中现代文学作品可以节选。并且选择一首配乐，在课堂上向老师和同学们进行展示。

活动任务单

我们的小组成员	
我们选择的作品	
我们的配音	
我们的演绎过程概述	

我的名字

亲爱的小朋友，你现在会写你的名字了吗？你喜欢你的名字吗？是谁为你起了这个名字？你知道它的含义吗？

一个人的名字代表着父亲与母亲的爱的结晶，寄托着父母对你的希望。名字会时刻告诉我们要好好地做自己，回报父母的养育，回报社会。

请你对自己的名字展开一个小研究，你可以问问爸爸妈妈，或者查查字典，找一找有没有和自己同名字的名人，有没有哪个成语和你的名字很像，有哪首诗中出现了你的名字？在遇到困难的时候，别忘了寻求爸爸妈妈的帮助哦。

我的小研究：

____

____

____

《我的成长印记》

清明寄相思

亲爱的小朋友，清明节是一个缅怀、思念的节日，请你的爸爸妈妈给你讲一讲逝去的一位亲人的故事，和爸爸妈妈一起缅怀亲人，寄托哀思。

我的闪亮时刻：

请回忆你在这个月里得到了老师和家长的哪些表扬？获得了哪些小奖状？取得了哪些好成绩？选择你最难忘的写下来吧。

____

____

____

我是小雷锋：

请写下这个月中最让你感到骄傲的助人为乐的好事。

____

____

____

老师的话：

请找一位老师（如你的班主任或者任课老师），为你写下一句评价或鼓励的话。

我的宝贝长大了：

亲爱的同学们，这个月里你有哪些收获？取得了哪些进步？得到了哪些成长？请和你的爸爸妈妈说一说，让他们为你记录下来吧。

印章收集处：

请你的老师和同学把奖励你的小印章盖在这里哦。

八字诀

合——尚和合，求大同

“合”字的意思就是与别人合作。要更好地与人合作，首先要学会探究一件事物的本质，学会理解其他人的不同之处。“合”包括理解、交流、合作，就是通过阅读、倾听、观察、试验、分析、研究、交流、探讨等方法，了解事物的内在本质；与别人展开充分的交流，吸取、借鉴别人的好的经验，让自己变得更好。合作就与别人达成共识，并一起努力，最终完成目标。

第十三课　我用歌谣唱北京

同学们，每一座城市、每一个地区、每一个民族都有自己的文化特色，我们要学会了解和尊重当地的文化和习俗，正如我们要在生活中学会尊重他人、理解他人，这样，我们才能赢得别人的尊重。

在“尚合月”的活动中，我们将欣赏和学习具有“老北京”特色的歌谣和歌曲，感受、理解北京的文化特色，学会尊重一个地区的文化习俗、风土人情。希望你们通过理解文化而学会理解他人，通过尊重一座城市的文化而学会尊重整个中华民族的传统文化，也懂得如何理解和尊重他人。

赏心悦目

同学们，你们会唱歌谣吗，你们知道具有“北京风味儿”的童谣有哪些吗？请你欣赏下面几首北京童谣。

椿树芽拌豆腐

小椿树，椿芽黄，
掐了椿芽香又香。
炒鸡蛋，拌豆腐，
又鲜又香你尝尝。

玲珑塔

玲珑塔，塔玲珑，
玲珑宝塔十三层。
塔前有座庙，庙内有老僧。
老僧当方丈，徒弟有六名：
一个叫青头儿楞，一个叫楞头儿青，
一个是僧三点儿，一个是点点儿僧，
一个是蹦咕噜霸，一个是霸咕噜蹦。
青头儿楞会打磬，楞头儿青会捧笙，
僧三点儿会吹管儿，点点儿僧会撞钟，
蹦咕噜霸儿会说法，霸儿咕噜蹦会念经。

蓝靛厂

蓝靛厂，四角儿方，
宫门口紧对着六朗庄。
罗锅儿桥怎么那么高，
香山跑马好热闹。
金山银山万寿山，
皇上求雨黑龙潭。

北京八景

琼岛春阴，西山晴雪，

太液秋风，卢沟晓月。

居庸叠翠，蓟门烟树，

金台夕照，玉泉趵突。

北京车子真不少

北京车子真不少，汽车三轮儿满街跑。

电车环行围城转，火车开到前门站。

一个毽儿踢两半儿

一个毽儿踢两半儿，打花果儿绕花线儿。

以踢带拐，八仙过海，

九十九，一百。

同学们，上面几首北京歌谣你最喜欢哪一首呢？你知道它唱的是什么吗？请学唱一首你最喜欢的，或者最感兴趣的歌谣，尝试着解释它的意思。

歌谣名称：________________________________

意思是：__________________________________

____

____

____

____

本月活动

精彩纷呈

同学们，除了歌谣，你还听到过哪些具有北京特色或描写北京的歌曲吗？比如《前门情思大碗茶》《说唱脸谱》《北京的桥》《北京一夜》《北京欢迎你》等等。

这个月，我们将开展“我唱北京”音乐会，请同学们演唱展现北京面貌，或体现北京特色的歌曲，或者朗诵老北京的歌谣。你可以独唱，也可以和好朋友、同学一起，也可以小组合作进行“表演唱”。你们要准备好伴奏乐，以及必要的服装和道具。

身体力行

下面，让我们来学习一些歌唱的技能练习，为你的表演助力！你也可以和爸爸妈妈一起练习。

演唱气息小练习

1. “闻花”的香味

想象眼前有一盆很香的花，用鼻子尽情地闻它。以此来训练气的自然、柔和、深度。这个练习主要体会正确吸气。

2. 吹纸片

用手夹着一张长条小纸片，深吸气后，对着纸片的一角持续地轻轻吹气，看谁吹得时间最长，能把纸片吹得持续地、有规律地颤动。这个练习主要练习呼气。

3. “学小狗喘气”

小腹提气，模仿小狗喘气，不断地做出“呼气”“吸气”的动作。使气息不断短促轻微地进进出出。

4. 打“嘟噜”

用均匀、平稳的气息吹动轻闭的双唇，使之持续颤动，发出连贯、持久的“嘟噜”声。

一探究竟

童谣：《东四西单鼓楼前》

东四西单鼓楼前，九坛八庙颐和园。

东岳西顶白云观，隆福白塔列两边。

亲爱的同学们，上面这首童谣描写了一些北京的著名地点，如东四、鼓楼、颐和园。下面，请你认真朗诵这首童谣，并通过查阅资料等方法展开研究，说一说第二句里的“九坛”“八庙”，和第三句里的“东岳”“西顶”各指的是哪些地方？

九坛：

____

____

八庙：

____

____

东岳：________________________________

西顶：________________________________

《我的成长印记》

我来唱北京：

1.亲爱的同学，你在“我唱北京”音乐会上演唱了哪首歌曲或歌谣？是谁教给你的呢？

我的歌谣：

____

____

____

是______________________教会我唱的。

2.你在日常学习和生活中，有没有不理解别人或不尊重别人的行为？比如和老师、同学，或爸爸妈妈。请进行一次反思，说一说这些行为不好在哪里？应该怎样改正？

____

____

____

我的闪亮时刻：

请回忆你在这个月里得到了老师和家长的哪些表扬？获得了哪些小奖状？取得了哪些好成绩？选择你最难忘的写下来吧。

我是小雷锋：

请写下这个月中最让你感到骄傲的助人为乐的好事。

老师的话：

请找一位老师（如你的班主任或者任课老师），为你写下一句评价或鼓励的话。

我的宝贝长大了：

亲爱的同学们，这个月里你有哪些收获？取得了哪些进步？得到了哪些成长？请和你的爸爸妈妈说一说，让他们为你记录下来吧。

印章收集处：

请你的老师和同学把奖励你的小印章盖在这里哦。

九字诀

悦——身心悦，远近悦

“悦”就是快乐和喜悦。快乐是一种精神上的愉悦，一种心灵上的满足，它会使一个人变得开心。虽然我们触摸不到它，但是它却能出现在我们的脸上，让我们绽放笑容。“悦”的内涵包括“悦己”“悦人”“悦心”。首先，我们要学会让自己快乐起来，也就是“悦己”，让自己心情舒畅，心中充满阳光。然后，我们才能用我们的欢乐去感染周围的人，让我们的身心感到轻松和快乐，这样，我们就能进入最好的心理状态，拥有一个好心情，去做好我们应该做的事情。

第十四课 小小“糖弹”，快乐你我

亲爱的小朋友，你赞美过别人吗？你听到过别人对自己的赞美吗？你觉得赞美别人和被别人赞美，哪一个能让自己更加快乐呢？

在今天的活动中，我们会玩两个小游戏，一起在游戏中体会快乐。通过“糖弹”游戏，希望你能体会到赞美别人不仅可以让别人感到快乐，自己的内心也能获得快乐。通过“自画像”的游戏，希望你能正确认识自己，正确看待别人对自己的看法和评价，正确与别人交流、互动，做一个自信、阳光、友爱的好学生。

博闻广见

☆ 如何赞美

亲爱的小朋友们，你得到过别人的赞美吗？当你听到别人的赞美时，你一定很开心，感觉很幸福吧。你会赞美别人吗？你知道该怎样更好地表达自己的赞美吗？

赞美别人很简单，“你真棒！”就是一句赞美，“你是一个勤奋的好孩子”也是一句发自内心的赞美。

我们在赞美别人时，要注意以下几点：

1. 赞美别人要真实，要发自你的内心，你真心地想去赞美这个人；
2. 赞美要适度，不能夸大，也不能过于平淡；
3. 赞美的内容要尽量具体，比如：“你笑起来真美”就比“你真漂亮”要更加具体；
4. 赞美也有“鼓励式”的，因为赞美本身就包含“鼓励”的意义，“你真聪明，你一定能画好这幅画”，“你很有毅力，你一定能改掉爱马虎的毛病”，这些都是很好的鼓励式的赞美。

☆ 好了，你学会如何赞美别人了吗？请你按照老师的要求，发出你内心深处的“糖弹”吧。

能工巧匠

自我评价

☆ 请给自己写一段自我评价，包含自己的外貌、性格、优点和缺点。不少于6句话。

我的外貌：____

____

我的性格：____

____

我的优点：____

____

我的缺点：____

____

我们自画像

☆接下来，请你为自己画一幅自画像，看看谁画得最好，画得和自己最像。

亲子时光

请你采访一下你的家人，问问他们对的你评价是怎样的。

家人对我的评价：

____

____

你对家人评价的看法是什么？你认为评价得对不对？为什么呢？

____

____

本月活动

妙趣横生

同学们，这节课，我们将做一个“糖弹”的小游戏，请你向老师领取做“糖弹”的彩纸，在5分钟时间内，对班内同学尽可能地赞美，把赞美话写在纸上，再揉成团，做成“糖弹”，并把你“糖弹”抛给想要赞美的人，直到把手中的“糖弹”全部送完后，才能打开自己收到的“糖弹”。

当你看到别人对自己的赞美，感受如何？

____

____

你是否还有赞美想送出去？送给谁呢？你打算赞美他（她）什么呢？

____

____

《我的成长印记》

我是阳光小天使：

在“收获糖弹”游戏中，你收获了几颗“糖弹”？发出了几颗“糖弹”呢？看了别人对自己的赞美，你有何感想呢？

____

____

____

我的闪亮时刻：

请回忆你在这个月里得到了老师和家长的哪些表扬？获得了哪些小奖状？取得了哪些好成绩？选择你最难忘的写下来吧。

我是小雷锋：

请写下这个月中最让你感到骄傲的助人为乐的好事。

老师的话：

请找一位老师（如你的班主任或者任课老师），为你写下一句评价或鼓励的话。

我的宝贝长大了：

亲爱的同学们，这个月里你有哪些收获？取得了哪些进步？得到了哪些成长？请和你的爸爸妈妈说一说，让他们为你记录下来吧。

印章收集处：

请你的老师和同学把奖励你的小印章盖在这里哦。

后 记

同学们，小学时代是无忧无虑、充满欢笑的。

在宝贵的小学时光里，你不仅能学到知识，还能结识许多好朋友，感受到许多比校园生活和知识更广泛、更有意义的东西。

小学时代让你不断走向成熟。在这段美好的时光里，你会明白拥有“爱”才能成为一名阳光的少年，拥有“知识”才能成为一名聪慧的少年，拥有良好的“品德”才能成为一名多彩的少年，拥有进步的“思想”才能成为一名有为的少年。

在过去的一年中，你们学会了该如何尊敬老师；了解了祖辈、父辈的童年生活，知道了如今的幸福生活来之不易；学会了消防等防灾、减灾的知识；明白了珍惜时间的重要性；学会了读春联、写春联；学会了二十四节气都有哪些，都代表什么含义，以及对我们日常生活的影响；学会了朗诵诗歌和演唱歌谣；学会了如何通过赞美别人来收获快乐。

小学时代融入了你们纯真的笑容，融入了你们真挚的友谊，融入了你们顽强刻苦的学习历程。小学时代将绘成一本精美的相册，一张张照片铭记着你们每一天的茁壮成长，承载着老师为你们付出的滴滴汗水，雕刻着你人生中最快乐、最好的时光。

祝愿你们在新的一年里，再接再厉，做更好的自己；在今后的人生中，努力奋进，拥有快乐、幸福、有意义的人生。

“i优势”

北方工业大学附属学校德育、体育、美育课程体系

（学生用书）

王　英　主编

四年级

中国发展出版社
CHINA DEVELOPMENT PRESS

图书在版编目（CIP）数据

"i优势"：北方工业大学附属学校德育、体育、美育课程体系（学生用书）/ 王英主编 . 北京：中国发展出版社，2019.7

ISBN 978-7-5177-1027-1

Ⅰ . ① i… Ⅱ . ①王… Ⅲ . ①德育—中小学—教材 ②体育课—中小学—教材 ③美育—中小学—教材 Ⅳ . ① G634

中国版本图书馆 CIP 数据核字（2019）第 137690 号

书　　名："i优势"：北方工业大学附属学校德育、体育、美育课程体系（学生用书）
著作责任者：王　英
出 版 发 行：中国发展出版社
（北京市西城区裕民东路 3 号 9 层　100029）
标 准 书 号：ISBN 978-7-5177-1027-1
经　销　者：各地新华书店
印　刷　者：河北鑫兆源印刷有限公司
开　　本：889mm × 1194mm　1/16
印　　张：38.5
字　　数：800 千字
版　　次：2019 年 8 月第 1 版
印　　次：2019 年 8 月第 1 次印刷
定　　价：158.00 元（全 9 册）

联 系 电 话：（010）68990630　68990692
购 书 热 线：（010）68990682　68990686
网 络 订 购：http://zgfzcbs. tmall. com//
网 购 电 话：（010）88333349　68990639
本 社 网 址：http://www.develpress. com. cn
电 子 邮 件：370118561@qq. com

前　言

亲爱的小朋友：

迈向了四年级，你就不再是一个小孩子了。你会开始有自己的思考，学会自己做判断，开始学会质疑，并尝试着去寻找答案，开启“探索”模式。

荀子曰：不登高山，不知天之高也；不临深谷，不知地之厚也。探索，自古以来都是生命中必不可少的一项重要任务。生命中的每一次探索，从本质上来看都会有其成功的一面，因此我们要勇于发现、敢于探索。探索需要有一个良好的心态，不能急于追求成功，要正确看待失败和挫折，这样我们才会慢慢地接近成功。

我们还要学会不断地去发现、去探索，正如王安石所言：“世之奇伟、瑰怪、非常之观，常在于险远，而人之所罕至焉，故非有志者不能至也。”意思是说，为了看到更奇伟的景观，我们要有积极向上的心态，迈开探索的步伐，才能在探索中取得巨大的成功！

自信心是帮助我们开拓进取、积极向上的动力，是我们取得成功的重要心理素质。心理学家们做过这样一个实验：将一只跳蚤放进一个杯子中，开始，跳蚤一下子就能从杯子中跳出来，然后，心理学家在杯子上盖上透明的盖子，跳蚤仍然会往上跳，但是碰了几次盖子后，跳蚤碰疼了，慢慢地就不跳那么高了。这时，心理学家把盖子拿走，却发现那只跳蚤已经永远不再跳出杯子了。这个故事给了你什么启示呢？

小典故

战国时期，秦国围攻赵国都城邯郸，兵临城下，危在旦夕，赵国平原君准备出使楚国商议联合抗秦的大计，就准备从上百门客中挑出20人跟随。当时选出19人，还差一人，毛遂就抓住机遇，自告奋勇地请示平原君让他跟随出使。

到了楚国后，平原君与楚王议事，从早上到中午，仍没结果，其他19名门客想看毛遂的笑话，就怂恿他前去说合。毛遂没有推辞，也没有被楚王的虎威吓到，而是不卑不亢地走上前去，对楚王晓之以理、动之以情，字字铿锵地把道理说了一遍，最后把楚王说得连连点头，两国歃血为盟。

目　录

一字诀　善——人之初，性本善 …… 1

二字诀　志——有志者，事竟成 …… 8

三字诀　技——精一技，通百路 …… 13

四字诀　恒——学无涯，贵有恒 …… 20

五字诀　律——克于己，复于礼 …… 26

六字诀　责——尽己责，担道义 …… 31

七字诀　识——学而思，思而行 …… 37

八字诀　合——尚和合，求大同 …… 44

九字诀　悦——身心悦，远近悦 …… 51

后　记 …… 57

一字诀

善——人之初，性本善

“人之初，性本善”是《三字经》中开篇的六个字，也是以孔子为代表的儒学的中心思想。孔子认为，人刚刚生下来的时候，本性就是善良的，而多年后孟子也一直延续着这个思想。其中，“善”的意思就是主张人性的根源是善良的，有了“善”的思想，才会有“善”的行动。

所以，我们要拥有一颗向善之心、仁爱之心、爱国之心，这样，你才能体会到习善、行善的快乐。

孔子名言录：

——三人行，必有我师焉。择其善者而从之，其不善者而改之。

——默而识之，学而不厌，诲人不倦，何有于我哉。

——知之为知之，不知为不知，是知也。

——敏而好学，不耻下问。

——学而不思则罔，思而不学则殆。

第一课　与人为善

同学们，我们从小就被大人们教育说，要做一个善良的好孩子，你做得怎么样呢？你对自己的善良行为满意吗？善良是无私的、博大的，善良要是非分明，善良要付诸行动。

在这个“进德月”中，我们将了解如何能做到“与人为善”。希望你们通过这个月的学习，能够明白“与人为善”，就是以善良之心对待人，能够懂得将心比心，做一个诚挚而富有善良之心的人，在今后的学习和生活中，学会换位思考，做到主动体谅他人、理解他人、关爱他人、帮助他人。

全神贯注

善良的人应该是怎样的呢？什么样的行为是善良呢？请你认真观看视频《善良的善信》，并回答下列问题。

1. 善信在知道了小偷是在撒谎后，为什么还会把西瓜送给他呢？
2. 小偷在知道善信救了自己后说了什么？

自我反思

同学们，你在日常的学习和生活中，是一个“与人为善”的人吗？请你尝试回答下列问题，在每道题后面划√或×，要做出真实的判断哦。

1. 你和同学经常为一点小事争吵不休，是不是？（　　）
2. 你会尊重学习成绩不如你的同学吗？（　　）
3. 你经常在老师面前讲同学的优点吗？（　　）
4. 你是否喜欢嘲笑或贬低与你意见不一致的人？（　　）
5. 你是否对别人的批评耿耿于怀？（　　）
6. 你是否容易原谅别人不自觉的过失？（　　）

请你和同学们互相交流答案，看看谁在“善良”方面做得最好。

本月活动

学以致用——每日一善

日行一善，善行一生

1. 你知道“勿以善小而不为，勿以恶小而为之”这句话出自何处吗？请谈一谈你对这句古语的看法。

出处：____

我的理解：

____

____

____

2. 同学们，“善行”可大可小，它体现在生活中的方方面面和诸多细节之中。请仔细思考，除了以下列举的做法，生活中还有哪些小小的举动，能传递出对他人的关心与爱护呢？请你将下列空白补充完整，并在课堂上和老师、同学们分享你的答案。

每日给父母倒一杯水；

每日跟老师问一声好；

每日为花草浇一次水；

每日____

每日____

每日____

每日____

每日____

3. 请你对照以下几个方面，在日常学习、生活中不断提高自己关爱他人的能力。

“每日一善”行动对照表

想善——每天在心中回想他人的善言善行。

言善——送给他人温馨与热情，会安慰人、鼓励人、理解人等。

行善——在日常生活中，能主动为需要帮助的人提供方便，自觉为他人和社会做一些力所能及的事，如积极参加志愿服务和公益活动。

思善——通过对善事的感悟和反思，将善变成自己优秀品质的一个重要组成部分，变成一种自觉的意识。

扬善——积极主动利用各种机会向周围的人宣传思善、行善对自然、他人、社会以及诸事众物的益处，引导他人明白行善于人于己都有利的道理。

自我勉励

同学们，你们明白“做最好的自己”这句话的意思吗？这句话的意思说，我们每一天都要取得进步，超越昨天的自己，朝着“最好的”这一目标不断迈进。

请你尝试在下列横线上，写出恰当的、积极向上的词语。

你也许不是最美丽的，但你可以最善良；

你也许不是最聪明的，但你可以最_______；

你也许不是最富有的，但你可以最_______；

你也许不是最顺利的，但你可以最_______；

你也许不是最优秀的，但你可以最_______；

你也许不是最健壮的，但你可以最_______。

善良

名人轶事

甘地丢鞋

有一次，甘地坐火车外出。在火车将要启动的时候，他急匆匆地踏上车门，一不小心，一只脚被夹了一下，鞋子掉在了门外。火车启动了，他随即将另一只鞋脱下来，也扔出了窗外。一些乘客不解地问他为什么要把另一只鞋也丢掉，甘地说："这一只鞋无论多么昂贵，对我而言已经没有用了。如果一个穷人正好从铁路旁经过，他就可以得到一双鞋，而不是一只鞋。"

同学们，你们还知道哪些有关"善良"的小故事呢？请和老师、同学们分享一下吧。

《我的成长印记》

善言善行

同学们，在这个月里，你如何用实际行动诠释了“善”字？请参考《“每日一善”行动对照表》，回顾和描述自己关于“善”的行为表现。

我的闪亮时刻：

请回忆你在这个月里得到了老师和家长的哪些表扬？获得了哪些小奖状？取得了哪些好成绩？选择你最难忘的写下来吧。

我是小雷锋：

请写下这个月中最让你感到骄傲的助人为乐的好事。

老师的话：

请找一位老师（如你的班主任或者任课老师），为你写下一句评价或鼓励的话。

我的宝贝长大了：

亲爱的同学们，这个月里你有哪些收获？取得了哪些进步？得到了哪些成长？请和你的爸爸妈妈说一说，让他们为你记录下来吧。

印章收集处：

请你的老师和同学把奖励你的小印章盖在这里哦。

二字诀

志——有志者，事竟成

“有志者，事竟成”，意思是有志向的人，做事终究会成功。告诉我们人生要自己去拼搏、去奋斗，在风雨中百折不挠、勇往直前。同学们，成功属于那些不怕困难、不怕失败、坚持不懈、执着追求梦想而又充满自信的人。

小典故

鲁迅弃医学文

青年时期的鲁迅，曾到日本仙台医学专科学校学医，希望以医救国。有一次，学校放映有关日俄战争的纪录片，画面上出现很多中国人围观一个被说成是俄国间谍的中国人，这个人将砍头示众。周围人在看热闹。画面上的观众体格强壮而精神麻木。鲁迅深受刺激，心情十分痛苦。他深深感到，学医在当前并不是一件要紧的事，思想愚昧、精神麻木的人们即使体格再健壮，也只能被示众或做看客。最紧要的，是改变他们的精神。于是，他毅然弃医学文，终于成为我国现代伟大的文学家、思想家，文化运动的先驱和旗手。

第二、三、四、五课　敬老爱老度重阳

同学们，敬老、爱老是我们中华民族的传统美德，重视人伦道德、讲究家庭和睦是我们文化传统中的精华，也是中华民族强大凝聚力与亲和力的具体体现。老人们把自己的青春年华奉献给了国家，共和国的大厦是他们用辛勤的劳动甚至生命建造起来的。今天，他们年纪大了，没有劳动能力了，全社会都应该行动起来，关心他们，帮助他们。

在这个“铭志月”中，你们将前往敬老院看望那里的老人，帮助他们做一些力所能及的事情，把你们的欢笑带给他们，陪他们聊聊天，听听他们讲讲过去的故事。同时，也希望你们学会关心家里的老人、身边的老人。做到尊敬长辈，听他们的话，主动给老年人让座位等等，把敬老爱老体现在日常生活中。

博闻广见

重阳节，又称重九节、晒秋节、“踏秋”。与除夕、清明节、中元节三节统称中国传统四大祭祖的节日。

重阳节，可追溯到先秦之前。自魏晋以来，节日气氛日渐浓郁，倍受历代文人墨客吟咏。到了唐代，被正式定为民间的节日，此后历朝历代沿袭至今。重阳节的习俗有出游赏秋、登高远眺、观赏菊花、遍插茱萸、吃重阳糕、饮菊花酒等活动。

1989年农历九月九日被定为老人节，倡导全社会树立尊老、敬老、爱老、助老的风气。2006年5月20日，重阳节被国务院列入首批国家级非物质文化遗产名录。

调查研究

同学们，重阳节是中国的“老人节”“敬老节”，在节日期间，请你和爸爸妈妈一起，看望你的爷爷奶奶、姥姥姥爷，陪他们聊聊天，帮他们做做家务。并对他们进行一个小采访，完成一项小调查。

1. 你的爷爷奶奶、姥姥姥爷年轻时是做什么工作的？请他们说说自己的工作。

____

____

____

2. 现在，爷爷奶奶、姥姥姥爷年纪大了，他们在生活中有些哪些不方便的地方？

____

____

____

3. 作为晚辈，我们该怎样做，来帮助他们、孝敬他们呢？

____

____

____

本月活动

关怀备至

同学们，在重阳节到来之际，我们将前往敬老院看望那里的老人们。请动动小手，为他们准备一件小礼物吧！你可以制作一张爱心卡片，或者亲手缝制一个小荷包。到了敬老院，你要大胆地与周围的老人打招呼，并为他们做一件开心的事，比如敲背、捶腿、给老人唱首歌、表演小节目等。

另外，请你向敬老院里的爷爷奶奶请教，请他们为你讲述一个“励志”故事，可以是发生在他们自己身上的，也可以是身边的人的故事。你要认真听并好笔记。

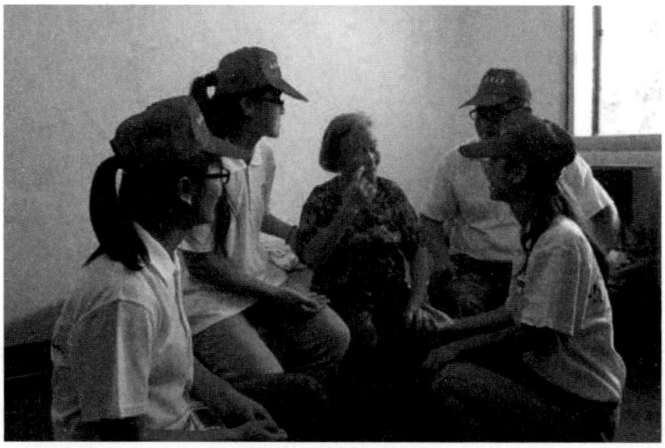

《我的成长印记》

敬老爱老我能行：

1. 请说说你去敬老院慰问时，做了哪些让老人们开心的事情。

2. 请你简要复述敬老院的老人为你讲述的励志故事。

3. 你听了这则故事，有哪些感受呢？

我的闪亮时刻：

请回忆你在这个月里得到了老师和家长的哪些表扬？获得了哪些小奖状？取得了哪些好成绩？选择你最难忘的写下来吧。

我是小雷锋：

请写下这个月中最让你感到骄傲的助人为乐的好事。

老师的话：

请找一位老师（如你的班主任或者任课老师），为你写下一句评价或鼓励的话。

我的宝贝长大了：

亲爱的同学们，这个月里你有哪些收获？取得了哪些进步？得到了哪些成长？请和你的爸爸妈妈说一说，让他们为你记录下来吧。

印章收集处：

请你的老师和同学把奖励你的小印章盖在这里哦。

三字诀

技——精一技，通百路

“精一技，通百路”，意思是要掌握一门精通的技艺，以便在未来的人生道路上获得成功。我们要养成会学习、会探究、会交往、会沟通的能力；要以正确的心态看待失败，不要害怕失败；要知道“失败是成功之母”的道理，学会总结失败的原因，不断学习和改进。这样，我们才能真正掌握一门技艺，掌握一种本领，未来的成功也一定会属于我们。

“科学技术是第一生产力”，这句话是邓小平爷爷在1988年的时候提出的，意思是科学和技术能够发挥巨大的作用，为我们生活的方方面面服务，解决我们在学习和生活中遇到的难题。比如说，妈妈每天可以用电饭煲为我们煮饭、熬粥、煲汤，既节省了时间，又更方便、更营养、更快捷。再比如，现在人们可以用支付宝、微信等电子方式进行支付了，再也不用担心收到假币、假钱，或者丢失钱包了。你们看，科学技术的力量是不是很强大呀？

作为一名未来的小主人，我们一定要学好科学、用好科学，用科技畅想未来，用科技实现未来、创造未来。

第六、七课　开启科技之门

同学们，科技是第一生产力，科技也关系到我们日常生活中的方方面面。我们的生活水平日益提高，生活越来越便利，社会正以“加速度”发展，这些都离不开科技的力量。

在这个“术攻月”中，我们将聆听科学专家为我们带来的精彩讲座，开启你们的科技之门，领略科技的力量和奥妙。通过这次活动，希望你们能体会到科学的乐趣所在，能够“学科学，爱科学，懂科学，用科学”，能够经常提出问题，并尝试自己动脑、动手去探索答案，通过实践来验证答案。

博闻广见

同学们，你们一定听说过牛顿吧。他的全名叫艾萨克·牛顿（Isaac Newton），是历史上最有影响的科学家之一，是百科全书式的“全才”，被誉为“物理学之父”。他发现了“运动三定律”和“万有引力定律”，为近代物理学和力学奠定了基础。他的“万有引力定律”和“哥白尼的日心说”，奠定了现代天文学的理论基础。

直到今天，人造地球卫星、火箭、宇宙飞船的发射升空和运行轨道的计算，都仍以这些理论作为根据。

你们知道吗，牛顿从小就喜欢动脑动手，做各种小实验。少年时的牛顿并不是神童，他的成绩一般，但是却非常喜欢读书。他喜欢看一些介绍简单机械模型制作方法的读物，并从中受到启发，自己动手制作些奇奇怪怪的小玩意，如风车、木钟、折叠式提灯等等。

传说，小牛顿把风车的机械原理摸透后，自己制造了一架磨坊的模型。他将老鼠绑在一架有轮子的踏车上，然后在轮子的前面放上一粒玉米，刚好那地方是老鼠可望而不可及的位置。老鼠想吃玉米，就不断地跑动，于是轮子就不停地转动。他还制造了一个小水钟，每天早晨，小水钟会自动滴水到他的脸上，催他起床。他还喜欢绘画、雕刻，尤其喜欢刻日晷，家里墙角、窗台上到处安放着他刻画的日晷，用以验看日影的移动。

牛顿这个名字也是一个物理学单位，简称牛，符号为N，是一种衡量力的大小的国际单位。这是为了纪念牛顿在力学中的伟大贡献。

同样，为了纪念伟大的科学家们，还有很多科学计量单位是以相关的科学家命名的，比如瓦特、帕斯卡、伏特、欧姆、摄氏度等等。

现在，就请你选择一位以科学家名字命名的单位，查阅资料，展开小研究，了解这位科学家的国籍、生平、主要发明或主要贡献。

✧ 我研究的科学家是：______

✧ 他（她）的国籍是：______

✧ 以他（她）的名字命名的单位以及名称是：

（如：牛顿，力学单位）

✧ 他（她）的主要发明或贡献是：

✧ 请说一说你从他（她）的身上学到了什么？

身体力行

亲爱的同学们，今天，我们要学习如何在电脑上建立“电子档案袋”，今后，你拍摄的视频、照片等活动记录都可以存在这个电子档案里。你可以把它看作是你的成长足迹，也可以通过它来回味成长过程中的趣事。首先，请你打开电脑，按照如下步骤，建立你的“电子档案袋”。

1. 在电脑桌面或文件夹中，单击鼠标右键。

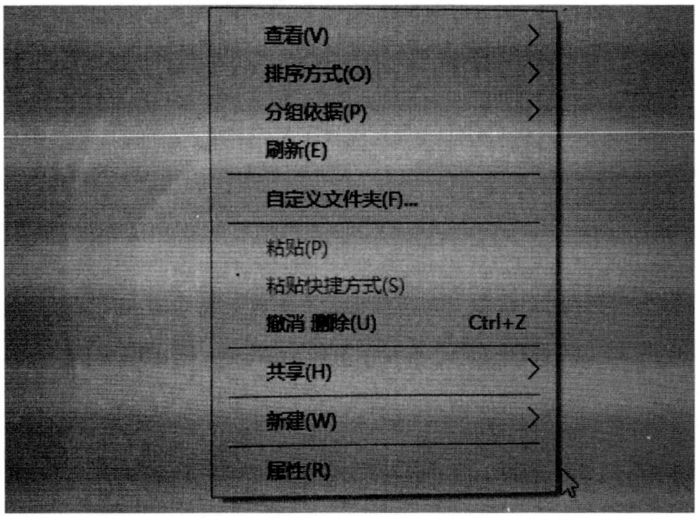

2. 把鼠标放到“新建”处，点击下拉菜单中的“文件夹”。

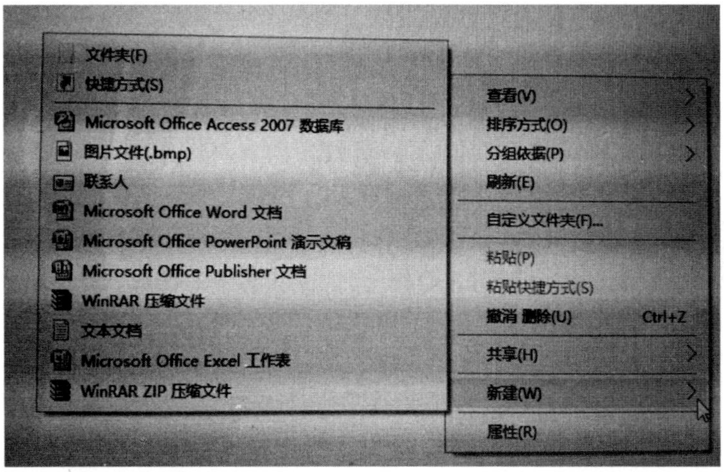

3. 单击文件夹，文件夹的名称变为蓝色。

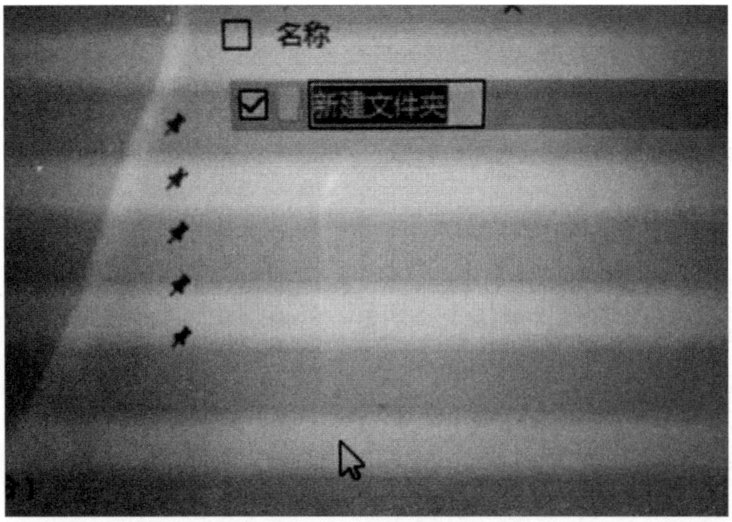

4. 用拼音输入法键入文件名：我的电子档案–四年级上学期。

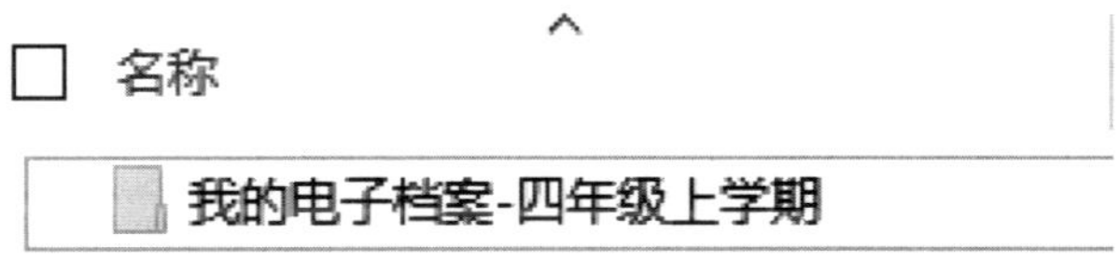

好了，文件夹建好了。你可以通过复制、剪切、粘贴等操作来改变它的位置，以及将你的资料保存到这个文件夹里。

本月活动

聆听讲座

同学们，在这个“术攻月”中，我们将聆听科技专家为我们带来的精彩科技讲座，感知科技的魅力和无限的力量。请你仔细聆听，做好记录。

学习记录单

讲座时间	
讲座主题	
讲座的内容	
我最感兴趣的地方	
我感触最深的内容	
我想更深入了解的内容	
我与专家的互动	

亲子时光

亲爱的同学，请你在爸爸妈妈的帮助下，申请一个属于自己的博客吧。在博客上，你可以写写自己的小文章，记录生活中的点点滴滴，可以展示自己的照片，与别人分享自己喜欢的音乐，也可以与别的小朋友进行交流。来，我们先给你的博客起个好听的名字吧。

我的博客的名字是：________________________________

《我的成长印记》

我也想当科学家：

亲爱的同学，你想当科学家吗？你将来想研究什么领域呢？天文、地理、工业、农业、医学？你想研究出什么成果来造福人类？请完成下面的小作文。

《假如我是科学家》

我的闪亮时刻：

请回忆你在这个月里得到了老师和家长的哪些表扬？获得了哪些小奖状？取得了哪些好成绩？选择你最难忘的写下来吧。

我是小雷锋：

请写下这个月中最让你感到骄傲的助人为乐的好事。

老师的话：

请找一位老师（如你的班主任或者任课老师），为你写下一句评价或鼓励的话。

我的宝贝长大了：

亲爱的同学们，这个月里你有哪些收获？取得了哪些进步？得到了哪些成长？请和你的爸爸妈妈说一说，让他们为你记录下来吧。

印章收集处：

请你的老师和同学把奖励你的小印章盖在这里哦。

四字诀

恒——学无涯，贵有恒

“学无涯，贵有恒”，意思是学习生活中，最可贵的就是要有坚持不懈的恒心和执着的毅力，要养成认真、执着、拼搏进取的习惯。

我们在平时的学习和生活当中，总会遇到一些小困难、小坎坷，如果很容易就退缩、放弃，半途而废，那之前的努力就都付之东流了。只有那些坚持到底、永不放弃的人，才能到达成功的彼岸。

小典故

只要功夫深，铁杵磨成针

唐朝的大诗人李白，小时候不喜欢读书。一天，他趁老师不在屋，悄悄溜出门去玩儿。

他来到山下小河边，见一位老婆婆在石头上磨一根铁杵。李白很纳闷，上前问：“老婆婆，您磨铁杵做什么？”

老婆婆说：“我在磨针。”李白吃惊地问：“哎呀！铁杵这么粗大，怎么能磨成针呢？”老婆婆笑呵呵地说：“只要天天磨铁杵总能越磨越细，还怕磨不成针吗？”

聪明的李白听后，想到了自己，心中惭愧，转身跑回了书屋。从此，他牢记“只要功夫深，铁杵磨成针”的道理，发奋读书，成为一代文豪。

第八课　温暖无声世界

亲爱的同学，你都知道哪些身患残疾的名人？比如贝多芬、史蒂芬·霍金、“最美最坚强的火炬手”金晶、海伦·凯勒等等。你都知道他们的事迹吗？

在“持恒月”中，我们一起来了解海伦·凯勒和她的恩师安妮·莎莉文的故事，学习她们是如何战胜困难，创造人生传奇的。并学习几个常用的手语，这样，你就能在生活中更好地帮助残疾人。希望你通过这节课的学习，体会不向命运屈服的精神，感悟“有恒心、有毅力”的可贵，在今后的学生和生活中，不怕困难，不轻易放弃，努力找到解决问题的办法，把事情做得更好。

博闻广见

海伦·凯勒（Helen Keller），1880年6月27日生于美国，逝世于1968年6月1日，享年87岁。她是著名的作家、教育家、慈善家、社会活动家。在十九个月，也就是不到两岁时因患急性胃充血、脑充血而被夺去视力和听力。

在7岁的一天，海伦·凯勒与她的老师安妮·莎莉文相遇了。在老师的帮助和培育下，海伦在19岁的时候，考进了哈佛大学拉德克利夫女子学院。

在无光、无声的世界里，她先后完成了14本著作。其中最著名的有：《假如给我三天光明》《我的人生故事》《石墙故事》。她致力于为残疾人造福，建立了许多慈善机构，1964年荣获“总统自由勋章”，次年入选美国《时代周刊》评选的“二十世纪美国十大偶像”之一。

本月活动

集思广益

在这个世界上，在我们的生活中，还有很多像海伦·凯勒这样的例子存在，比如我们在一年级教材中认识的张海迪。

那么，你还知道哪些残疾人不向命运低头，顽强不屈，凭着一股坚持不懈的毅力，最终获得成功的实例？请你和小组同学一起寻找和研究，并借助PPT进行图文并茂的呈现。

活动任务单

我的小组成员	
我们的分工	
我们所了解的残疾人	
他（她）的事迹概述	
我们要学习他（她）的是	
我对“恒”的理解	

亲子时光

请你和爸爸妈妈一起，结合图片，认真学习这7个常用的手语，在必要的时候，你们可以用它们来帮助那些需要帮助的人哦。

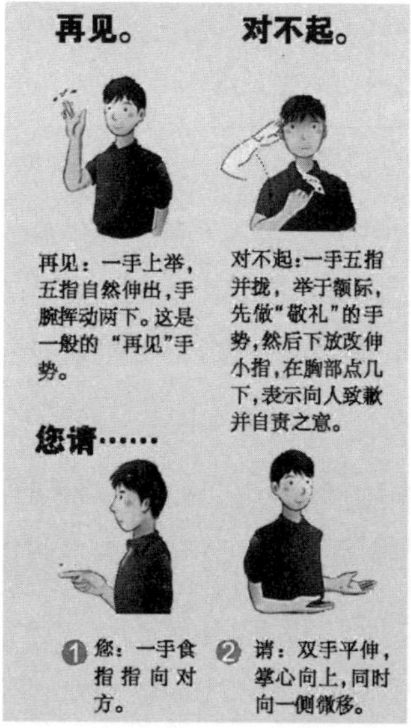

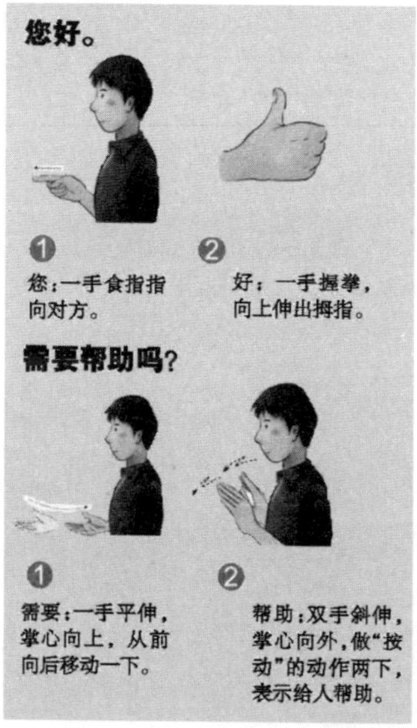

字字珠玑

海伦·凯勒关于“毅力”的感悟

✧ 人生最大的灾难，不在于过去的创伤，而在于把未来放弃。

✧ 无论处于什么环境，都要不断努力。

✧ 我的任务是练习，练习，不断地练习。

✧ 失败和疲劳常常将我绊倒，但一想到再坚持一会儿就能让我所爱的人看到我的进步，我就有了勇气。

✧ 我努力求取知识，目的在于希望日后能使用，为社会贡献一点力量。

《我的成长印记》

我是爱心小天使：

1. 小朋友们，你们在生活中一定见过一些残疾人，他们有些是肢体残疾，也有一些盲人和聋人。残疾给他们的生活带来了很多不便。我国也有很多照顾和关爱残疾人的措施和政策，如公共交通上的老、弱、病、残专属座席，在一些景点会对残疾人免票或优惠等。请你查阅资料，找一找这类政策和措施还有哪些，并想一想，你在遇到残疾人时该怎么做。请和你的小组伙伴讨论、交流和分享。

2. 同学们，为了表示对残障人士的尊重，请避免使用“瞎子”“聋子”“瘸子”“残废”这些字眼，“残奥会”已改名为“特殊奥运会”。请你想一想，我们还可以用哪些举措来彰显对残疾人的尊重？

我的闪亮时刻：

请回忆你在这个月里得到了老师和家长的哪些表扬？获得了哪些小奖状？取得了哪些好成绩？选择你最难忘的写下来吧。

我是小雷锋：

请写下这个月中最让你感到骄傲的助人为乐的好事。

老师的话：

请找一位老师（如你的班主任或者任课老师），为你写下一句评价或鼓励的话。

我的宝贝长大了：

亲爱的同学们，这个月里你有哪些收获？取得了哪些进步？得到了哪些成长？请和你的爸爸妈妈说一说，让他们为你记录下来吧。

印章收集处：

请你的老师和同学把奖励你的小印章盖在这里哦。

五字诀

律——克于己，复于礼

“克己复礼”一词出自孔子的《论语》，意思是要懂得约束、克制，规范自己的言行，不能凡事都以自己为中心；要让自己的一言一行符合道德标准和法律的制约。比如说，你在过马路的时候遇到红灯，但是你的面前并没有汽车来往，这个时候，你是选择匆匆跑过马路，还是依然站在原地，等待绿灯亮起再通行呢？如果你选择后者，那么，你就做到“克己复礼”了。

小典故

管宁割席

在汉代，有一个叫管宁的人，他饱读诗书，很有名气。一个叫华歆的人非常敬佩管宁的才华，这天，他长途跋涉，找到了管宁。二人一见如故，相见恨晚，成为好朋友。有一天，二人一起读书，有位达官显贵坐着八抬大轿从门前街市经过。管宁对此置若罔闻，依然专心读书，而华歆却扔下书册跑去观看，一脸羡慕。管宁认为华歆是个注重功名的人，不想再和他成为好朋友了，于是，他割开了两人的座席，并说：“子非吾友也。”

第九课　张灯结彩闹元宵

元宵节，又称上元节、小正月、元夕或灯节，是春节之后的第一个重要节日，是中国，也是汉字文化圈的地区和海外华人的传统节日之一。元宵节历史悠久，也有着很多传统习俗。这节课，我们将了解和学习“猜灯谜”活动。猜灯谜的历史最早可以追溯到夏朝，有着几千年的历史。

希望你们通过这次活动，能够认识和学习更多的字、词。要知道，汉语是世界上最难掌握的语言之一。希望你们体会到汉语、汉字的博大精深和文化底蕴，体会文字的奥妙。愿你们爱上汉字，学好语言，将来用一口流利的“汉语普通话”征服世界。

博闻广见

正月是农历的元月，古人称夜为“宵”，所以把一年中第一个月圆之夜正月十五称为元宵节。

元宵节始于2000多年前的秦朝。汉文帝时下令将正月十五定为元宵节。汉武帝时，“太一神”祭祀活动定在正月十五（太一：主宰宇宙一切之神）。司马迁创建“太初历”时，就已将元宵节确定为重大节日。

元宵节的传统习俗有出门赏月、燃灯放焰、喜猜灯谜、共吃元宵、拉兔子灯等。此外，不少地方元宵节还增加了耍龙灯、耍狮子、踩高跷、划旱船、扭秧歌、打太平鼓等传统民俗表演。

2008年6月，元宵节入选第二批国家级非物质文化遗产。

本月活动

妙趣横生

同学们，元宵节的一个重要的活动就是“猜灯谜”了。灯谜又称文虎，猜灯谜也叫打虎、弹壁灯、商灯、射、解、拆等，但人们都习惯用“灯谜”一称。

早在夏代，就出现了一种用暗示来描述某种事物的歌谣。到了春秋战国时期，发展为“瘦辞”（亦称“隐语”）。秦汉、三国时代、宋代、明清时代，猜灯谜在中国民间都十分流行。

猜灯谜活动不光历史悠久，而且形式多样，光是灯谜的猜法就有20多种呢。它是中国古代劳动人民智慧的结晶，是中国传统文化的一门综合性艺术。

现在，让我们来欣赏几个有趣的灯谜吧。

1. 今日秋尽——打中药名一。（谜底：明天冬）
2. 仲尼日月——打古人名一。（谜底：孔明）
3. 落花满地不惊心——打晋人名一。（谜底：谢安）
4. 降落伞——打古人名一。（谜底：张飞）
5. 仲尼日月也——打成语一句。（谜底：一孔之见）
6. 南北安全，左右倾斜——打成语一句。（谜底：东倒西歪）
7. 西施脸上出天花——打成语一句。（谜底：美中不足）
8. 五句话——打成语一句。（谜底：三言两语）
9. 游泳比赛——打成语一句。（谜底：力争上游）
10. 万年青——打成语一句。（谜底：长生不老）

下面，就请你查阅资料，学习有关灯谜的知识，了解灯谜的特征、猜法、编写的规则和忌讳以及制作方法，并收集和设计几条灯谜，与同学们展开猜灯谜的竞赛吧。

《我的成长印记》

我爱传统节日：

同学们，元宵节的习俗有很多，各个少数民族都有自己的、独特的元宵节习俗。请你查阅资料，了解一些少数民族的习俗，并选择一个民族的习俗做一个记录，然后和爸爸妈妈、老师和同学进行交流和分享。

民族：________________________________

习俗：________________________________

____

____

我的闪亮时刻：

请回忆你在这个月里得到了老师和家长的哪些表扬？获得了哪些小奖状？取得了哪些好成绩？选择你最难忘的写下来吧。

____

____

____

____

我是小雷锋：

请写下这个月中最让你感到骄傲的助人为乐的好事。

____

____

____

____

老师的话：

请找一位老师（如你的班主任或者任课老师），为你写下一句评价或鼓励的话。

____

____

____

____

我的宝贝长大了：

亲爱的同学们，这个月里你有哪些收获？取得了哪些进步？得到了哪些成长？请和你的爸爸妈妈说一说，让他们为你记录下来吧。

____

____

____

印章收集处：

请你的老师和同学把奖励你的小印章盖在这里哦。

六字诀

责——尽己责，担道义

“尽己责，担道义”出自《三字经》，意思是一个人要有担当的胸襟，推己及人去帮助他人、关心社会，成为有公益情怀的人。作为新时代的小学生，我们每一个人都要拥有责任意识。努力学习是我们的责任，孝敬父母、团结同学、尊敬老师是我们的责任，热爱祖国、热爱人民也是我们的责任。

这节课，我们将举办一次义卖活动，学习志愿服务精神，把爱心实实在在地送给需要帮助的人。这是我们每个人都应该尽到的责任和义务。

第十、十一课　小蜜蜂，大能量

同学们，三月五日是毛泽东主席号召全国向雷锋叔叔学习的日子。雷锋叔叔在我们的心目中早已成为了“热爱人民”“助人为乐”“乐于奉献”“大公无私”等等词语的代名词，他不仅经常帮助有困难的人，还积极投身于各种志愿服务中，为更多的人奉献自己的爱心。

在“职守月”中，我们将举办一次爱心义卖活动。义卖活动是志愿服务的一种，体现着“志愿服务精神”，是一件非常光荣的事情。希望你们通过这次活动，体会到“倾己之力，帮助别人”是一件多么快乐的事情，也希望你能将“雷锋精神”永记心间，化成日常生活中的点点滴滴。

博闻广见

现在，我们一起先来了解一下“志愿服务精神”的含义。

志愿服务的精神概括起来是：奉献、友爱、互助、进步。提出者是前联合国秘书长科菲·安南。在“2001 国际志愿者年”启动仪式上，安南指出：“志愿精神的核心是服务、团结的理想和共同使这个世界变得更加美好的信念。从这个意义上说，志愿精神是联合国精神的最终体现。”这句话指出了志愿精神的本质，表达了人们对志愿服务的由衷赞美。

“奉献”——不求回报地付出。奉献精神是高尚的，是志愿服务精神的精髓。

“友爱”——志愿者之爱跨越了国界、职业和贫富差距，是没有文化差异、没有民族之分、没有收入高低的平等之爱，它让社会充满阳光般的温暖。

“互助”——志愿者凭借自己的双手、头脑、知识、爱心开展各种志愿服务活动，帮助那些处于困难和危机中的人们。

“进步”——志愿者通过参与志愿服务，使自己的能力得到提高，同时促进了社会的进步，在志愿活动中无处不体现着“进步”的精神。

集思广益

同学们，这个月我们将举行一次义卖活动。为了更好地开展活动，我们要认真地做好准备。首先，你要准备好义卖的物品，要保证物品是健康、卫生和安全的。你可以准备自己的学习用品、书籍，或者你自己制作的手工艺品、书画作品、装饰品等。并且，和老师、同学们讨论本班义卖的各项分工，要积极充当自己喜欢和擅长的角色，比如售货员、推销员、收银员、环保员等；并且，大家要一起设计商品的宣传海报。

本月活动

精彩纷呈

同学们，我们的义卖活动开始了，请你和老师、同学合作，各自承担起自己的职责，筹集更多的善款，充实到校园“小蜜蜂爱心基金”中，帮助更多的人吧。

活动任务单

我的义卖物品清单及定价	
我的分工和职责	
我所卖出的物品	
我的收入	
我们班级的总收入	
我们的善款用途	
通过这次义卖活动我的感悟	

亲子时光

同学们，你们听过《我是明星》这首歌吗？这是一首奥运志愿者之歌，表现的是一种大爱，号召更多人做出奉献，因为每一个志愿者都是真正的明星。请你和爸爸妈妈一起学唱这首好听的歌曲，并赏析一下该歌歌词。

有一个梦，由我启动，把汗水融化成满脸笑容；
海阔天空，我是阵风，把旗帜飞扬到南北西东；
嘿呀，嘿呀，谁不为人性的光辉感动；
嘿呀，嘿呀，我的心就是个光明火种；
每一个人，一样有用，自告奋勇，不约而同；
忘了自己，宽了心胸，我是明星，点缀天空。
嘿呀，嘿呀，谁曾经努力过都不普通；
嘿呀，嘿呀，付出过多少都举足轻重；
嘿呀，嘿呀，我是那成就了弓箭的弓；
嘿呀，嘿呀，我是那无尽的天空的空；
嘿呀，嘿呀，让我们圆满这世界的梦；
嘿呀，嘿呀，让我们拥有着一样的梦；
萍水相逢，都不平庸，每一个人都是英雄；
所有光荣刻在心中，来自内心，我的笑容。

《我的成长印记》

接过雷锋的枪：

同学们，雷锋叔叔曾经就是一名志愿者，他奉献了很多爱心，帮助过很多有困难的人。请你认真学习雷锋叔叔的名言和日记，并摘抄你最喜欢的一段。

我的闪亮时刻：

请回忆你在这个月里得到了老师和家长的哪些表扬？获得了哪些小奖状？取得了哪些好成绩？选择你最难忘的写下来吧。

我是小雷锋：

请写下这个月中最让你感到骄傲的助人为乐的好事。

老师的话：

请找一位老师（如你的班主任或者任课老师），为你写下一句评价或鼓励的话。

我的宝贝长大了：

亲爱的同学们，这个月里你有哪些收获？取得了哪些进步？得到了哪些成长？请和你的爸爸妈妈说一说，让他们为你记录下来吧。

____

____

____

____

印章收集处：

请你的老师和同学把奖励你的小印章盖在这里哦。

七字诀

识——学而思，思而行

“学而思，思而行”，这句话的意思是指思考是读书、学习的深化，我们要学会在学习中有所思、有所悟，将学到的知识真正心领神会，成为自己的本领。

《论语》中有一句话叫“学而不思则罔，思而不学则殆”，这是孔子所提倡的一种读书和学习的方法。其中，“学而不思则罔”指的是如果一味地读书而不会思考，那么就无法理解书本的意义，不能更好地运用书本中的知识；只有把学习和思考结合起来，才能切实学到有用的知识，否则就会收效甚微。

所以，我们不能只是死记硬背，要学会思考和理解书本的内涵，做到活学活用、融会贯通，这样才能真正达到读书、学习的目的。

关于“读书”的名言：

书是人类进步的阶梯。——高尔基

生活里没有书籍，就好像没有阳光；智慧里没有书籍，就好像鸟儿没有翅膀。——莎士比亚

读一本好书，就是和许多高尚的人谈话。——歌德

发奋识遍天下字，立志读尽人间书。——苏轼

我一生的嗜好，除了革命外，只有好读书。我一天不读书，便不能生活。——孙中山

第十二课　知规则，懂文明

俗话说，“没有规矩，难成方圆”。规矩，也称“规则”，是维护社会正常运作、运行的法则，它关系到每个人的生活，是每个人都应该自觉遵守的行为准则。比如我们做游戏时有游戏规则，比赛时有比赛规则，每个行业也有行业规则。作为一名小学生，我们也要遵守《小学生文明守则》，遵守校规，遵守法律。

在这个“博雅月”中，我们将学习关于“交通安全”方面的知识，希望你们能够了解更多的法

规、法则，并做到自觉、主动遵守，不要凡事都要爸爸妈妈几次提醒和制止才去照做。人人争做有道德、讲文明的好学生。

博闻广见

同学们，4月30日是“全国交通安全反思日”。交通安全不是儿戏，每一天，都会有人被交通事故夺去生命。因此，遵守交通规则，不但是文明的体现，也是对生命的维护。

今天，我们就先来学一些交通安全方面的知识。

我们上学读书、放学回家或者节假日外出时，都会走在人来车往、交通繁忙的道路上。那么，你会“走路”吗？你了解“安全行走五要和五不要”都是哪些吗？请你查阅资料，并结合自己的理解，讲一讲“五要”和“五不要”都包含哪些内容。

☆“五要”：

____

____

____

☆“五不要”：

____

____

____

考察探究

同学们，规则意识是我们发自内心的、以规则为自己行动准绳的意识，当我们走出家庭，走向社会中，我们就要自觉遵守社会中的规则、法则。

请你利用外出时间，收集和寻找一些标示，如安全标志、交通标志，并请爸爸妈妈帮你拍下来，保存在你的《电子成长档案》中。请你自觉遵守这些标示，养成“懂规则”的意识。

本月活动

活灵活现

同学们，懂文明、讲文明是新时代好公民的标准之一，只有每一个人都懂得自觉遵守规则、文明礼貌，我们的社会才会变得更加和谐、更加美好。

怎样做才是一个“文明”的好学生呢？下面，我们来读一读“列宁让路”的故事。

列宁让路

有一次，列宁下楼，在楼梯狭窄的过道上，正碰见一个女工端着一盆水上楼。那女工一看是列宁，就要给列宁让路，准备自己退回去。列宁阻止她说：“不必这样，你端着东西走了半截，而我现在空着手，请你先过去吧！"他把"请"字说得很响亮，很亲切。然后自己靠着墙，让女工上楼了。

列宁是一位伟人，但他却不仗着自己的地位而无礼，这更显出了他文明礼让的伟大品质。

现在，请同学们小组合作，排演一个表现"文明"的情景剧。你们可以取材于校园、班级、家庭、公共场所。故事要生动有趣，人物要鲜活，要有"正面形象"，也要有"反面例子"。看谁能把"文明礼貌、遵守规则"讲述得最具体、最到位。

活动任务单

<table>
<tr><td>我的姓名</td><td></td><td>小组成员</td><td></td></tr>
<tr><td>情景剧名称</td><td colspan="3"></td></tr>
<tr><td>预计时长</td><td colspan="3"></td></tr>
<tr><td>情景剧表现的主题</td><td colspan="3"></td></tr>
<tr><td>情景剧剧本</td><td colspan="3"></td></tr>
<tr><td>道具准备</td><td colspan="3"></td></tr>
<tr><td colspan="4">这个情景剧可以给大家带来的启发</td></tr>
<tr><td colspan="4"></td></tr>
</table>

一探究竟

亲爱的同学们，在十字路口，四面都悬挂着红、黄、绿、三色交通灯，它是不出声的“交通警察”。“红绿灯”是国际统一的交通信号灯，也就是说，无论你到了哪个国家，都能在街上看到红绿灯。交叉路口，几个方向来的车都汇集在这儿，有的要直行，有的要拐弯，到底让谁先走，这就是要听从红绿灯指挥。

那么，你知道交通信号灯，为什么是红、黄、绿这三种颜色吗？为什么不用别的颜色呢？在颜色的选择上有哪些科学依据呢？请你和爸爸妈妈一起做个小研究，一起探寻色彩的奥秘吧。

我的研究成果：

____

____

《我的成长印记》

“讲文明，树新风”：

亲爱的同学，你知道什么是“七类交通违法行为”吗？，它们是：超速、超载、酒驾、毒驾、闯红灯、占用应急车道、不礼让斑马线。

请你了解这些行为，将这些危害讲给你的爸爸妈妈听。

我的闪亮时刻：

请回忆你在这个月里得到了老师和家长的哪些表扬？获得了哪些小奖状？取得了哪些好成绩？选择你最难忘的写下来吧。

我是小雷锋：

请写下这个月中最让你感到骄傲的助人为乐的好事。

老师的话：

请找一位老师（如你的班主任或者任课老师），为你写下一句评价或鼓励的话。

我的宝贝长大了：

亲爱的同学们，这个月里你有哪些收获？取得了哪些进步？得到了哪些成长？请和你的爸爸妈妈说一说，让他们为你记录下来吧。

印章收集处：

请你的老师和同学把奖励你的小印章盖在这里哦。

八字诀

合——尚和合，求大同

亲爱的小朋友们，习近平爷爷提出了“讲仁爱、重民本、守诚信、崇正义、尚和合、求大同”这句话，你明白这句话的意思吗？这句话说的都是我们中华民族的传统文化，其中也表达了社会主义核心价值观的思想，比如说诚信、和谐。

在这句话里，“赏和合，求大同”讲述的是我们国家的社会理想和民族精神。“和合”精神与社会主义核心价值观的“和谐”是完全一致的。“和谐”描述的是一个美好社会的样子，而“合作”正是要达到这个样子的根本精神和美德。“大同”则是古人所描绘的完美社会，是中国古人的“中国梦”，指人人友爱互助、家家安居乐业、没有贫富差距、没有战争，充满真正的自由、平等、文明、和谐。正如习近平爷爷指出的那样：“实现中华民族伟大复兴的中国梦，就是要实现国家富强、民族振兴、人民幸福，既深深体现了今天中国人的理想，也深深反映了中国人自古以来不懈追求进步的光荣传统。”

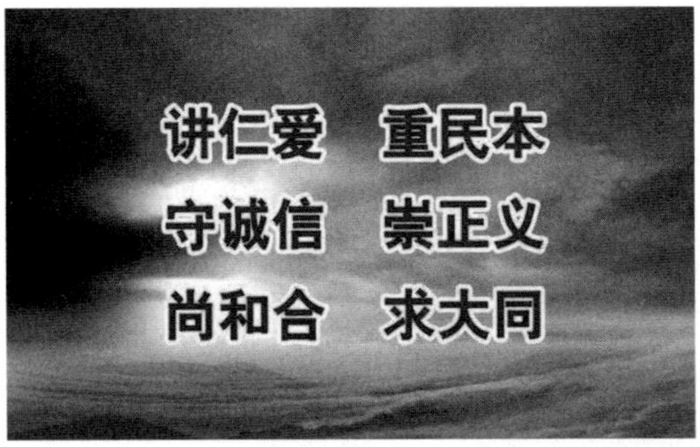

第十三课　合力共建文明社会

小朋友们，这个月是我们的“尚合月”。在这个月里，我们将走出校园，融入社会，去寻找那些为大家、为公众服务的劳动者，了解他们的工作和生活，体会他们为了社会的“合”做了哪些努力。

你们也将体会他们工作的艰辛，体会“服务大家、服务社会”的光荣感和自豪感，懂得自觉爱护公共设施、自觉遵守公共秩序的重要性。并通过倡导“无烟”活动来号召大家一起努力，为打造一个和谐、有序的文明社会贡献自己的力量。

调查研究

小朋友们，请你利用课余时间，和小组同学一起，到公共场所中完成两项小调查。

☆首先，请你们寻找一名为公众、群众服务的人员，如邮递员、地铁里的安检员、公交站中的公共秩序维护者、清洁工等。了解他们的日常工作内容和工作感受，并做好笔记。请你们注意安全，最好有大人的陪伴。

小提示：在“采访”前，想想自己该怎样开口说第一句话？你可以参考以下示例。

“你好，我是__________学校的学生，我叫__________。今天，我想向你了解关于__________的事情，可能需要占用您3到5分钟，不知道您是否有时间，谢谢。”

另外，你所要了解的内容都有哪些？你要先列出几个小问题，如：

——您的工作内容和工作职责是什么？

——您认为您的工作的意义是什么？

——您认为工作中最困难的地方是哪里？

——您如何克服这些困难？

——您是否热爱您的工作？

____

____

最后，别忘了，要对他们的劳动，和为社会做出的贡献表示感谢。请在课堂上与老师、同学们分享你们小组的调研成果。

☆其次，请你们开展一项《公共设施使用与维护调查》。请你们留意社会公共设施、公物的使用和保护情况，拍好照片，做好记录。

公共设施/公物名称	完整、损坏程度（1–10分）	简要描述

博闻广见

亲爱的小朋友们，吸烟有害健康，这是每个人都知道的事情，在每个烟盒上都有这样的标识，那么吸烟对健康具体都有哪些危害呢？我们一起来了解一下吧。

①吸烟减少寿命；

②________________

③________________

④________________

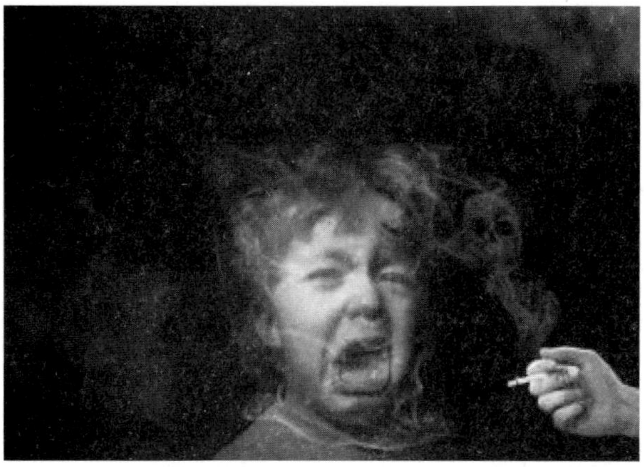

小朋友们，以下是劝阻吸烟的三种手势，你要学会哦。

赏心悦目

亲爱的小朋友，世界无烟日为每年的5月31日，定在这一天，是因为第二天就是国际儿童节，希望下一代免受烟草的危害。来，我们一起欣赏一些戒烟海报吧。

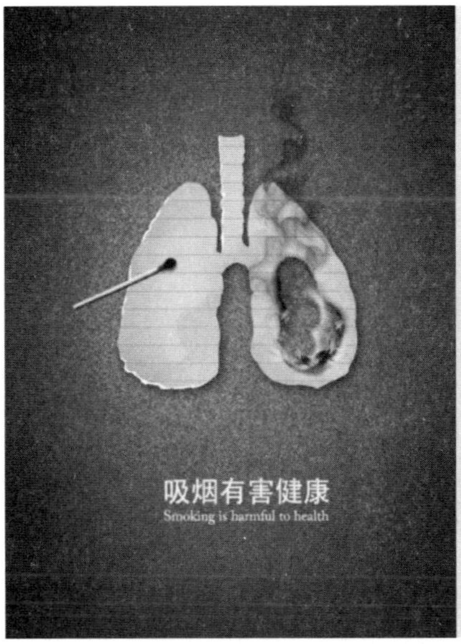
吸烟有害健康
Smoking is harmful to health

寿

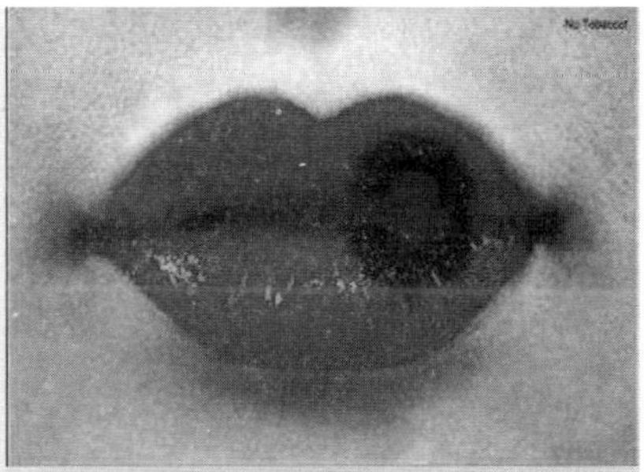

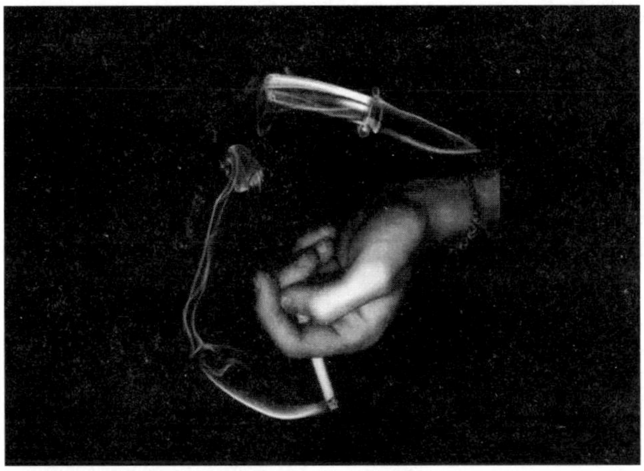

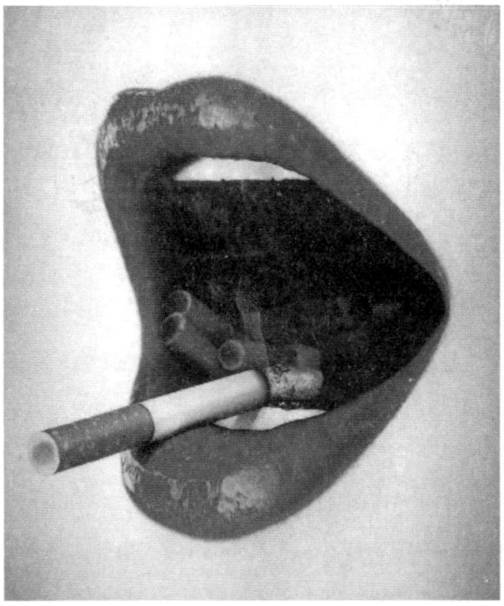

The smoke kills a smoke people

本月活动

亲子活动

亲爱的小朋友，你的家人中有吸烟的人吗，他们知道吸烟和二手烟的危害吗？请你给他们讲一讲，并和爸爸妈妈，或其他有吸烟习惯的家人一起，拟定一份《无烟7日协议》吧，规定7日之内不要在家中吸烟。你们可以自拟协议，也可以参照以下示例。

《无烟7日协议》

甲方：

乙方（吸烟者）：

戒烟时间：从＿＿＿＿＿＿起至＿＿＿＿＿＿止；

协议内容：

乙方在以上期限内，不得在家中任何位置吸烟，包括阳台、卫生间等可以隔离的区域。

违约处罚：从本协议结束之日起14天内不得在家中吸烟。

戒烟奖励：免家务活3天。

甲方签字：

乙方签字：

活动纪要

1. 你的家庭《无烟7日协议》签署了吗？

＿＿＿＿＿＿＿＿＿＿＿＿＿＿＿＿＿＿＿＿＿＿＿＿＿＿＿＿＿＿

2. 你的协议中"乙方"是谁？

＿＿＿＿＿＿＿＿＿＿＿＿＿＿＿＿＿＿＿＿＿＿＿＿＿＿＿＿＿＿

3. "乙方"做到"7日无烟"了吗？

＿＿＿＿＿＿＿＿＿＿＿＿＿＿＿＿＿＿＿＿＿＿＿＿＿＿＿＿＿＿

4. 如果做到了，请你总结一下你们的经验：

＿＿＿＿＿＿＿＿＿＿＿＿＿＿＿＿＿＿＿＿＿＿＿＿＿＿＿＿＿＿

＿＿＿＿＿＿＿＿＿＿＿＿＿＿＿＿＿＿＿＿＿＿＿＿＿＿＿＿＿＿

＿＿＿＿＿＿＿＿＿＿＿＿＿＿＿＿＿＿＿＿＿＿＿＿＿＿＿＿＿＿

5. 如果没有做到，请你想想原因在哪里？该怎样解决呢？

＿＿＿＿＿＿＿＿＿＿＿＿＿＿＿＿＿＿＿＿＿＿＿＿＿＿＿＿＿＿

＿＿＿＿＿＿＿＿＿＿＿＿＿＿＿＿＿＿＿＿＿＿＿＿＿＿＿＿＿＿

＿＿＿＿＿＿＿＿＿＿＿＿＿＿＿＿＿＿＿＿＿＿＿＿＿＿＿＿＿＿

《我的成长印记》

返璞归真：

随着互联网的普及和高速发展诞生了一种新型文化——“网络文化”，涌现出很多网络热播剧，诞生了很多“网络词语”。越来越多的年轻人以追剧、说网络词语作为“时髦、时尚”的标志。

我们国家的文化经历了几千年的积累，而我们的文字更是经历了几千年的演变，没有哪个字、哪个词是被随意造出来的。我们的文化就像是巍峨的高山，我们必须要仰视它、尊重它。

现在，我们来进行一次文化的“返璞归真”行动，请你揭开以下网络词语的“美丽真面目”，写出它们的“本意”。

打call：________________

PK：________________

HOLD：________________

潮：________________

菜鸟：________________

粉丝：________________

派对：________________

秀：________________

山寨：________________

童鞋：________________

神马：________________

666：________________

我的闪亮时刻：

请回忆你在这个月里得到了老师和家长的哪些表扬？获得了哪些小奖状？取得了哪些好成绩？选择你最难忘的写下来吧。

____

____

我是小雷锋：

请写下这个月中最让你感到骄傲的助人为乐的好事。

____

____

老师的话：

请找一位老师（如你的班主任或者任课老师），为你写下一句评价或鼓励的话。

我的宝贝长大了：

亲爱的同学们，这个月里你有哪些收获？取得了哪些进步？得到了哪些成长？请和你的爸爸妈妈说一说，让他们为你记录下来吧。

印章收集处：

请你的老师和同学把奖励你的小印章盖在这里哦。

九字诀

悦——身心悦，远近悦

在《论语》中有“近者说（悦），远者来”这句话，意思是让邻近的人感到喜悦，使远方的人也都闻风前来。这句话告诉我们，要保持开开心心的状态，并把我们的快乐传递给身边的小伙伴们，也让不在我们身边的，以及那些不开心的小伙伴能我们一起沉浸在快乐的海洋里。如果你总是撅着嘴、不高兴，那么不但自己的心情会很糟糕，别的小伙伴也会受你影响变得不开心，大家就会慢慢地离开你，去找那些快乐的小朋友玩了。

如果你在学习和生活中遇到了不开心的事，一定要和老师说一说，或者告诉爸爸妈妈，寻求大人的帮助，找到解决这些事情的正确办法，让自己重新快乐起来。而不要一个人不开心、生闷气，或者采取不正当的方式去解决问题。这样就可以做到“身心悦”，同时，也能达到“远近悦”了。

开心一刻

一节语文课上，老师让小逗号用“长城”造句。小逗号想了想，回答说：“长城很长。”老师不悦：“不行，再造一个！”小逗号更不开心，把头一扭：“凭什么，我又不是秦始皇！”

第十四课　美丽眼睛，愉快心灵

同学们，“眼睛是心灵的窗户”，眼睛是我们认识世界、认识生活的指明灯，如果失去了双眼，或者得了近视，那么我们眼前和心中的世界就会变得昏暗和模糊，我们就无法更好、更真实地感受这个美丽、多彩的世界了。

每年的六月六日是“全国爱眼日”，所以我们在这个“从心月”中将会了解如何保护眼睛。希望通过这节课的学习，你们能够提高保护眼睛、预防近视的意识，更希望你们能养成良好的用眼习惯，在日常的学习、生活中自动自觉地做到保护眼睛，这样，你每天才会拥有更加轻松、愉悦的心情，千万不要等到戴上厚厚的眼镜那天才追悔莫及。

博闻广见

同学们，眼睛是心灵的“窗户”，每时每刻，我们都在用眼睛去看世界，发现许多有趣的事物。如果没有眼睛，就什么也看不见，不能进行正常的工作和学习。有的小朋友因为远视或近视、斜视等原因戴上了眼镜。这些都是平时不爱护眼睛所造成的。所以，我们要像爱护生命一样爱护自己的眼睛。

那么，你知道哪些爱护眼睛的办法吗？请你试着完成下面的填空。

1. 看书、写字时要____

____

2. 看书，看电视、电脑一小时后要________________________________

____

3. 做眼保健操时要____

____

4. ____

____

5. ____

____

畅所欲言

同学们，请你们说一说，“近视眼”会对我们的学习和生活带来哪些不便呢?

____

____

____

美文欣赏

爱护眼睛的美文美句：

1. 睁开眼睛，我看到了慈爱的双亲，看到了爱我的老师和可爱的同学们。这一天，我都在幸福满足中度过。

2. 眼睛，请接受我对你的感激之情。感谢你让我看到五彩缤纷，感谢你让我知道善恶美丑，感谢你每天都让我看到不一样的风采。

3. 拿开，小黑手，我怕脏。躲开，刺眼的光，我怕照。危险物品离我远点，我很柔弱。小主人啊，希望你时刻保护我，让我更好地为你服务。

4. 看看风景，陶醉心情，吹吹清风，感受清灵，小河嬉戏，体味童趣，田野奔跑，留恋自然的怀抱。

亲爱的同学，现在，也请你来写一写爱护眼睛的美文佳句，好吗?

①______________________________

____

②______________________________

____

娓娓动听

同学们，你们听过《你是我的眼》这首歌吗，这是一位盲人歌手写的歌，描绘的是对一双明亮眼睛的渴望。请你闭上眼睛，听一听由代雯奇（小臭臭）演唱的《你是我的眼》（你知道吗，小臭臭就是闭着眼睛录制这首歌曲的），然后睁开眼睛，你说一说睁开眼睛之后的感受。

本月活动

集思广益

请你和小组伙伴一起，合作设计和制作保护眼睛、预防近视的海报，并编写关于预防近视、爱护眼睛的口诀、顺口溜、三句半、歌谣等。让我们先来欣赏一些海报和顺口溜。

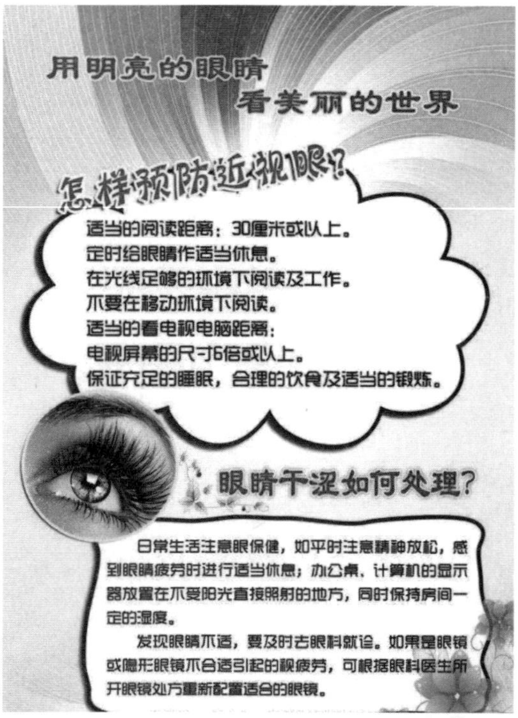

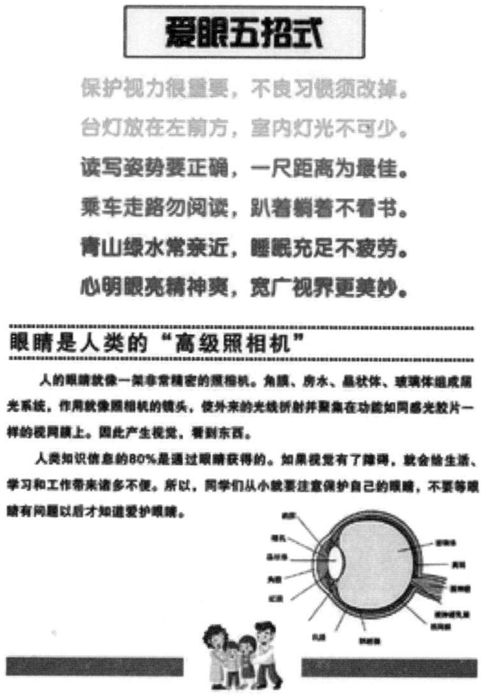

顺口溜：

我们的眼睛是个宝，认真爱护少不了。

写字距离保持好，少看电视和电脑。

看书学习别忘了，光线适中很重要。

眼保健操要做好，我们的眼睛哈哈笑。

活动任务单

我们的小组成员	
我们收集资料的过程	
我们编写的爱眼宣传语	
我们的海报草图	
通过这幅海报我们想告诉大家	

极目远眺

让我们来开展班级“比一比：谁看得更远”小竞赛，让哪位同学看得最远，并为大家分享自己爱眼护眼的经验吧。

《我的成长印记》

我是爱眼小天使：

1. 亲爱的同学，你的小组设计了什么样的海报？请你把海报拍摄下来，保存在你的《电子成长档案中》。

2. 在设计和制作海报的过程中，你做了哪些“贡献”呢？

我承担的工作是：

____

____

我的闪亮时刻：

请回忆你在这个月里得到了老师和家长的哪些表扬？获得了哪些小奖状？取得了哪些好成绩？选择你最难忘的写下来吧。

____

____

我是小雷锋：

请写下这个月中最让你感到骄傲的助人为乐的好事。

____

____

老师的话：

请找一位老师（如你的班主任或者任课老师），为你写下一句评价或鼓励的话。

____

____

我的宝贝长大了：

亲爱的同学们，这个月里你有哪些收获？取得了哪些进步？得到了哪些成长？请和你的爸爸妈妈说一说，让他们为你记录下来吧。

____

____

印章收集处：

请你的老师和同学把奖励你的小印章盖在这里哦。

后 记

同学们，小学时代是无忧无虑、充满欢笑的。

在宝贵的小学时光里，你不仅能学到知识，还能结识许多好朋友，感受到许多比校园生活和知识更广泛、更有意义的东西。

小学时代让你不断走向成熟。在这段美好的时光里，你会明白拥有“爱”才能成为一名阳光的少年，拥有“知识”才能成为一名聪慧的少年，拥有良好的“品德”才能成为一名多彩的少年，拥有进步的“思想”才能成为一名有为的少年。

在过去的一年中，你们学习了如何善待别人，“与人为善”；在重阳节里，前往敬老院看望那里的老人；聆听了有趣的科技讲座；认识了海伦·凯勒，了解了她如何在莎莉文老师的帮助下，克服听力和视力障碍，成为著名作家和社会活动家的故事；和老师、同学们一起，度过了一个热热闹闹的元宵节；体验了一次颇具爱心的义卖活动；学会了遵守和倡导交通安全知识；学唱很多好听的“老北京”歌谣；学会了怎样爱护自己的眼睛。

小学时代融入了你们纯真的笑容，融入了你们真挚的友谊，融入了你们顽强刻苦的学习历程。小学时代将绘成一本精美的相册，一张张照片铭记着你们每一天的茁壮成长，承载着老师为你们付出的滴滴汗水，雕刻着你人生中最快乐、最美好的时光。

祝愿你们在新的一年里，再接再厉，做更好的自己；在今后的人生中，努力奋进，拥有快乐、幸福、有意义的人生！

“i优势”

北方工业大学附属学校德育、体育、美育课程体系

（学生用书）

王　英　主编

五年级

中国发展出版社
CHINA DEVELOPMENT PRESS

图书在版编目（CIP）数据

"i优势"：北方工业大学附属学校德育、体育、美育课程体系（学生用书）/ 王英主编 . 北京：中国发展出版社，2019.7

ISBN 978-7-5177-1027-1

Ⅰ . ① i… Ⅱ . ①王… Ⅲ . ①德育—中小学—教材 ②体育课—中小学—教材 ③美育—中小学—教材 Ⅳ . ① G634

中国版本图书馆 CIP 数据核字（2019）第 137690 号

书　　名："i优势"：北方工业大学附属学校德育、体育、美育课程体系（学生用书）
著作责任者：王　英
出 版 发 行：中国发展出版社
（北京市西城区裕民东路 3 号 9 层　100029）
标 准 书 号：ISBN 978-7-5177-1027-1
经　销　者：各地新华书店
印　刷　者：河北鑫兆源印刷有限公司
开　　　本：889mm × 1194mm　1/16
印　　　张：38.5
字　　　数：800 千字
版　　　次：2019 年 8 月第 1 版
印　　　次：2019 年 8 月第 1 次印刷
定　　　价：158.00 元（全 9 册）

联 系 电 话：（010）68990630　68990692
购 书 热 线：（010）68990682　68990686
网 络 订 购：http://zgfzcbs. tmall. com//
网 购 电 话：（010）88333349　68990639
本 社 网 址：http://www.develpress. com. cn
电 子 邮 件：370118561@qq. com

前言

亲爱的同学们：

你们好！学生时代是人生中最欢愉、最难忘的一段时光，你可以无忧无虑地徜徉于书海中，探索未来的世界。但是身为学生的你们，有时，往往急于告别学生时代，希望自己可以快快长大，快快拥有丰满的羽翼，拥抱五光十色的大千世界。就像钱钟书先生在《围城》中描写的那样：处在围城内的人想尽一切办法出来，而处于围城之外的人则想办法进去。

其实，人生中有很多值得我们珍惜和留恋的日子，而学生时代一定是最纯洁、最美好的那一段时光。

你要好好学习，珍惜大好年华，不断地用知识充实自己的头脑、净化自己的心灵；学会各种技能，让自己变得更加强大。

你要发现自己的优势和特长，培养高雅的情趣和爱好。学会自主，并在未来发挥自己的优势，学会自立。要勇于做自己，做不一样的自己，做真实的自己，追寻内心的声音，不随波逐流。要做独特的自己，依照自己的特长去专注成长。要做最好的自己，把最优秀的一面展示给世界。“做自己”需要一种不受外界干扰的坚定毅力，就如苏轼所言：“守其初心，始终不变”。

你要积极地去赢取属于自己的未来，追求精彩绽放。每个人都有自己的梦想，你要坚守成功的信念，不轻言放弃，直面未来，追逐精彩。要拥有改变自我命运的志气，拥有战胜一切困难的勇气，拥有发挥优势的底气。赢未来，需要一种执着的理想和信念贯穿成长的始终，如朱熹所言：“立志不坚，终不济事”。

经济合作与发展组织（OECD）每三年组织一次的国际学生评估项目（PISA）测试，在2018年增加关于“全球素养”（Global Competence）的内容，旨在考查学生能否尊重不同的文化和信仰，融入多元化世界，在全球化的进程中，用新的排名来展示各国年轻人的能力。这种能力可帮助你们日后在变幻莫测的社会中找到自己的生存之路，拥有一份提升自己的方向指南。你们要学会接受不一样的想法、观点，不一样的价值观，努力尝试参与国际与文化交流的活动，跨越差异，实现人与人之间的相

互信任。

同学们，你们准备好做合格的世界公民了吗?

附：“全球素养”的定义

——从多个角度批判地分析全球和跨文化议题的能力；

——理解差异是如何影响观念、判断，以及对自我和他人的认知的能力；

——在尊重人类尊严的基础上，与不同背景的他人进行开放、适宜、有效的互动的能力。

根据该定义，全球素养是一个有着多重维度的学习领域，包含了知识与理解力、技能、态度这三个维度。

目　录

一字诀　善——人之初，性本善 …… 1

二字诀　志——有志者，事竟成 …… 8

三字诀　技——精一技，通百路 …… 17

四字诀　恒——学无涯，贵有恒 …… 28

五字诀　律——克于己，复于礼 …… 34

六字诀　责——尽己责，担道义 …… 40

七字诀　识——学而思，思而行 …… 51

八字诀　合——尚和合，求大同 …… 61

九字诀　悦——身心悦，远近悦 …… 68

后　记 …… 76

一字诀

善——人之初，性本善

“人之初，性本善”是《三字经》中开篇的六个字，也是以孔子为代表的儒学的中心思想。孔子认为，人刚刚生下来的时候，本性就是善良的，而多年后孟子也一直延续着这个思想。其中，“善”的意思就是主张人性的根源是善良的，有了“善”的思想，才会有“善”的行动。所以，我们要拥有一颗向善之心、仁爱之心、爱国之心，这样，你才能体会到习善、行善的快乐。

“正义”一词，在中国最早见于《荀子》：“不学问，无正义，以富利为隆，是俗人者也。”正义观念萌于原始人的平等观，形成于私有财产出现后的社会。

不同的社会或阶级的人们对“正义”有着不同的解释：古希腊哲学家柏拉图认为，人们按自己的等级做应当做的事就是正义；基督教伦理学家则认为，肉体应当归顺于灵魂就是正义。整体看来，大多数的观点认为公平即是正义。简单来说，是同样的人同样对待。

关于“正义”的名言：

“正义”的胜利来自斗争。——路·莫里斯

不畏义死，不荣幸生。— 唐·韩愈

火不侵玉。——唐·刘禹锡

激浊扬清，嫉恶好善。——唐·吴兢

剑是正义的仆人。——（英）埃·斯宾塞

第一课　国防知识早知道

同学们，在全国“国防教育日”到来之际，我们将学习我国国防方面的知识，了解国防事业是如何稳定发展和进步的。

希望你通过本节课的学习，能够对祖国的军队、国防力量有一个了解，为祖国拥有的强大军事力量感到骄傲和自豪。热爱祖国，热爱人民，努力学习，长大以后承担起保卫祖国的重担，为祖国的繁荣、富强贡献自己的力量。

认识"十大元帅"

亲爱的同学们，你们听说过 "中华人民共和国十大元帅"吗？他们是1955年被授予中华人民共和国"元帅"军衔的十位军事家，分别是：朱德、彭德怀、林彪、刘伯承、贺龙、陈毅、罗荣桓、徐向前、聂荣臻、叶剑英。毛主席亲自为他们颁发了命令状，还有一级"八一"勋章、一级独立自由勋章、一级解放勋章。

这十位元帅都是中国历史上赫赫有名的军事家、政治家。请你和小组同学们一起，来认识和了解"十大元帅"中的一位，了解他有哪些光荣的事迹，立下了哪些赫赫战功，又有哪些有趣的小故事等等。你们可以制作PPT，或者绘制漂亮的海报，在课堂上向老师和同学们做分享和介绍。

本月活动

争分夺秒——"同心共筑强大国防"知识竞赛

自1949年10月1日以来，我国共举行过几次"大阅兵"。你在电视上看到过阅兵的盛况吗？阅兵式展现了我国部队的建设成就，可壮观瞻、振军威、鼓士气。军人将士们意气风发、斗志昂扬，接受人民，接受党、国家和军队领导人的检阅。

你知道我国的武装力量由哪几部分组成吗？由谁来统一指挥？武装力量的主体是谁？请你带着这些问题，查阅相关的资料，了解我国的武装力量、军种，了解他们的历史和发展情况。并以这些知识为基础，开展班级"国防知识早知道"知识竞赛。题目可以是选择题、判断题、问答题、抢答题等等。

活动任务单

<table>
<tr><td colspan="3">竞赛小组成员：　　　　　　　　我的名字：</td></tr>
<tr><td rowspan="2">准备工作</td><td colspan="2">我们四人的分工

成员1（我）：
成员2：
成员3：
成员4：</td></tr>
<tr><td colspan="2">我为知识竞赛做的准备工作</td></tr>
<tr><td>我的总结</td><td>哪里没有准备好</td><td>获得的比赛经验</td></tr>
<tr><td>我对国防知识的全新认识</td><td colspan="2"></td></tr>
</table>

我来画战区

在2016年2月1日，中国人民解放军战区成立大会在北京举行，正式建立了中国人民解放军五大战区。习近平主席向东部战区、南部战区、西部战区、北部战区、中部战区授予军旗并发布训令。

五大战区的建立是实现“中国梦”“强军梦”的重大举措，对维护人民、维护国家安全，以及维护和平都有着重大而深远的意义。

小朋友们，请你们查阅资料，了解这五大战区都包括哪些省份，并对照中国地图，将五大战区用五种不同的颜色勾画出来。

亲子时光

同学们，你们看过《闪闪的红星》吗？还有《永不消逝的电波》《地道战》《地雷战》等。这些电影都是由中国人民解放军八一电影制片厂制作的，还有像《士兵突击》《歼十出击》等电视剧，像《阿甘正传》《拯救大兵瑞恩》《珍珠港》《指环王》系列、《加勒比海盗1》系列、《纳尼亚传奇》系列等经典译制片，都是八一电影制片厂出品的。

在2018年2月2日，八一电影制片厂改名为“解放军文化艺术中心电影电视制作部”，“八一厂”退出了历史的舞台。

请你向爸爸妈妈了解关于“八一厂”的信息，说说他们看过的一些八一电影制片厂的电影或电视剧、译制片。再看看这些好看又“怀旧”的电影吧。

《我的成长足迹》

我的和平之旅：

同学们，请你们想一想，我们现在处在一个和平、强大的时代，为什么还要加强国防建设呢？请你查阅资料，了解我国面临的国际上的“威胁”，尝试写出你的答案。

我的小星星：

亲爱的同学，如果请你给自己在这个月中的表现打分，你会打几分呢？你如何评价自己呢？

请回忆你在这个月里的表现，尝试给自己打分吧！请用红色或黄色来涂一涂上面的五颗星星，也可以两种颜色都使用。其中，每颗红色星星代表20分，每颗黄色星星代表10分。

你给自己打多少分？______

你在哪里丢分了呢？

针对以上表现，你觉得后面该怎么做呢？

同学们，在这个月的活动中，大家一起学习、研究，通过合作和分工完成了很多任务。在合作学习的过程中，你对其他同学有哪些中肯的评价呢？请你为他们写下你的评价吧，别忘了，也要请同学为你写评价呦。

我得到的评价：

评价人：

亲爱的同学，你这个月读了哪些书？认识了哪些人物？了解了哪些故事？或者哪一段文字的描写触动了你？请记录一段你的读书感悟吧。

书名：

作者（国籍）：

我的感悟：

同学们，针对自己在这个月的表现，你给自己打了几颗星呢？父母长辈和老师对你的表现有何评论呢？快快请老师和爸爸妈妈帮你做一个整体评价吧。

评 价 指 标	学校表现得分（满分10分）	家庭表现得分（满分10分）
热爱祖国传统文化，积极主动了解家乡、国家时政大事，知晓、正视国家历史和革命历史		
尊老爱幼、文明守纪，同学之间团结互助，待人接物大方得体		
遵守公共秩序，遵守规则，并能劝导周围的伙伴共同履行行为规范		
主动学习，勤于思考，不懂就问，热衷钻研和探究，喜欢和他人交流意见，共同讨论		
具有良好的阅读习惯，有固定的阅读时间，不沉迷网络和手机游戏，讲卫生、爱清洁，具有环保意识		
拥有健康意识，有喜爱和擅长的体育运动项目；自信阳光，积极向上，正确看待挫折和困难，能正确处理与他人的矛盾；拥有正确的是非观		
诚实守信用，不说谎话，信守约定，履行计划，不轻言放弃		
拥有奉献精神，主动帮助他人，热心公益和慈善，具有持续的帮扶救助目标和计划		
具有节约意识，不浪费水电、粮食，不随意丢弃自己的旧物品；不乱花零花钱，有基本的理财观念		
老师评语：		
家长评语：		

二字诀

志——有志者，事竟成

“有志者，事竟成”，意思是有志向的人，做事终究会成功。告诉我们人生要自己去拼搏、去奋斗，在风雨中百折不挠、勇往直前。同学们，成功属于那些不怕困难、不怕失败、坚持不懈、执着追求梦想而又充满自信的人。

小典故

鲁迅弃医学文

青年时期的鲁迅，曾到日本仙台医学专科学校学医，希望以医救国。有一次，学校放映有关日俄战争的纪录片，画面上出现很多中国人围观一个被说成是俄国间谍的中国人。这个人将被砍头示众，周围人在看热闹。画面上的观众体格强壮而精神麻木。鲁迅深受刺激，心情十分痛苦。他深深感到，学医在当前并不是一件要紧的事，思想愚昧、精神麻木的人们即使体格再健壮，也只能被示众或做看客。最紧要的，是改变他们的精神。于是，他毅然弃医学文，终于成为我国现代伟大的文学家、思想家，文化运动的先驱和旗手。

第二课　为中华之崛起而读书（上）

同学们，你们听过周恩来“为中华之崛起而读书”的故事吗？那时的中国像一块蛋糕，被帝国主义列强瓜分得四分五裂，人民也被洋人欺负，毫无尊严，所以，周恩来立下了重振中华的鸿鹄之志。

其实，无论是在“中华不振”的过去，还是社会繁荣发展的今天，每个人都应该为社会、对祖国做出自己的贡献，奉献一份力量。希望通过“铭志月”的学习，你们能明白，无论是谁，都应成为一个对国家、对社会有用的人，并且对自己学习的目的能有一个更加清晰的认识，对未来满怀憧憬。从现在开始，努力学习、掌握技能，在未来更好地实现自己的价值。

学习“思维导图”

思维导图又叫心智导图，是表达发散性思维的有效图形思维工具。它图文并用，把各级主题的关键词与图像、颜色等联系起来。它主要由主题、一级分支、二级分支、三级分支等构成。

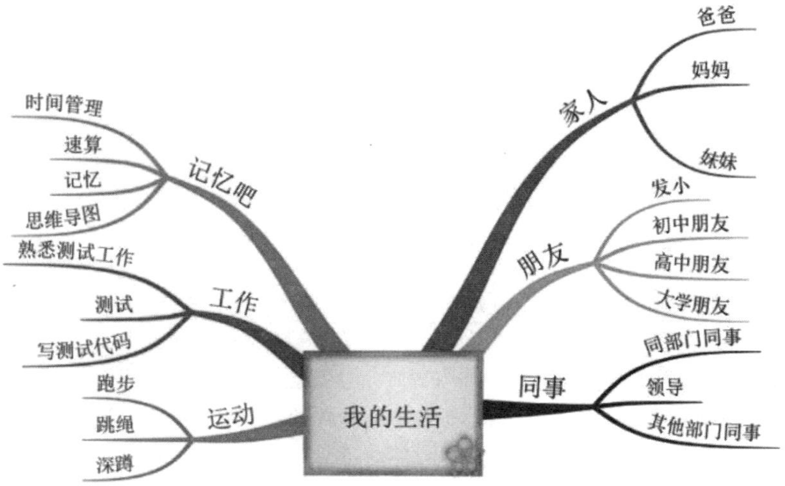

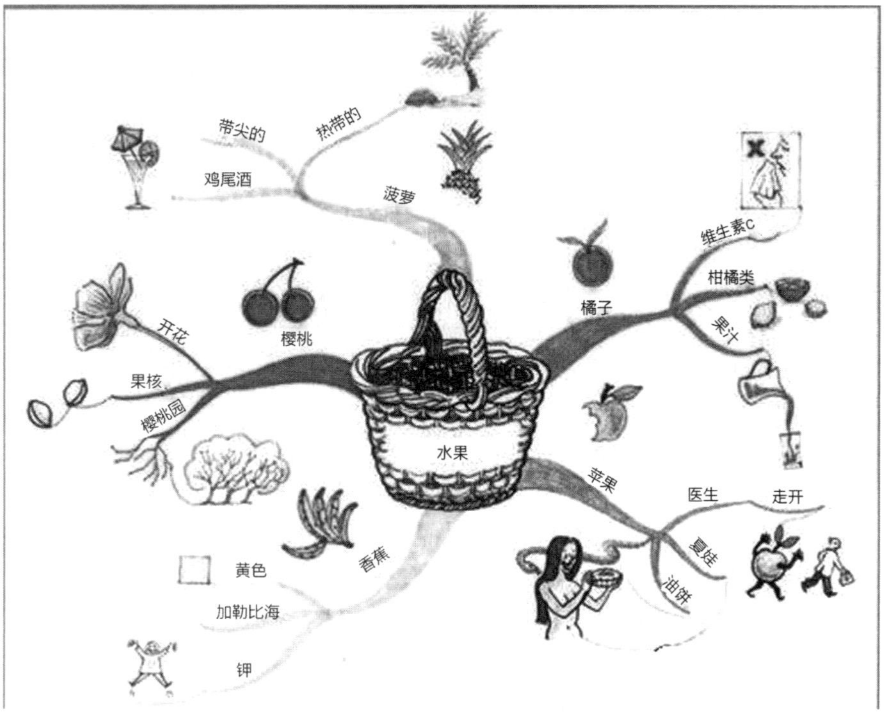

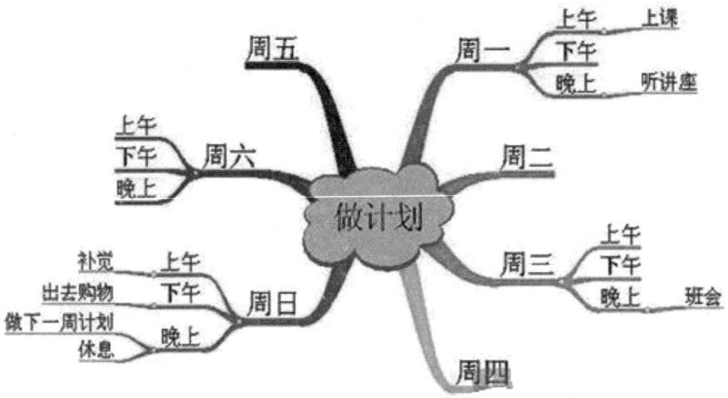

学习思维导图的几个tips：

1. 将思维导图融入日常学习与生活中，尽量多练习，这是最有效、便捷的学习方法。

2. 把学科知识制作成思维导图，贴在家里最显眼的地方，不知不觉就掌握了。

3. 有计划地训练自己的“关键词”搜索和提炼能力。比较好的办法就是每读一篇短文就划出里面的关键词。

4. 每天进步一点点，让自己的导图每一张都比前一张看起来更美。

“为中华之崛起而读书”

同学们，请你阅读周恩来“为中华之崛起而读书”的故事，回答下列问题。

1. 你知道“中华之崛起”是什么意思吗？

____

____

2. 那时的周恩来为什么会有这样的想法？请你把几个原因一一列出来。

____

____

____

3. 现在，请你们和老师一起，画一幅思维导图。你要认真听老师的讲解。现在，请你结合自己的情况，画一张“我为什么而读书”的思维导图。

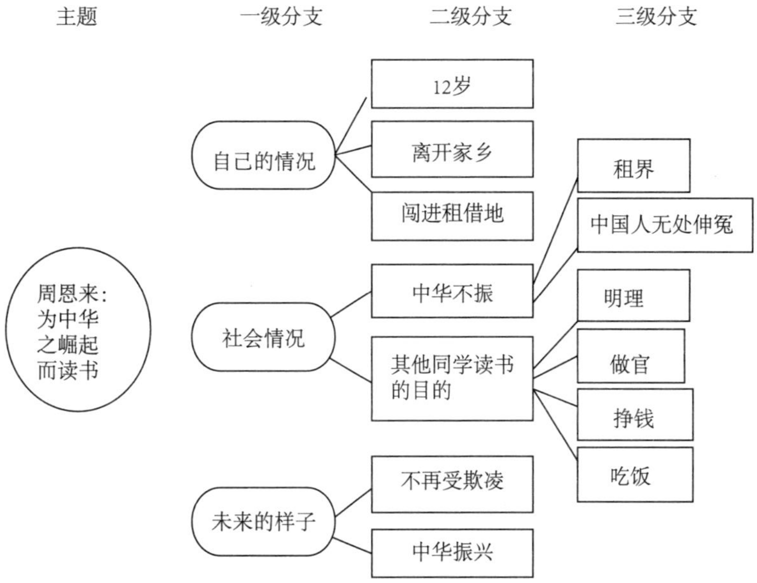

现在，请你以“我为什么而读书”为主题，完成一幅思维导图。

思维导图——《我为什么而读书》

第三课　为中华之崛起而读书（下）

精彩纷呈

同学们，你们的思维导图画好了吗？请为老师和同学展示，并听听他们的建议吧。

本月活动

谈“贡献”，论“价值”

同学们，每一个人、每一个生命都有着自己的“价值”，比如说，蜜蜂一生勤劳采蜜、酿蜜；小狗可以看家护院，或者成为导盲犬、缉毒犬；啄木鸟为大树捉虫，保护树木；而树木则为地球制造更多的氧气，并阻止雾霾。

1. 请你想一想，还有哪些动物或植物为大自然、为社会的贡献力量的例子？

①____

②____

2. 请你从爸爸妈妈的职业，来说说爸爸妈妈对社会或家庭的贡献。比如，妈妈是医生，每天为病人减轻痛苦，救死扶伤。

妈妈：____

爸爸：____

3. 现在，请同学们思考，与低年级的小同学相比，你们拥有哪些优势。

①拥有更多的知识，和自己的想法；

②____

③____

与你的父母相比，你拥有哪些优势呢？

①朝气蓬勃，精力充沛；

②____

③____

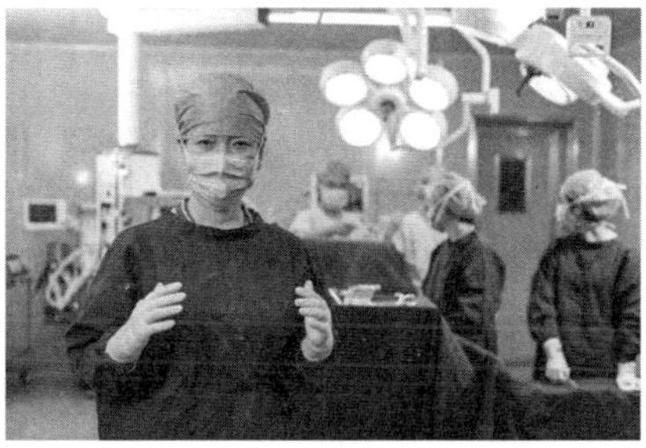

名人轶事

周总理的外交趣事

巧答恶意记者

一次，一位西方记者想要嘲笑中国穷，就说：“请问，中国人民银行有多少资金？”周总理委婉地说：“中国人民银行的货币资金嘛，有18元8角8分。”当他看到众人不解的样子，又解释说：“中国人民银行发行的货币面额为10元、5元、2元、1元、5角、2角、1角、5分、2分、1分等10种主辅人民币，合计为18元8角8分……

“马路”的含义

外国记者不怀好意问周恩来总理：“在你们中国，明明是人走的路为什么却要叫‘马路’呢？”周总理不假思索地答道：“我们走的是马克思主义道路，简称马路。”

低头与抬头

美国代表团访华时，曾有一名官员当着周总理的面说：“中国人很喜欢低着头走路，而我们美国人却总是抬着头走路。” 此语一出，话惊四座。周总理不慌不忙，脸带微笑地说：“这并不奇怪。因为我们中国人喜欢走上坡路，而你们美国人喜欢走下坡路。”

巧怼美国记者

一位美国记者在采访周总理的过程中，无意中看到总理桌子上有一支美国产的派克钢笔。那记者便以带有几分讥讽的口吻问道：“请问总理阁下，你们堂堂的中国人，为什么还要用我们美国产的钢笔呢?”周总理听后，风趣地说：“谈起这支钢笔，说来话长，这是一位朝鲜朋友的抗美战利品，作为礼物赠送给我的。我无功受禄，就拒收。朝鲜朋友说，留下做个纪念吧。我觉得有意义，就留下了这支贵国的钢笔。”美国记者一听，顿时哑口无言。

学唱《中国》

在2018年2月，改革开放40周年之际，中央电视台邀请百位演员携手同唱《中国》，为祖国献礼。

《中国》由知名音乐人郭峰包揽词曲创作，通过这首歌曲传递我们"未敢忘忧国，江山入盛图"的一片丹心。

下面，请你打开以下链接，欣赏贺岁版MV《中国》，并学唱这首歌。

http://ent.qq.com/a/20180223/013246. htm

歌词：

你有一个梦我有一个梦，编织一个美丽的中国；
你有一颗心我有一颗心，永远伴随亲爱的中国；
你有一双眼我有一双眼，遥望辽阔无垠的中国；
你有一段情我有一段情，祝福保佑平安的中国。
中国，是我的祖国，生我养我风雨中走过；
中国，我爱的祖国，给我幸福给我快乐。
你有一双手我有一双手，创造世界奇迹的中国；
你有一份爱我有一份爱，世世代代守护着中国。

《我的成长足迹》

写给祖国母亲的话：

同学们，读了周总理的故事，你有什么感受呢？在旧中国和新中国刚刚起步的时候，我们国家贫穷、落后，但是现在，我们不但解决了温饱，还拥有了很多高科技，像高铁、港珠澳大桥、“新四大发明”等等，全世界人民都在为我们点赞。十月一日是祖国母亲的生日，今天，你有什么话想对她说吗？（你可以写一首诗，也可以送上你的祝福，你的感恩和你的决心、理想）

我的小星星：

亲爱的同学，如果请你给自己在这个月中的表现打分，你会打几分呢？你如何评价自己呢？

请回忆你在这个月里的表现，尝试给自己打分吧！请用红色或黄色来涂一涂上面的五颗星星，也可以两种颜色都使用。其中，每颗红色星星代表20分，每颗黄色星星代表10分。

你给自己打多少分：

你在哪里丢分了呢？

针对以上表现，你觉得后面该怎么做呢？

同学们，在这个月的活动中，大家一起学习、研究，通过合作和分工完成了很多任务。在合作学习的过程中，你对其他同学有哪些中肯的评价呢？请你为他们写下你的评价吧，别忘了，也要请同学为你写评价哟。

我得到的评价：

评价人：

亲爱的同学，你这个月读了哪些书？认识了哪些人物？了解了哪些故事？或者哪一段文字的描写触动了你？请记录一段你的读书感悟吧。

书名：

作者（国籍）：

我的感悟：

同学们，针对自己在这个月的表现，你给自己打了几颗星呢？父母长辈和老师对你的表现有何评论呢？快快请老师和爸爸妈妈帮你做一个整体评价吧。

评价指标	学校表现得分（满分10分）	家庭表现得分（满分10分）
热爱祖国传统文化，积极主动了解家乡、国家时政大事，知晓、正视国家历史和革命历史		
尊老爱幼、文明守纪，同学之间团结互助，待人接物大方得体		
遵守公共秩序，遵守规则，并能劝导周围的伙伴共同履行行为规范		
主动学习，勤于思考，不懂就问，热衷钻研和探究，喜欢和他人交流意见，共同讨论		
具有良好的阅读习惯，有固定的阅读时间，不沉迷网络和手机游戏，讲卫生、爱清洁，具有环保意识		
拥有健康意识，有喜爱和擅长的体育运动项目；自信阳光，积极向上，正确看待挫折和困难，能正确处理与他人的矛盾；拥有正确的是非观		
诚实守信用，不说谎话，信守约定，履行计划，不轻言放弃		
拥有奉献精神，主动帮助他人，热心公益和慈善，具有持续的帮扶救助目标和计划		
具有节约意识，不浪费水电、粮食，不随意丢弃自己的旧物品；不乱花零花钱，有基本的理财观念		
老师评语：		
家长评语：		

三字诀

技——精一技，通百路

“精一技，通百路”，意思是要掌握一门精通的技艺，以便在未来的人生道路上获得成功。我们要养成会学习、会探究、会交往、会沟通的能力；要以正确的心态看待失败，不要害怕失败；要知道“失败是成功之母”的道理，学会总结失败的原因，不断学习和改进。这样，我们才能真正掌握一门技艺，掌握一种本领，未来的成功也一定会属于我们。

“科学技术是第一生产力”，这句话是邓小平爷爷在1988年的时候提出的，意思是科学和技术能够发挥巨大的作用，为我们生活的方方面面服务，解决我们在学习和生活中遇到的难题。比如说，妈妈每天可以用电饭煲为我们煮饭、熬粥、煲汤，既节省了时间，又更方便、更营养、更快捷。再比如，现在人们可以用支付宝、微信等电子方式进行支付了，再也不用担心收到假币、假钱，或者丢失钱包了。你们看，科学技术的力量是不是很强大呀？

作为一名未来的小主人，我们一定要学好科学、用好科学，用科技畅想未来，用科技实现未来、创造未来。

第四课　我的科技中国梦（上）

同学们，掌握一门技能不仅是每个人的安身立业之本，也是我们走向社会、面向世界、探索世界的途径。而找到兴趣，勇于探索、敢于实践，也是掌握技能的必要品质。

在这个"术功月"中，我们将了解我国古代和现代的科技发明和成果，并想象未来科技生活的样子。希望你们通过这个月的学习，能够热爱科学，对科学知识产生浓厚的兴趣，学会观察生活，善于提出问题，勤于思考和探索。希望你们努力学习，踏踏实实地掌握应有的知识和技能，成为未来的"小科学家""小发明家"，为祖国的科技事业发展贡献力量，早早实现你的"科技中国梦"。

"四大发明"的"隔空对话"

亲爱的同学们，我国古代四大发明是劳动人民智慧的结晶，而"新"四大发明则彰显了现代科技的高速发展。今天，我们就一起进行一次"隔空对话"，体会科技发展的魅力。

1. 请你试着完成下面的填空，遇到不会的地方请查阅资料，或者问问老师、同学和爸爸妈妈。

✧ 指南针

指南针（英文名称：＿＿＿＿＿＿）的前身叫＿＿＿＿＿，是我国古代劳动人民在长期的实践中对物体磁性认识的结果。

指南针最早出现在＿＿＿＿时期，样子像一把汤勺，可以放在平滑的"地盘"上并保持平衡，且可以自由旋转。当它静止的时候，勺柄就会指向南方。

✧ 造纸术

东汉时期，＿＿＿＿＿在总结前人经验的基础上，用＿＿＿＿＿、＿＿＿＿＿、＿＿＿＿＿、＿＿＿＿＿＿等作为原料，制造成了适合书写的植物纤维纸，改进了造纸术，才使纸成为人们普遍使用的书写材料。

造纸术在7世纪经朝鲜传到日本。8世纪中叶传到阿拉伯联合酋长国。到＿＿＿＿世纪，欧洲才仿效中国的方法开始设厂造纸。

✧ 火药

火药是中国古代炼丹家发明于__________时期，距今有大约__________年。是一种黑色或棕色的炸药，可供不同用途之需。

✧ 印刷术

中国的印刷术源远流长、传播广远，随中华文化的发展演进。其中，雕版印刷术发明于________朝，后来，宋代的__________发明了活字印刷术。

印刷技术传到欧洲，加速了欧洲社会发展的进程。马克思把印刷术、火药、指南针的发明称为“__________”。

2. 现如今的生活中，处处离不开科技。在2017年，产生了中国“新四大发明”，它们就是高铁、支付宝、共享单车和网购。“新四大发明”是由来自“一带一路”沿线的20国青年评选出来的。这四项发明你都接触过、使用过吗？

科技的发展为我们的日常生活带来了很多快捷和便利。比如说，我们去医院看病时，再也不用排长长的队伍去挂号、缴费了，拿出手机用微信或支付宝扫一扫，就能完成所有的流程。

请你想一想其他例子，说一说“新四大发明”给人们生活带来了哪些方便？

50年后的“四大发明”

现在，让我们一起展望未来吧。想象一下50年后的中国是什么样子的，那个时候的“四大发明”会是什么样的呢？

请你大胆想象，并绘制一幅名为《我的科技中国梦：50年后的中国______》的手抄报，你可以聚焦在某一个领域，比如教育、交通、国防、航天、医疗等等，也可以聚焦在某一个具体的“点”，比如教室、学校、商场、街道、公园等等。

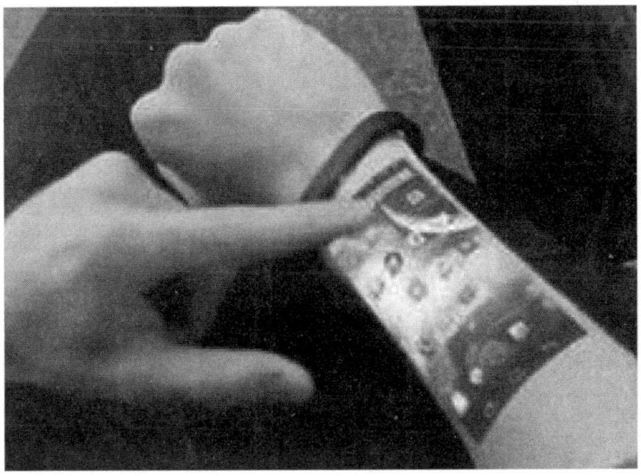

第五课　我的科技中国梦（下）

本月活动

张开探索的翅膀

1. 亲爱的同学，你能说出几个中国古代和现代的科学家的名字呢？你知道他们的贡献吗？他们身上有哪些地方是值得你学习的呢？请选择一位你比较熟悉或喜欢的科学家，简单谈一谈他（她）对祖国做出了哪些贡献，你想要学习他（她）的哪一项优点。

◇他（她）的名字：________________________________

◇他（她）的贡献：________________________________

____

____

◇我想要学习他（她）：

2. 科学精神是人们在科学探究中形成的共同信念、价值标准和行为规范的总称。它一方面约束科学家的行为，是科学家在科学领域内取得成功的保证；另一方面，又代表着有坚持力、不怕困难、不辞辛劳、勇于创新的精神。如“求实精神”，意思是科学要正确反映客观现实，实事求是，不能有主观臆断。

下面，请你尝试着，为以下几个科学精神做一下定义。

求真：

创新：

协作：

3. 下面，让我们来学做几个科学小实验，一起来探讨这些“小魔术”的背后，蕴藏着哪些科学的奥秘。请把实验过程拍摄下来，保存在你的《电子成长档案》里。

［科学实验1］：跳跃的小人儿

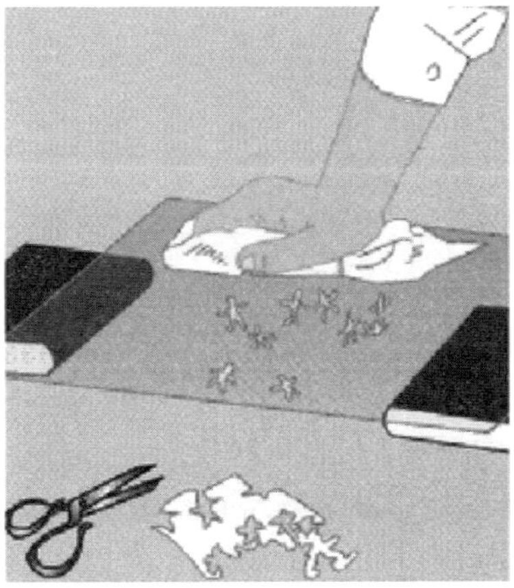

实验方法：用一张白纸剪成一些小纸人儿，将一块玻璃盖于小人儿上面，中间垫上书本，用一块干净的手帕在玻璃上用力擦几下，你会发现什么呢?

结果：小人儿会在玻璃下上下跳跃。

揭秘：手帕在玻璃板上摩擦会生电，可以把小纸人儿吸上来。

你可以剪一些小动物再来试一试。

［科学小实验2］：纸片托水

实验方法：

1. 用针在一张纸片上扎一些孔。

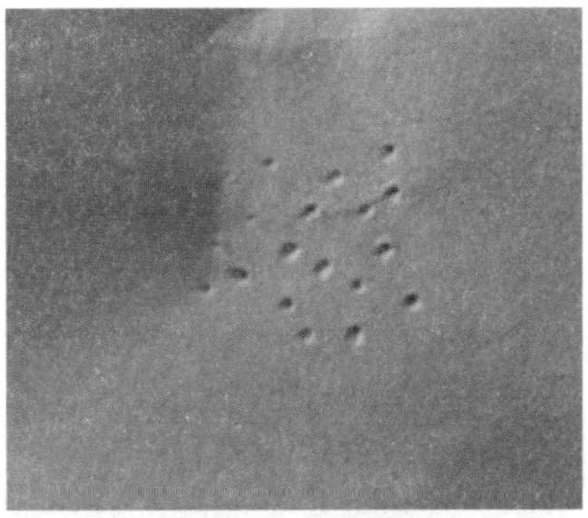

2. 拿一瓶饮料，拧开盖子，将纸片盖在瓶口上，用手压着纸片，瓶口倒转。

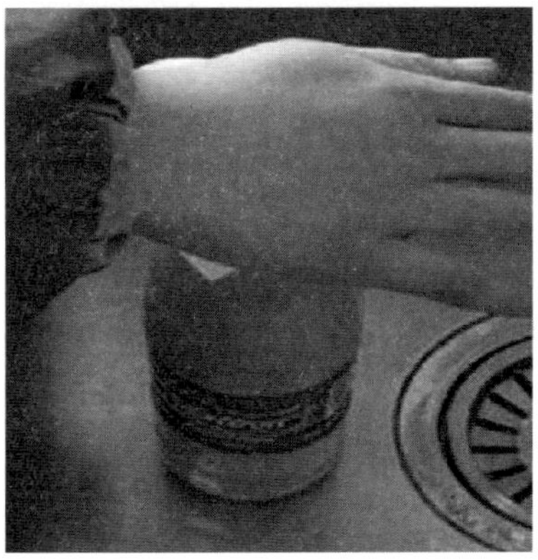

3. 将手慢慢移开。

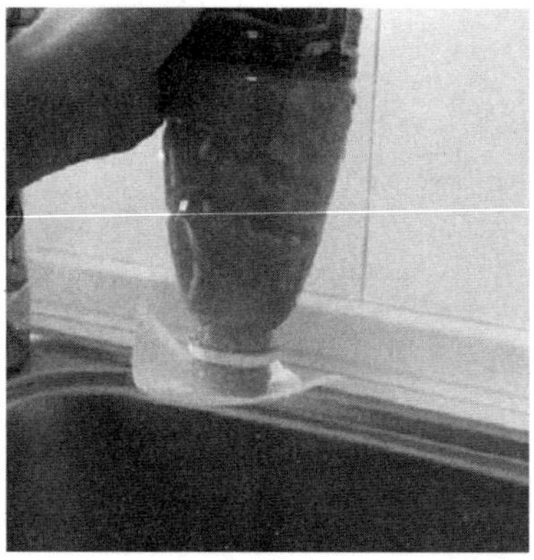

注意：瓶内装水越满效果越好，倒转瓶后手要慢慢移开，以免从缝隙中漏水。

揭秘：大气压给纸片产生了向上的托力，因为水的表面张力，在纸片上通过小孔形成了一层“水膜”，使水不会漏出来。

［科学小实验3］：水中悬蛋

实验方法：

1. 在一支玻璃杯里放三分之一的水，加上食盐，直至盐不能溶化为止。

2. 再准备一碗清水，滴入一两滴蓝墨水，把水染蓝。

3. 取一根筷子，沿着筷子，小心地把杯中的蓝色水慢慢倒入玻璃杯中。

4. 这时，玻璃杯里下部为无色的浓盐水，上部是蓝色的淡水。

5. 动作轻而慢地把一只生鸡蛋放入水里，

结果：鸡蛋沉入蓝水，却浮在无色的盐水上，悬停在两层水的分界处。

揭秘：生鸡蛋的相对密度（比重）比水大，所以会下沉。盐水的相对密度比鸡蛋大，鸡蛋就会上升。

新闻角

港珠澳大桥

港珠澳大桥是连接香港、珠海、澳门的超大型跨海通道，全长55公里，建成后将成为世界最长的跨海大桥。主体工程“海中桥隧”长35. 578公里，其中海底隧道长约6. 75公里。建成后将会为 G4–京港澳高速以及 G94–珠三角环线高速的一部分。

港珠澳大桥沉管隧道是全球最长的公路沉管隧道和全球唯一的深埋沉管隧道，生产和安装技术有一系列创新，为世界海底隧道工程技术提供了独特的样本和宝贵的经验。2017年11月14日，港珠澳大桥主体工程荷载试验完成，全面进入验收期。2018年元旦前夜，世界最长的跨海大桥港珠澳大桥主体全线亮灯，标志着大桥具备通车条件，并在2018年7月1日前正式通车。

《我的成长足迹》

学会科学探究：

算盘是中国古代劳动人民发明创造的一种简便的计算工具。中国是算盘的故乡，在计算机已被普遍使用的今天，古老的算盘不仅没有被废弃，反而因它的灵便、准确等优点，在许多国家方兴未艾。因此，人们往往把算盘的发明与中国古代四大发明相提并论。北宋名画《清明上河图》中赵太丞家药铺柜就画有一架算盘。联合国教科文组织也将算盘纳入了人类非物质文化遗产。

算盘不仅可以做加、减、乘、除法，还能做乘方运算，其中的奥秘就在一些口诀之中。你会打算盘吗？请你找一些算法和口诀，尝试解一一下下面的计算题吧。

15+34−6+88

567−352+128

67 × 43

117 ÷ 13

我的小星星：

亲爱的同学，如果请你给自己在这个月中的表现打分，你会打几分呢？你如何评价自己呢？

请回忆你在这个月里的表现，尝试给自己打分吧！请用红色或黄色来涂一涂上面的五颗星星，也可以两种颜色都使用。其中，每颗红色星星代表20分，每颗黄色星星代表10分。

你给自己打多少分：________________

你在哪里丢分了呢？

____

____

____

针对以上表现，你觉得后面该怎么做呢？

____

____

____

同学们，在这个月的活动中，大家一起学习、研究，通过合作和分工完成了很多任务。在合作学习的过程中，你对其他同学有哪些中肯的评价呢？请你为他们写下你的评价吧，别忘了，也要请同学为你写评价哟。

我得到的评价：

____

____

____

评价人：

____

亲爱的同学，你这个月读了哪些书？认识了哪些人物？了解了哪些故事？或者哪一段文字的描写触动了你？请记录一段你的读书感悟吧。

书名：________________

作者（国籍）：________________

我的感悟：

____

____

____

同学们，针对自己在这个月的表现，你给自己打了几颗星呢？父母长辈和老师对你的表现有何评论呢？快快请老师和爸爸妈妈帮你做一个整体评价吧。

评价指标	学校表现得分（满分10分）	家庭表现得分（满分10分）
热爱祖国传统文化，积极主动了解家乡、国家时政大事，知晓、正视国家历史和革命历史		
尊老爱幼、文明守纪，同学之间团结互助，待人接物大方得体		
遵守公共秩序，遵守规则，并能劝导周围的伙伴共同履行行为规范		
主动学习，勤于思考，不懂就问，热衷钻研和探究，喜欢和他人交流意见，共同讨论		
具有良好的阅读习惯，有固定的阅读时间，不沉迷网络和手机游戏，讲卫生、爱清洁，具有环保意识		
拥有健康意识，有喜爱和擅长的体育运动项目；自信阳光，积极向上，正确看待挫折和困难，能正确处理与他人的矛盾；拥有正确的是非观		
诚实守信用，不说谎话，信守约定，履行计划，不轻言放弃		
拥有奉献精神，主动帮助他人，热心公益和慈善，具有持续的帮扶救助目标和计划		
具有节约意识，不浪费水电、粮食，不随意丢弃自己的旧物品；不乱花零花钱，有基本的理财观念		
老师评语：		
家长评语：		

四字诀

恒——学无涯，贵有恒

“学无涯，贵有恒”，意思是在学习生活中，最可贵的就是要有坚持不懈的恒心和执着的毅力，要养成认真、执着、拼搏进取的习惯。

我们在平时的学习和生活当中，总会遇到一些小困难、小坎坷。如果很容易就退缩、放弃，半途而废，那之前的努力就都付之东流了。只有那些坚持到底、永不放弃的人，才能到达成功的彼岸。

小典故

只要功夫深，铁杵磨成针

唐朝的大诗人李白，小时候不喜欢读书。一天，他趁老师不在屋，悄悄溜出门去玩儿。

他来到山下小河边，见一位老婆婆，在石头上磨一根铁杵。李白很纳闷，上前问：“老婆婆，您磨铁杵做什么？”

老婆婆说：“我在磨针。”李白吃惊地问：“哎呀！铁杵这么粗大，怎么能磨成针呢？”老婆婆笑呵呵地说：“只要天天磨铁杵总能越磨越细，还怕磨不成针吗？”

聪明的李白听后，想到了自己，心中惭愧，转身跑回了书屋。从此，他牢记“只要功夫深，铁杵磨成针”的道理，发奋读书，成为一代文豪。

第六课　争做“勤奋之星”

同学们，这个月是我们的“持恒月”，“持恒”就是要坚持、恒久、有毅力。坚持是获得成功的必要途径和条件，如果遇到困难、难题就轻言放弃，那么我们永远也到达不了成功的彼岸。

在这个月的活动中，我们将了解和学习“诺贝尔奖”及其获奖者的故事，了解他们的获奖历程，看看他们身上有哪些优秀的品质和精神是值得我们学习的。希望你们珍惜时间，勤奋好学，勤于思考，刻苦钻研，掌握正确的学习方法，以积极的心态面对问题、难题，不被困难所吓倒，学会与同学们一起探讨解决办法。

"天才出于勤奋"

勤奋是成功的基础，是中华民族传统的美德。文学家说，勤奋是打开文学殿堂之门的一把钥匙；科学家说，勤奋能使人聪明；政治家说，勤奋是实现理想的基石。

1. 请写出你对"勤奋"的理解。

____

____

2. 请你写出5个形容"勤奋"的成语。

____

____

争做班级"勤奋之星"

1. 请你仔细观察，寻找一位班级最勤奋的同学，并说一说，你要向他（她）学习什么呢？

____

____

____

2. 请制定并列出你的"勤奋计划"。

____

____

____

3. 请制作一张"勤奋卡片"，或为自己写一句"勤奋标语"，贴在书桌上。

我的勤奋标语：

____

"诺奖"知多少

请同学们查阅资料，了解关于诺贝尔奖的知识。

诺贝尔奖（英文：________），是以瑞典著名化学家、硝化甘油炸药的发明人阿尔弗雷德·贝恩哈德·诺贝尔（Alfred Bernhard Nobel）的部分遗产作为基金创立的。诺贝尔奖分设________、________、生理学或医学、文学和____________六个奖项。

诺贝尔奖于____________年首次颁发，包括____________、证书和奖金。

阿尔弗雷德·贝恩哈德·诺贝尔是杰出的化学家、工程师、发明家、企业家。他一生共获得技术发明专利355项。他不仅从事研究发明，而且进行工业实践，兴办实业，在欧美等五大洲20个国家开设了约100家公司和工厂，积累了巨额财富。

在即将辞世之际，诺贝尔立下了遗嘱：

“____

____

____。”

本月活动

用毕生书写勤奋与毅力

同学们，诺贝尔奖是刻苦、钻研、勤奋、智慧的代名词。每一位获奖者身上都有着坚持、不放弃的宝贵品质。

现在，让我们一起来走近诺贝尔获奖者，了解他们的故事，学习他们的科学精神。请同学们小组合作，找出你们心目中“最有毅力、最勤奋”的获奖者，了解和学习他（她）的故事，制作成PPT在课堂上与老师和同学们分享。别忘了把PPT保存到你的《电子成长档案》中。

活动任务单

我的小组成员：
我们研究的获奖者的名字和国籍：
我的分工是：
他（她）所获得的奖项（含年代）：
他（她）的勤奋故事：（研究的思路可以是：如何做到坚持不懈、不放弃，遇到过什么困难，又是如何解决问题、战胜困难的。如何与团队或同伴合作的……）

诺奖轶事

在二战期间，德国科学家劳厄和弗兰克获得1914年和1925年的物理学奖，但是德国纳粹政府要没收他们的诺贝尔奖牌。他们从德国来到丹麦，希望物理学家玻尔（1922年物理学奖得主）帮忙保存。1940年，纳粹德国占领了丹麦，因为担心奖牌被发现，受人之托的玻尔急得团团转。

同在实验室工作的一位匈牙利化学家赫维西(1943年化学奖得主)帮他想了个好主意：将奖牌放入“王水”(盐酸与硝酸混合液)中，纯金奖牌便溶解了。玻尔将溶液瓶放在实验室架子上，来搜查的纳粹士兵果然没有发现这个秘密。

战争结束后，溶液瓶里的黄金被还原后送到斯德哥尔摩，按当年的模子重新铸造，于1949年完璧归赵。当时，弗兰克工作的美国芝加哥市还专门举行了一个隆重的奖牌归还仪式。

《我的成长足迹》

诠释“勤奋”：

如果请你给爸爸妈妈或其他人来讲讲“勤奋”，你怎样通过讲述该获奖人的经历，来告诉别人什么是勤奋呢？

我的小星星：

亲爱的同学，如果请你给自己在这个月中的表现打分，你会打几分呢？你如何评价自己呢？

请回忆你在这个月里的表现，尝试给自己打分吧！请用红色或黄色来涂一涂上面的五颗星星，也可以两种颜色都使用。其中，每颗红色星星代表20分，每颗黄色星星代表10分。

你给自己打多少分：______

你在哪里丢分了呢？

针对以上表现，你觉得后面该怎么做呢？

同学们，在这个月的活动中，大家一起学习、研究，通过合作和分工完成了很多任务。在合作学习的过程中，你对其他同学有哪些中肯的评价呢？请你为他们写下你的评价吧，别忘了，也要请同学为你写评价哟。

我得到的评价：

评价人：

亲爱的同学，你这个月读了哪些书？认识了哪些人物？了解了哪些故事？或者哪一段文字的描写触动了你？请记录一段你的读书感悟吧。

书名：

作者（国籍）：

我的感悟：

同学们，针对自己在这个月的表现，你给自己打了几颗星呢？父母长辈和老师对你的表现有何评论呢？快快请老师和爸爸妈妈帮你做一个整体评价吧。

评价指标	学校表现得分（满分10分）	家庭表现得分（满分10分）
热爱祖国传统文化，积极主动了解家乡、国家时政大事，知晓、正视国家历史和革命历史		
尊老爱幼、文明守纪，同学之间团结互助，待人接物大方得体		
遵守公共秩序，遵守规则，并能劝导周围的伙伴共同履行行为规范		
主动学习，勤于思考，不懂就问，热衷钻研和探究，喜欢和他人交流意见，共同讨论		
具有良好的阅读习惯，有固定的阅读时间，不沉迷网络和手机游戏，讲卫生、爱清洁，具有环保意识		
拥有健康意识，有喜爱和擅长的体育运动项目；自信阳光，积极向上，正确看待挫折和困难，能正确处理与他人的矛盾；拥有正确的是非观		
诚实守信用，不说谎话，信守约定，履行计划，不轻言放弃		
拥有奉献精神，主动帮助他人，热心公益和慈善，具有持续的帮扶救助目标和计划		
具有节约意识，不浪费水电、粮食，不随意丢弃自己的旧物品；不乱花零花钱，有基本的理财观念		
老师评语：		
家长评语：		

五字诀

律——克于己，复于礼

“克己复礼”一词出自孔子的《论语》，意思是要懂得约束、克制，规范自己的言行，不能凡事都以自己为中心，让自己的一言一行符合道德标准和法律的制约。比如说，你在过马路的时候遇到红灯，但是你的面前并没有汽车来往，这个时候，你是选择匆匆跑过马路，还是依然站在原地，等待绿灯亮起再通行呢？如果你选择后者，那么，你就做到“克己复礼”了。

小典故

管宁割席

在汉代，有一个叫管宁的人，他饱读诗书，很有名气。一个叫华歆的人非常敬佩管宁的才华，这天，他长途跋涉，找到了管宁。二人一见如故，相见恨晚，成为好朋友。有一天，二人一起读书，有位达官显贵坐着八抬大轿，前呼后拥地从门前街市经过。管宁对此置若罔闻，依然专心读书，而华歆却扔下书册跑去观看，一脸羡慕。管宁认为华歆是个注重功名的人，不想再和他成为好朋友了，于是，他割开了两人的座席，并说：“子非吾友也。”

第七课　健康运动强体魄

同学们，你们经常做体育锻炼吗？会不会因为学习、读书而忽视了它呢？如果你的答案是肯定的，那么，就请你努力改进，增强体育锻炼吧！因为运动有利于我们骨骼和肌肉的生长，提高抗病能力。而且体育锻炼还能调节学习所产生的紧张情绪，让我们尽快恢复体力和精力，更好地投入到学习中。

体育锻炼还可以陶冶情操，让我们拥有快乐的好心情。俗话说，生命在于运动，让我们积极投入到体育运动中来吧。

健康的运动

在运动之前，让我们先来了解一下什么是健康的运动。

中等强度：“能说不能唱”。你的心跳和呼吸会加快，感觉用力但不吃力；可能会出汗，但不觉得气短难受；可以随着呼吸的节奏连续说话，但不能唱歌。所以，达到“能说不能唱”，就是中等强度运动了。

每天慢跑30分钟是个不错的选择哦。慢跑是一种中等强度的有氧运动，慢跑每分钟消耗10~13大卡的热量（打网球每分钟消耗7~9大卡热量）。关于慢跑，你还知道哪些呢?

运动后该注意什么？不要在风中吹风图凉快，因为这样很容易中风。要尽快找到休息的地方，擦干身上的汗液。还有什么要注意的呢？（如：不要马上吃喝，胃和肺是需要缓解一下的。最好等一会儿再吃喝。）

◇你认为下面的说法正确吗？请小组讨论，并尝试写下你的回答。

1. 我每天上下学走路40分钟，运动量足矣，不需要再锻炼了：

2. 学生阶段以学习为主，等毕业不忙了再锻炼：

3. 我每天认真上体育课，所以就不用再锻炼了吧：

4. 我身体倍棒，吃嘛嘛香，所以我不需要锻炼了：

本月活动

亲子活动——排除万难

现在，让我们一起制定一份《我的每日达标计划》吧。请你根据自己的爱好、作息规律和身体情况，结合爸爸妈妈的建议，为自己选择几个达标的项目，也就是你选择做哪些运动。然后，再制定各项运动的强度。你可以画一张表格，也可以用文字来说明。你的计划中要包括但不限于：达标项目和达标强度（如仰卧起坐，5个；跳绳，10分钟），监督人，达标日起止时间（可分阶段），口号等。

小提示：如果锻炼的过程中你感到了疼痛，那就要及时收手。但如果只是感到酸痛，那就没事；酸痛意味着锻炼正在强化你的肌肉。如果你开始感觉关节和/或骨骼有严重疼痛感，请马上停止锻炼。

《我的每日达标计划》

亲子活动——雷打不动

同学们，愉快的寒假就要到了，这个寒假你打算如何度过呢？出去旅行、遨游世界，还是看望亲朋好友？不管怎样，在假期生活中，我们仍然要养成良好的作息规律，预防“假期综合症”。下面，我们来制定一份《我的假期健康作息表》。请你根据自己的假期安排来“自定义”，同时也要征求爸爸妈妈的意见。你要安排好起床、学习、读书、吃饭、锻炼、娱乐、睡觉等时间。最关键的，就是要坚持执行，“雷打不动”。

《我的假期健康作息表》

自制哑铃

准备两个装饮料的瓶子，将瓶中注满沙子或者是水泥，重量与你的承受力要相当。找一根结实的木条或塑料管、钢条，将两端分别插进两个瓶口，用胶布将瓶口封住。木条或钢条中间也可以缠上胶布或布条，使手感更舒服。

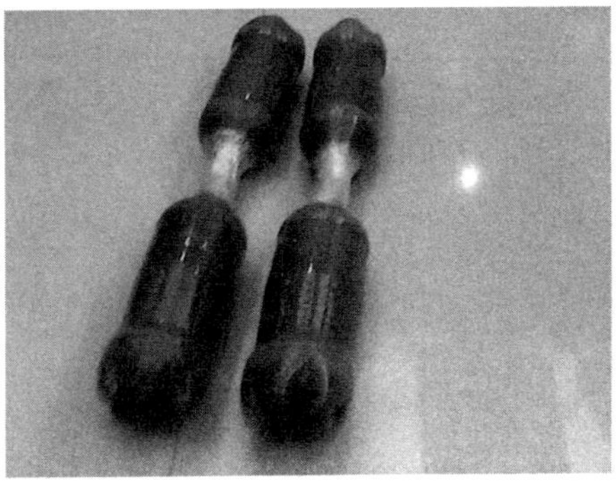

《我的成长足迹》

我对“律”的感悟：

请同学们说一说“健康运动”和“律”的关系是怎样的？

____

____

____

____

我的小星星：

亲爱的同学，如果请你给自己在这个月中的表现打分，你会打几分呢？你如何评价自己呢？

请回忆你在这个月里的表现，尝试给自己打分吧！请用红色或黄色来涂一涂上面的五颗星星，也可以两种颜色都使用。其中，每颗红色星星代表20分，每颗黄色星星代表10分。

你给自己打多少分：______________________________

你在哪里丢分了呢？

____

____

____

针对以上表现，你觉得后面该怎么做呢？

____

____

____

____

同学们，在这个月的活动中，大家一起学习、研究，通过合作和分工完成了很多任务。在合作学习的过程中，你对其他同学有哪些中肯的评价呢？请你为他们写下你的评价吧，别忘了，也要请同学为你写评价哟。

我得到的评价：

____

____

____

评价人：

亲爱的同学，你这个月读了哪些书？认识了哪些人物？了解了哪些故事？或者哪一段文字的描写触动了你？请记录一段你的读书感悟吧。

书名：

作者（国籍）：

我的感悟：

同学们，针对自己在这个月的表现，你给自己打了几颗星呢？父母长辈和老师对你的表现有何评论呢？快快请老师和爸爸妈妈帮你做一个整体评价吧。

评 价 指 标	学校表现得分（满分10分）	家庭表现得分（满分10分）
热爱祖国传统文化，积极主动了解家乡、国家时政大事，知晓、正视国家历史和革命历史		
尊老爱幼、文明守纪，同学之间团结互助，待人接物大方得体		
遵守公共秩序，遵守规则，并能劝导周围的伙伴共同履行行为规范		
主动学习，勤于思考，不懂就问，热衷钻研和探究，喜欢和他人交流意见，共同讨论		
具有良好的阅读习惯，有固定的阅读时间，不沉迷网络和手机游戏，讲卫生、爱清洁，具有环保意识		
拥有健康意识，有喜爱和擅长的体育运动项目；自信阳光，积极向上，正确看待挫折和困难，能正确处理与他人的矛盾；拥有正确的是非观		
诚实守信用，不说谎话，信守约定，履行计划，不轻言放弃		
拥有奉献精神，主动帮助他人，热心公益和慈善，具有持续的帮扶救助目标和计划		
具有节约意识，不浪费水电、粮食，不随意丢弃自己的旧物品；不乱花零花钱，有基本的理财观念		
老师评语：		
家长评语：		

六字诀

责——尽己责，担道义

助人为乐，是中华民族的传统美德。意思是在帮助别人的同时，自己也感到精神愉悦。正直善良的人会主动、无私地帮助别人，体现了和谐社会的本质以及良好的社会风气，也体现了一个人的精神境界，是一种良好的道德行为和道德情感。

我国古代先贤们有许多关于助人为乐、成人之美的处世格言，如“忽己之慢，成人之美”，“贵人而贱己，先人而后己”，“趋人之急，甚于己私”，“悯济人穷”等。两千年前，墨子就曾倡导：“摩顶放踵，利天下为之。”意思是说，对别人有利的事，即使从头顶到脚跟都受到损伤，也要做。这种精神也就是我们所提倡的“毫不利己、专门利人”的精神。

助人为乐要有一种忘我的奉献精神，并把它贯穿在自己的生活中，作为为人处世的一种准则。一个人的潜力有大小，但只要有了助人为乐的品德，就能成为一个高尚的人，一个有道德的人。

第八课 我爱大美森林（上）

森林是人类的绿色家园。森林的作用有很多，人类的吃、穿、住都离不开森林。你去过森林吗？你知道森林里都有哪些鸟类和动植物吗？

三月二十一日为“世界森林日”。在“职守月”中，我们将前往我国10个郁郁葱葱、广袤无垠又风景如画的森林，看看那里有什么珍禽异兽，有哪些美丽的风景，蕴含着什么样的风土人情。

同时，我们也将学习有关森林方面的知识，了解森林的功能和益处。希望你在学完这门课程以后，不仅了解我们主要的森林分布，更重要的是，要承担起保护森林的职责，并把这份责任落实在日常生活中。也倡导身边的家人、朋友一起加入保护森林、爱护“绿色”的行动中来，共同维护我们的大美森林。

探寻绿色宝藏

我国的大美森林

同学们，你们去过森林吗？你们知道森林里都有哪些植被，有哪些小动物吗？你去过哪些森林公园？中国有很多美丽、富饶的森林，今天，让我们一起走进大美森林吧。

莫尔道嘎国家森林公园

位于内蒙古自治区呼伦贝尔市，占地面积为148324公顷。森林风景资源独具北国特色，保存着我国最后一片寒温带明亮针叶原始林景观，是人们清凉避暑、休闲度假、生态考察和体验寒冷、挑战极限、体味人生的理想境地。

西双版纳原始森林公园

位于景洪以东、澜沧江以北。该园是在25000亩热带沟谷雨林的基础上创建，园内森林覆盖率超过98%，是个天然的大氧吧。公园以自然、生态、环保、休闲、健康等为理念，通过冬季的民族年俗文化季、春季的孔雀文化季、夏季的雨林文化季和秋季的民族服饰季予以体现。

张家界国家森林公园

位于湖南省西北部张家界市境内，是中国第一个国家森林公园。1992年12月，因奇特的石英砂岩大峰林被联合国列入《世界自然遗产名录》。公园自然风光以峰称奇、以谷显幽、以林见秀。其间有奇峰3000多座，如人如兽、如器如物，形象逼真，气势壮观，有“三千奇峰，八百秀水”之美称。

九寨国家森林公园

位于四川省九寨沟县境内，地处世界自然遗产九寨沟与黄龙之间，处于“大九寨”国际旅游区的核心区域。园区面积大，是中国十大国家级公园之一。面积37000公顷，包括神仙池和甘海子两大旅游景区。

普达措国家公园

位于滇西北“三江并流”世界自然遗产中心地带，由国际重要湿地碧塔海自然保护区和“三江并流”世界自然遗产哈巴片区之属都湖景区两部分构成，以碧塔海、属都湖和弥里塘亚高山牧场为主要组成部分，也是香格里拉旅游的主要景点之一。

瓦屋山国家森林公园

位于四川盆地西沿的眉山市洪雅县境内，植被资源丰富，绿地面积超过95%，以落叶乔木等为主，由瓦屋山原始森林猎奇探险景区、玉屏人工林海度假区、八面山寻古揽胜区等系列景区组成，是全国重点生态景区、全国文明森林公园。

神农架国家级自然保护区

位于湖北省西北部，神农架林区的西南部。主要保护对象为北亚热带山地森林生态系统及特有、珍稀物种，如栱桐、金丝猴等 。

2016年7月，湖北神农架被正式列入《世界遗产名录》，湖北神农架也成为中国首个获得联合国教科文组织人与生物圈自然保护区、世界地质公园、世界遗产三大保护制度共同录入的"三冠王"名录遗产地。

本月活动

"绿色"代言人

同学们，上面介绍的几个森林和公园是不是很美呢？你想去吗？这些地方都有着太多的美丽，等着你去发现。

下面，请你和小组同伴一起合作，选择其中的一个森林或公园研究制定一套旅游手册，手册的名字叫《来××森林/公园旅游的十个理由》。通过这个手册，我们可以帮助更多的人了解我国优秀的森林资源。

活动引导

手册中要包含以下几个要素，你们也可以自由发挥，增加其他内容：

◇地理位置：位于哪个省市/自治区，有哪些地理特色；

◇森林覆盖率；

◇植被：植被的名称、特色，图文展示植被的形状；

◇野生动物：有哪些有特色的动物，包括动物、鸟类、昆虫等；

◇著名景观：森林或公园内的著名的、有特色的景点；

◇风土人情：当地的民族特色、生活习惯、习俗等；

◇人文传说：森林/公园所拥有的历史典故、传说等；

◇最佳旅游季节；

……

请你们利用互联网等途径，充分了解这些森林的现状、特色等，要把“十个理由”介绍清楚。如果遇到不明白的地方，一定要向老师或家长请教。请你填写下表，并把你的研究成果做成PPT，在课堂上与老师和同学们分享、交流。

《来________森林/公园旅游的十个理由》

理由一	
理由二	
理由三	
理由四	
理由五	
理由六	
理由七	
理由八	
理由九	
理由十	

第九课　我爱大美森林（下）

地球之肺

同学们，森林被人们称为“地球之肺”，它不仅可以调节二氧化碳和氧气的平衡，还能起到净化空气的作用。请你找找相关材料，看看森林还有哪些功能。

____

____

____

爱护森林，从节约用纸开始

同学们，你们知道纸张与森林的关系吗？——制造3000张纸就会毁掉一棵20年的老树。所以，我们在日常生活中要注意节约用纸。

1. 请你观察生活中的用纸情况，看看哪些行为会造成纸张的浪费。

◇宣传、广告纸随手扔掉；

◇用全新的纸张包书皮；

◇______

◇______

◇______

2. 为了保护森林、保护绿色，生活中有什么好的“妙招”能帮助我们节约用纸呢？

◇一张纸用完一面后，接着使用另一面；

◇多用手帕，少用纸巾；

◇______

◇______

◇______

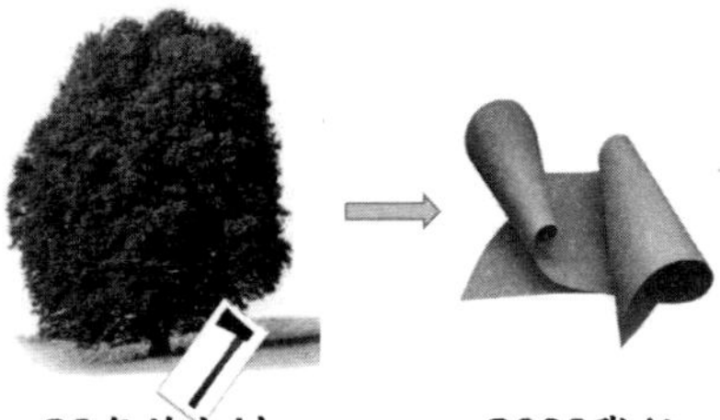

开心辞典——环保知识小问答

1. 选择题：

◇哪一种植物被誉为“植物中的熊猫”？（　）

A. 银杉　　B. 金钱松　　C. 银杏　　D. 樟树

◇哪一种鸟擅长捕捉田鼠，对农业益处很大？（　）

A. 白鹭　　B. 啄木鸟　　C. 燕子　　D. 猫头鹰

◇绿色购物，我们应该选择购买（　）

A. 大包装的商品　　B. 小包装的商品

C. 一次性用品　　D. 附带广告宣传材料的商品。

◇一般认为，我国酸雨形成的主要原因是（　）等酸性气体进入大气后，逐步形成的酸性降水。

A. 氯氟烃　　B. 二氧化碳　　C. 二氧化硫　　D. 盐酸

◇臭氧是一种天蓝色、有臭味的气体，在大气圈平流层中的臭氧层可以吸收滤掉太阳光中大量的（　），有效保护地球生物的生存。

A. 紫外线　　B. 红外线　　C. 可见光　　D. 热量

◇在下列回收废品中，如果没有回收，对环境造成危害最大的是（　）

A. 废纸　　B. 废玻璃　　C. 废电池

◇我国水资源分布不平衡，南多北少、东多西少、夏多冬少，人均水资源仅为世界人均量的（ ）

A. 二分之一　　B. 三分之一　　C. 四分之一　　D. 五分之一

◇冬天用煤火取暖或用热水器时，如果排气不良，就会发生煤气中毒事件，这实际是指什么中毒？（ ）

A. 一氧化氮　　B. 一氧化碳　　C. 二氧化碳　　D. 二氧化硫

2. 连线题：

中国植树节	3月22日
世界地球日	3月25日
世界无烟日	3月12日
世界水日	4月22日
世界环境日	5月31日
中国环境日	6月5日

3. 判断题：

◇汽车尾气是全球范围最严重的铅污染源。（ ）

◇黄河是世界含沙量最大的河流。（ ）

◇垃圾不是一种很有开发价值的资源。（ ）

◇发生赤潮说明海洋遭到了污染。（ ）

◇地球上一切生物的食物、能量和氧的来源是光合作用。（ ）

世界之窗

世界森林的分布情况

热带雨林

南美洲亚马孙流域是世界上最广阔的热带雨林区，非洲刚果盆地、几内亚湾、马达加斯加岛也有分布，还有亚洲马来群岛、马来半岛、菲律宾岛南部、印度半岛西南南部、斯里兰卡等地亦有分布。

亚热带常绿阔叶林

主要分布在亚热带地区的大陆东岸、东部地区。我国秦岭淮河以南的广大地区是世界上最大的分布地区，日本和朝鲜南部，美国的佛罗达半岛，墨西哥北浊和巴西东南、澳大利亚东南部也有分布。

温带混交林和温带落叶阔叶林

主要分布在亚洲东部，包括中国东北、华北、朝鲜和日本北部、俄国萨哈林岛等地，西欧和中欧受海洋性气候影响的暖湿地区，北美洲五大湖以南密西西比河流域向东至大西洋沿岸。

《我的成长足迹》

我爱森林：

同学们，你们的《旅游手册》完成得怎么样？通过这个活动，我们不仅了解了我国的森林资源，还帮助更多的人了解、珍惜和保护这些绿色宝库。请结合这个月的学习，谈谈自己对“责”和“助人为乐”的理解。

我的小星星：

亲爱的同学，如果请你给自己在这个月中的表现打分，你会打几分呢？你如何评价自己呢？

请回忆你在这个月里的表现，尝试给自己打分吧！请用红色或黄色来涂一涂上面的五颗星星，也可以两种颜色都使用。其中，每颗红色星星代表20分，每颗黄色星星代表10分。

你给自己打多少分：

你在哪里丢分了呢？

针对以上表现，你觉得后面该怎么做呢？

同学们，在这个月的活动中，大家一起学习、研究，通过合作和分工完成了很多任务。在合作学习的过程中，你对其他同学有哪些中肯的评价呢？请你为他们写下你的评价吧，别忘了，也要请同学为你写评价哟。

我得到的评价：

评价人：

亲爱的同学，你这个月读了哪些书？认识了哪些人物？了解了哪些故事？或者哪一段文字的描写触动了你？请记录一段你的读书感悟吧。

书名：

作者（国籍）：

我的感悟：

同学们，针对自己在这个月的表现，你给自己打了几颗星呢？父母长辈和老师对你的表现有何评论呢？快快请老师和爸爸妈妈帮你做一个整体评价吧。

评价指标	学校表现得分（满分10分）	家庭表现得分（满分10分）
热爱祖国传统文化，积极主动了解家乡、国家时政大事，知晓、正视国家历史和革命历史		
尊老爱幼、文明守纪，同学之间团结互助，待人接物大方得体		
遵守公共秩序，遵守规则，并能劝导周围的伙伴共同履行行为规范		
主动学习，勤于思考，不懂就问，热衷钻研和探究，喜欢和他人交流意见，共同讨论		
具有良好的阅读习惯，有固定的阅读时间，不沉迷网络和手机游戏，讲卫生、爱清洁，具有环保意识		
拥有健康意识，有喜爱和擅长的体育运动项目；自信阳光，积极向上，正确看待挫折和困难，能正确处理与他人的矛盾；拥有正确的是非观		
诚实守信用，不说谎话，信守约定，履行计划，不轻言放弃		
拥有奉献精神，主动帮助他人，热心公益和慈善，具有持续的帮扶救助目标和计划		
具有节约意识，不浪费水电、粮食，不随意丢弃自己的旧物品；不乱花零花钱，有基本的理财观念		
老师评语：		
家长评语：		

七字诀

识——学而思，思而行

“学而思，思而行”，这句话的意思是指思考是读书、学习的深化，我们要学会在学习中有所思、有所悟，将学到的知识真正心领神会，成为自己的本领。

《论语》中有一句话叫“学而不思则罔，思而不学则殆”，这是孔子所提倡的一种读书和学习的方法。其中，“学而不思则罔”指的是如果一味地读书而不会思考，那么就无法理解书本的意义，不能更好地运用书本中的知识；只有把学习和思考结合起来，才能学到切实有用的知识，否则就会收效甚微。

所以，我们不能只是死记硬背，要学会思考和理解书本的内涵，做到活学活用、融会贯通，这样才能真正达到读书、学习的目的。

关于“读书”的名言：

书是人类进步的阶梯。——高尔基

生活里没有书籍，就好像没有阳光；智慧里没有书籍，就好像鸟儿没有翅膀。——莎士比亚

读一本好书，就是和许多高尚的人谈话。——歌德

发奋识遍天下字，立志读尽人间书。——苏轼

我一生的嗜好，除了革命外，只有好读书。我一天不读书，便不能生活。——孙中山

第十、十一、十二、十三课　话苍穹，观航天

同学们，四月是我们的“博雅月”，同时也是一个“航天月”，因为在四月里有两个“航天日”——“中国航天日”和“世界航天日”。

因此，在这个月的活动中，我们既会前往中国航天博物馆参观、学习，还将学习关于天空、宇宙的知识，阅读相关的文学作品、书籍，并尝试探索宇宙的奥秘。

希望通过这节课的学习，能够丰富你的学识，使你产生阅读“蓝天”、探索宇宙的兴趣。同时，能够跟随人类利用科技探索宇宙的脚步，了解中国和世界航天事业的蓬勃发展。

希望你的目光能够放眼世界，你的胸怀能够海纳百川，希望今后的你，能够成为一个有见识、有气量、有风度的“仁才”。

“江天空阔云容漫”

天空，是离我们最近又最远的地方，抬抬头，它就在头顶，可伸出手，却是那么遥不可及。我们常常会看向窗外的天空思考，开心的时候会仰头大笑，失落时，也会看着天空发呆。

1. 其实，古人也喜欢仰望天空，做出各种思考和感悟，也留下了许多传世佳作。

◇你明白上面的“江天空阔云容漫”是什么意思吗？出自哪首诗？你知道它的作者是谁吗？请你找找相关资料，尝试写下答案。

____

____

____

◇请你选择两首描写天空的诗句进行抄录，领略古诗中的“苍穹之美”。

①______________________________

____

____

②______________________________

____

____

2. 你能写出十个“天空”的近义词吗？请试一下吧。如果有困难，就请爸爸妈妈帮忙哦。

____

____

3. 星空是另一种苍穹之美，闪烁的群星伴着皎洁的月光，呈现着曼妙、神秘之美。你阅读过的现代文学作品里，有哪些描写“星空”的佳篇佳句？请摘抄在横线上。

①______________________________

____

②______________________________

____

4. 请你按照如下要求，拍摄两张照片。

①美丽的云朵；

②请同学或家长为你拍摄一张“拥抱蓝天”的照片。

宇宙有多大

1. 相信大家都会唱《七色光》这首儿歌，那么太阳的光彩究竟是哪七种颜色呢？为什么天空是蓝色的呢？请写下你的答案。

____

____

____

2. 人们经常用“浩瀚”来形容宇宙，那么，宇宙到底有多大？宇宙的边缘在哪里？宇宙是如何形成的？这些问题是一代又一代科学家和天文爱好者们探究的问题。请你查阅相关资料，了解宇宙的形成和起源，并简单说说你的收获。

____

____

____

3. 请你按照离太阳的距离从近到远的顺序，写出太阳系“八大行星”的名字，并画出相应的符号。

水星（　）、__________、__________、__________、__________、__________、__________、__________。

◇八大行星的通常记法是：“水金地火木土天海”，虽然有些长但是很好记。

还有一种记法，虽然有些牵强，但是更容易记忆：“水晶球，火烧木，变成了土，天涯海角。”

你更倾向哪种记忆方法？你还能编写出更好记的句子吗？

____

____

____

4. 你读过哪些关于外星人的文学作品吗？作品中外星人长什么样？它们从哪里来？到地球做什么呢？

◇你从这些作品里学到了哪些科学知识呢？受到了哪样的启发？

◇对于外星人是否存在，你的观点是什么？你为什么会这样认为呢？

航天日观航天

世界航天日

1961年4月12日“东方1号”发射升空，苏联宇航员尤里·加加林首次登上宇宙飞船遨游太空，绕地球飞行一周后返回地面。加加林的壮举实现了自古以来人类飞天的梦想，开启了人类探索太空的新纪元，使人类能够从一个新视角对宇宙及其生活的星球有更好的了解。

在纪念人类首次太空飞行50周年之际，联合国通过决议，决定将每年的4月12日定为“载人空间飞行国际日”，也叫“世界航天日”，并强调外层空间属于全人类，应确保外层空间的和平利用。

中国航天日

1970年4月24日，中国第1颗人造地球卫星“东方红1号”发射成功，拉开了中国人探索宇宙奥秘、和平利用太空、造福人类的序幕。因此，国务院决定将每年的4月24日设立为“中国航天日”，以弘扬航天精神，普及航天知识，激发全民探索创新的热情。

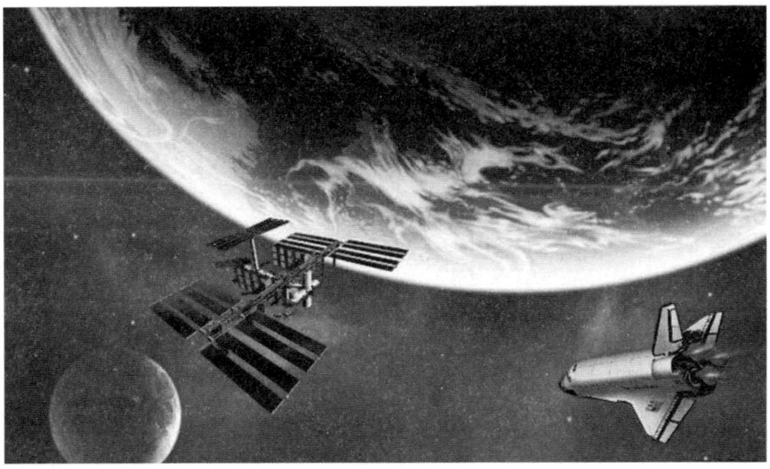

太空探索记

国际空间站

国际空间站是一个由六个国际主要太空机构联合推进的国际合作计划。这六个太空机构分别是美国国家航空航天局、俄罗斯联邦航天局、欧洲航天局、日本宇宙航空研究开发机构、加拿大国家航天局和巴西航天局。参与该计划的共有16个国家或地区组织，中国想参与国际空间站却遭到美国的反对，所以中国没有成为国际空间站的启动方。

天宫

中国在航天技术领域的发展并没有因别人的封锁而停止。随着天宫一号、天宫二号的升空，中国人让全世界看到了未来国际空间合作的新契机。由于国际空间站将在2024年退役，西方一些国家宇航界希望中国的空间站能如期建成，为太空实地科研提供可能。与天宫一号相比，天宫二号更“宜居”。它采用实验舱和资源舱两舱构型，具备支持2名航天员在轨工作、生活30天的能力。

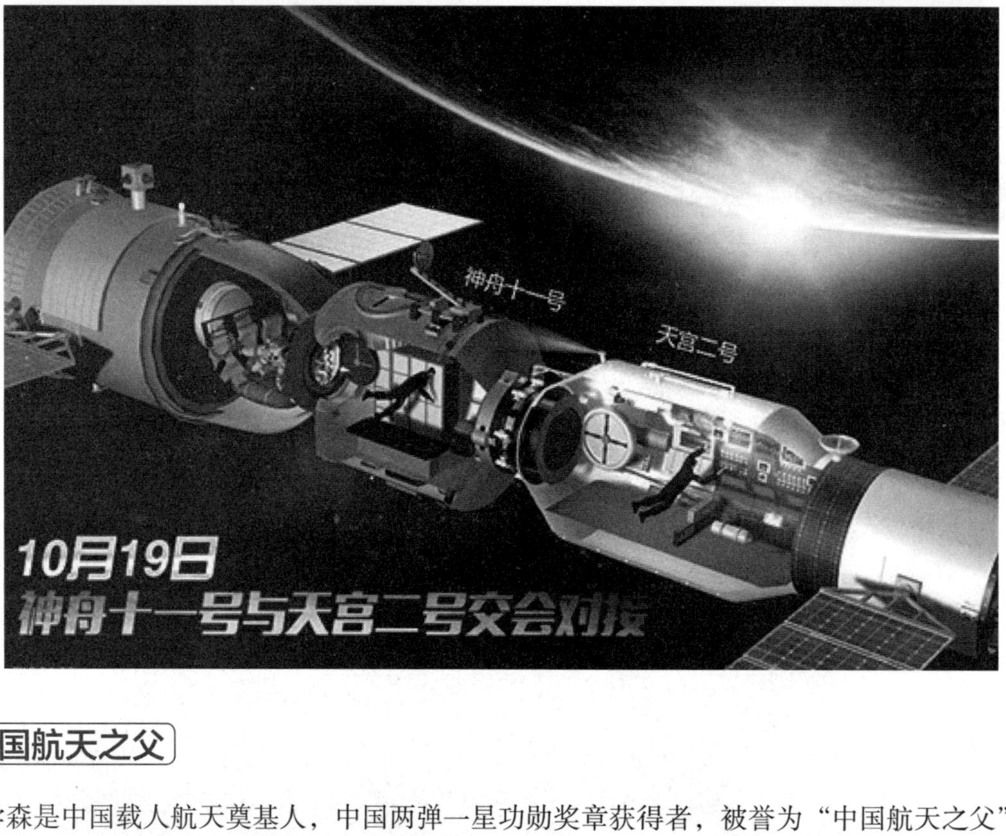

中国航天之父

钱学森是中国载人航天奠基人，中国两弹一星功勋奖章获得者，被誉为“中国航天之父”“中国导弹之父”“中国自动化控制之父”和“火箭之王”，也是世界著名科学家、空气动力学家。由于钱学森的回国效力，中国导弹、原子弹的发射向前推进了至少20年。

请你查阅资料，充分了解钱学森的生平故事，尝试为其写一篇小传记。你的介绍要有主次、重点，事实陈述要客观，并有自己的主观评价。

世界之窗

“重型猎鹰”运载火箭

美国东海岸时间2018年2月6日16点45分，“重型猎鹰”（Falcon Heavy，简称FH）携带一辆红色2008款特斯拉Roadster跑车成功发射升空，纵观人类的整个航天史，这次发射具有里程碑意义。

这是目前全球现役运载能力最强的火箭（LEO轨道载荷达到63. 8吨），它的3枚火箭助推器全部能够实现回收再利用。SpaceX公司还为其打造了一个“虚拟乘客”，并且被摆成了像在郊外兜风一样的造型。根据SpaceX的计算，这辆Roadster在进入“地球—火星”转移轨道之后，将在太阳系内长时间飞行，如果没有任何意外的话（其他物体在轨道上撞击），这辆车将会在宇宙中飞行超过10亿年。

赏心悦目

同学们，你们想知道宇航员们在太空的生活是什么样的吗？除了会失重，“飘”在太空舱里，他们的饮食起居都是怎样的呢？

2016年10月，中国航天员景海鹏、陈冬进入天宫二号，把每天的工作、生活安排得井井有条。因为与地面的昼夜更替不同，天宫二号每90分钟就绕地球飞行一圈，因此航天员一天24小时中，要经历16次日出日落。尽管如此，他们在“天宫”中的作息，依旧按照北京时间进行，白天进行工作，夜晚以休息为主。下面，就请你利用网络，找一找关于“天宫日志”的材料，看看他们的生活是怎样的吧。

本月活动

参观中国航空博物馆

同学们，今天，我们参观了中国航空博物馆，你都学习到了什么呢？有哪些感悟呢？请你写一篇观后感，谈谈你的感想。你拍摄了好看的照片吗？别忘了保存在你的《电子成长档案》里。

《我的成长足迹》

我爱中国航天：

1992年9月21日，中国载人航天工程被正式批准，因此也被命名为“921工程”。“921工程”启动伊始，便确立了“三步走”发展战略。随着“天宫二号”的升空，我国载人航天工程将走完第二步。请你查阅资料，了解中国航天“三步走”的具体内容。

我的小星星：

亲爱的同学，如果请你给自己在这个月中的表现打分，你会打几分呢？你如何评价自己呢？

请回忆你在这个月里的表现，尝试给自己打分吧！请用红色或黄色来涂一涂上面的五颗星星，也可以两种颜色都使用。其中，每颗红色星星代表20分，每颗黄色星星代表10分。

你给自己打多少分：

你在哪里丢分了呢？

针对以上表现，你觉得后面该怎么做呢？

同学们，在这个月的活动中，大家一起学习、研究，通过合作和分工完成了很多任务。在合作学习的过程中，你对其他同学有哪些中肯的评价呢？请你为他们写下你的评价吧，别忘了，也要请同学为你写评价哟。

我得到的评价：

评价人：

亲爱的同学，你这个月读了哪些书？认识了哪些人物？了解了哪些故事？或者哪一段文字的描写触动了你？请记录一段你的读书感悟吧。

书名：

作者（国籍）：

我的感悟：

同学们，针对自己在这个月的表现，你给自己打了几颗星呢？父母长辈和老师对你的表现有何评论呢？快快请老师和爸爸妈妈帮你做一个整体评价吧。

评价指标	学校表现得分（满分10分）	家庭表现得分（满分10分）
热爱祖国传统文化，积极主动了解家乡、国家时政大事，知晓、正视国家历史和革命历史		
尊老爱幼、文明守纪，同学之间团结互助，待人接物大方得体		
遵守公共秩序，遵守规则，并能劝导周围的伙伴共同履行行为规范		
主动学习，勤于思考，不懂就问，热衷钻研和探究，喜欢和他人交流意见，共同讨论		
具有良好的阅读习惯，有固定的阅读时间，不沉迷网络和手机游戏，讲卫生、爱清洁，具有环保意识		
拥有健康意识，有喜爱和擅长的体育运动项目；自信阳光，积极向上，正确看待挫折和困难，能正确处理与他人的矛盾；拥有正确的是非观		
诚实守信用，不说谎话，信守约定，履行计划，不轻言放弃		
拥有奉献精神，主动帮助他人，热心公益和慈善，具有持续的帮扶救助目标和计划		
具有节约意识，不浪费水电、粮食，不随意丢弃自己的旧物品；不乱花零花钱，有基本的理财观念		
老师评语：		
家长评语：		

八字诀

合——尚和合，求大同

亲爱的小朋友们，习近平主席提出了“讲仁爱、重民本、守诚信、崇正义、尚和合、求大同”这句话，你明白这句话的意思吗？这句话说的都是我们中华民族的传统文化，其中也表达了社会主义核心价值观的思想，比如说诚信、和谐。

在这句话里，“尚和合，求大同”讲述的是我们国家的社会理想和民族精神。“和合”精神与社会主义核心价值观的“和谐”是完全一致的。“和谐”描述的是一个美好社会的样子，而“合作”正是要达到这个样子的根本精神和美德。“大同”则是古人所描绘的完美社会，是中国古人的“中国梦”，指人人友爱互助、家家安居乐业、没有贫富差距、没有战争，充满真正的自由、平等、文明、和谐。正如习近平爷爷指出的那样：“实现中华民族伟大复兴的中国梦，就是要实现国家富强、民族振兴、人民幸福，既深深体现了今天中国人的理想，也深深反映了中国人自古以来不懈追求进步的光荣传统。”

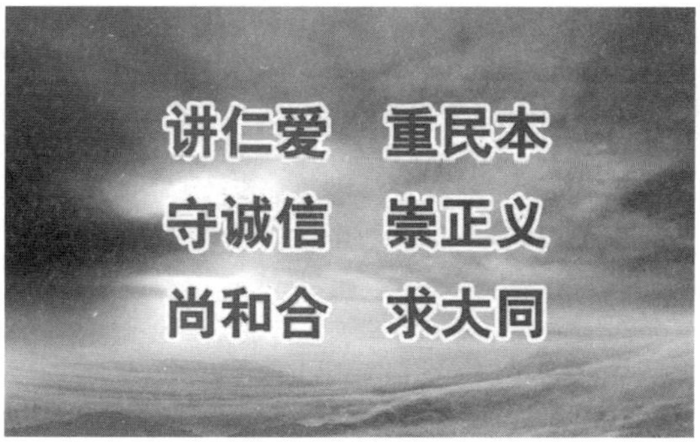

第十四课　我用彩笔画北京

同学们，在这个“尚合月”中，我们将开展“师生共画首都美”活动，你将和小组的同学们、老师共同绘制一幅展现北京之美的画作。在绘画中体会北京的美丽，包括北京的古老之美和现代之美。

你还能了解关于北京的常识，了解它的历史，学习什么是北京的“中轴线”。

希望你通过这次活动，能够了解北京、热爱北京，热爱祖国的文明古迹和文化遗产，也能够在绘画中，学会和同伴们沟通、交流，学会如何进行有效的分工，拥有团队意识，并体验合作的快乐。

祖国首都知多少

亲爱的同学们，北京是我们伟大祖国的首都，是全国政治中心、文化中心、国际交往中心、科技创新中心。生活在这座城市的你，对她了解多少呢？请完成下面的填空题，不会的地方可以问问爸爸妈妈、老师，也可以和同学们交流。

北京简称________，别名________、________、________、________、________。位于华北平原北部，背靠燕山，毗邻天津市和河北省。北京的气候为典型的________气候。

公元938年以来，北京先后成为________、________、________、________、________的国都。

北京的市树为________，市花为________，占地面积共计________平方千米。

北京是世界上拥有世界文化遗产数最多的城市，比如（请列举5项）：________、________、________、________、________。

北京还拥有近百个老字号，如（请列举10家）：________、________、________、________、________、________、________、________、________、________。

2015年7月31日，国际奥委会主席巴赫宣布北京携手张家口获得2022年冬季奥林匹克运动会的举办权。北京由此成为全球第________个既举办过夏季奥运会又举办过冬季奥运会的城市。

我画北京中轴线

北京中轴线是指元、明、清时的北京城的中轴线。北京的城市规划具有以宫城为中心，左右对称的特点。北京的中轴线南起永定门，北至钟鼓楼，后来延伸到了奥林匹克森林公园。

现在，请你查阅资料，了解这条中轴线上都有哪些地标建筑，并把它们标出来。下图中的竖线代表中轴线，“●”表示中轴线上的一个地点，请在其旁边标上名称，如天安门、北土城，你也可以增加地点。

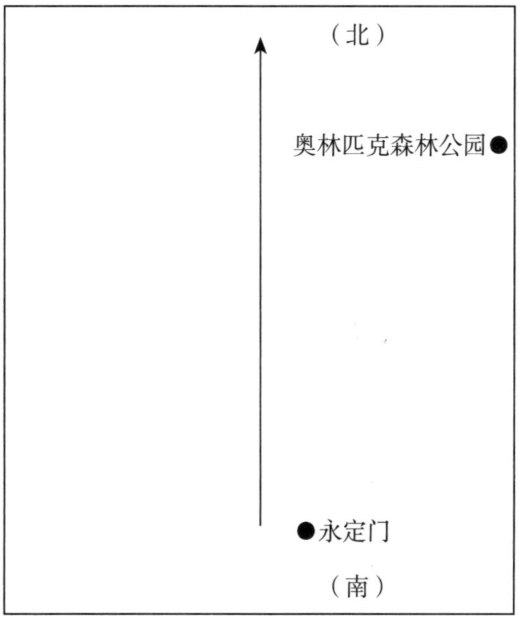

本月活动

师生共画首都美

小组同伴和老师一起，绘制一幅“长幅”绘画作品——《我眼中的北京之美》。

请小组合作，每个小组完成一幅“长幅画”，最后由一名老师为图画做补充和完善，也可以画上“点睛之笔”。绘画的长度以1米为宜。绘画形式为水彩画。

请小组合作之前，先按照以下提示制定完善的计划：

◇参与绘画的人员：

◇都画哪些事物：

◇长幅画中各个事物的位置关系：

◇如何分工（谁画什么）：

◇需要老师如何参与：

◇长幅画的形式（上下式，左右式）：

镜头下的美丽都市

请你在爸爸妈妈的帮助下，利用手机中相机软件的“全景”功能，拍摄一幅展现北京之美的照片，并保存到《电子成长档案》中。

赏心悦目

同学们，北京有很多代表性的地点和建筑，你都去过哪些？让我们来欣赏一下吧。

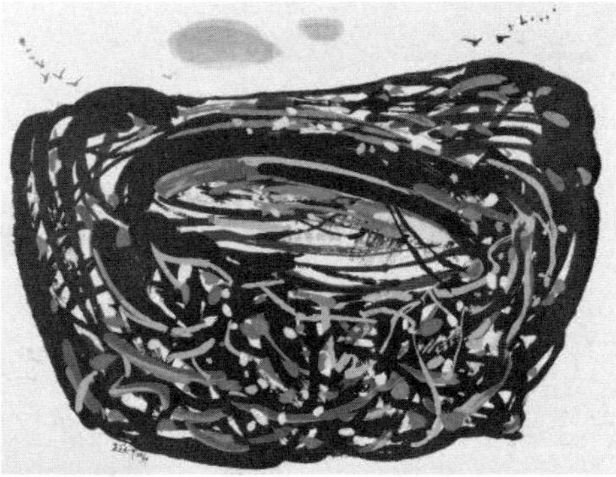

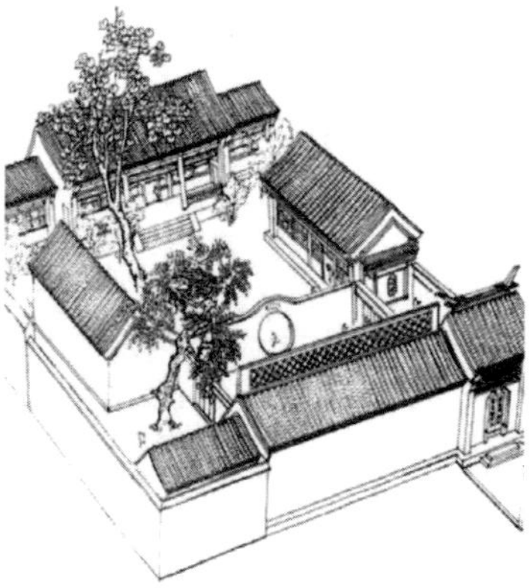

《我的成长足迹》

古都城市的文化：

1.在师生共同作画活动中，你有哪些感受？比如：和同学的沟通、合作方面，或者得到老师的指导方面。请谈一谈你的体会和感悟。

我的小星星：

亲爱的同学，如果请你给自己在这个月中的表现打分，你会打几分呢？你如何评价自己呢？

请回忆你在这个月里的表现，尝试给自己打分吧！请用红色或黄色来涂一涂上面的五颗星星，也可以两种颜色都使用。其中，每颗红色星星代表20分，每颗黄色星星代表10分。

你给自己打多少分：______

你在哪里丢分了呢？

针对以上表现，你觉得后面该怎么做呢？

同学们，在这个月的活动中，大家一起学习、研究，通过合作和分工完成了很多任务。在合作学习的过程中，你对其他同学有哪些中肯的评价呢？请你为他们写下你的评价吧，别忘了，也要请同学为你写评价呦。

我得到的评价：

评价人：

亲爱的同学，你这个月读了哪些书？认识了哪些人物？了解了哪些故事？或者哪一段文字的描写触动了你？请记录一段你的读书感悟吧。

书名：

作者（国籍）：

我的感悟：

同学们，针对自己在这个月的表现，你给自己打了几颗星呢？父母长辈和老师对你的表现有何评论呢？快快请老师和爸爸妈妈帮你做一个整体评价吧。

评价指标	学校表现得分（满分10分）	家庭表现得分（满分10分）
热爱祖国传统文化，积极主动了解家乡、国家时政大事，知晓、正视国家历史和革命历史		
尊老爱幼、文明守纪，同学之间团结互助，待人接物大方得体		
遵守公共秩序，遵守规则，并能劝导周围的伙伴共同履行行为规范		
主动学习，勤于思考，不懂就问，热衷钻研和探究，喜欢和他人交流意见，共同讨论		
具有良好的阅读习惯，有固定的阅读时间，不沉迷网络和手机游戏，讲卫生、爱清洁，具有环保意识		
拥有健康意识，有喜爱和擅长的体育运动项目；自信阳光，积极向上，正确看待挫折和困难，能正确处理与他人的矛盾；拥有正确的是非观		
诚实守信用，不说谎话，信守约定，履行计划，不轻言放弃		
拥有奉献精神，主动帮助他人，热心公益和慈善，具有持续的帮扶救助目标和计划		
具有节约意识，不浪费水电、粮食，不随意丢弃自己的旧物品；不乱花零花钱，有基本的理财观念		
老师评语：		
家长评语：		

九字诀

悦——身心悦，远近悦

在《论语》中有“近者说（悦），远者来”这句话，意思是让邻近的人感到喜悦，使远方的人也都闻风前来。这句话告诉我们，要保持开开心心的状态，并把我们的快乐传递给身边的小伙伴们，也让不在我们身边的，以及那些不开心的小伙伴能我们一起沉浸在快乐的海洋里。如果你总是撅着嘴、不高兴，那么不但自己的心情会很糟糕，也会让别的小伙伴跟你一起不快乐。长此以往，大家就会慢慢地离你而去，去找那些快乐的小朋友玩了。

如果你在学习和生活中遇到了不开心的事，一定要和老师说一说，或者告诉爸爸妈妈，寻求大人的帮助，找到解决这些事情的正确办法，让自己重新快乐起来。而不要一个人不开心、生闷气，或者采取不正当的方式去解决问题。这样就可以做到“身心悦”，同时，也能达到“远近悦”了。

开心一刻

一节语文课上，老师让小逗号用“长城”造句。小逗号想了想，回答说：“长城很长。”老师不悦：“不行，再造一个！”小逗号更不开心，把头一扭：“凭什么，我又不是秦始皇！”

第十五课　品位端午，传承非遗

同学们，在六月，我们将迎来又一个中国传统节日——“端午节”。提起端午节你想到了什么呢？包粽子？赛龙舟？采艾蒿？

在“从心月”中，我们不仅会了解关于“端午节”的知识，还会学习中华民族悠久、博大精深的传统文化，体会和传承中华民族之精神。希望你们在学习了本节课以后，更加热爱祖国的传统文化，并能积极地继承和发扬，做祖国文化、艺术的代言人和保卫者。

认识端午节

端午节，为每年农历五月初五。据《荆楚岁时记》记载，因仲夏登高，顺阳在上，五月是仲夏，它的第一个午日正是登高顺阳好天气之日，故五月初五亦称为“端阳节”。

端午节起源于中国，是古代吴越地区（长江中下游及以南一带）崇拜龙图腾的部族举行图腾祭祀的节日，有在农历五月初五以龙舟竞渡形式举行部落图腾祭祀的习俗。

端午节与春节、清明节、中秋节并称为中国民间的四大传统节日。自古以来，端午节便有划龙舟及食粽等节日活动。

1. 同学们，端午节共有十几个别称，你能说出几个？请你查阅相关资料，看看端午节的别称都有哪些，各代表什么含义，写在下面并和同学们进行交流，看谁找到的别称最多。

____

____

2. 请欣赏两首描写端午节的诗句。

端午

（唐）李隆基

端午临中夏，时清日复长。
盐梅已佐鼎，曲糵且传觞。
事古人留迹，年深缕积长。
当轩知槿茂，向水觉芦香。
亿兆同归寿，群公共保昌。
忠贞如不替，贻厥后昆芳。

乙卯重五诗

（宋）陆游

重五山村好，榴花忽已繁。
粽包分两髻，艾束著危冠。
旧俗方储药，羸躯亦点丹。
日斜吾事毕，一笑向杯盘。

请你通过阅读，找找还有哪些描写端午节的诗句，并摘抄一首你最喜欢的。

____

____

本月活动

校园“游戏创想节”

“六一”儿童节就要来了，我们将在校园里举行一场“游戏创想节”。让我们来大开脑洞，为老师和同学们准备一份快乐的游戏礼物，大家一同尽情地玩耍起来。

请你从下面的游戏类型中选择自己最擅长、最喜欢的类型，并创造一个有趣的新游戏。快快行动起来吧！

✧ 文化类：猜词、绘本剧、戏剧等；

✧ 体育类：接力、足球、沙包、投篮等；

✧ 艺术类：小合唱、京剧串烧、双簧、手工等；

✧ 益智类：百变魔方、快乐搭建、多人策略图版游戏等；

✧ 其他类别：

活动任务单

游戏类别		游戏项目	
我为什么选择这个游戏			
这个游戏总共需要多少人参加			
这个游戏能为老师同学们带去哪些欢乐	第一		
	第二		
	第三		
这个游戏准备和伙伴们怎么玩儿	第一步		
	第二步		
	第三步		
	第四步		

走进“非遗”

2009年9月，联合国教科文组织正式审议并批准中国端午节列入世界非物质文化遗产，成为中国首个入选世界非遗的节日。

而中国是目前拥有世界级非物质文化遗产数量最多的国家，这些宝贵的遗产体现了中国五千年文化的伟大和智慧。

下面，请你和小组同伴一起，选择一项中国的“世界非遗”进行研究（备选遗产：中医针灸、皮影戏、珠算、昆曲、安徽宣纸、中国蚕桑丝织技艺、中国木拱桥传统营造技艺、藏戏、妈祖信俗、甘肃花儿、福建南音、西安鼓乐、朝鲜族农乐舞、蒙古族呼麦、南京云锦等）。研究的展示形式不限，如PPT、思维导图等。并在课堂上与老师和同学们分享、交流你们的研究成果。

感受魅力华夏

1. 同学们，端午节是中华民族的传统节日之一。你还知道哪些传统节日吗？你能写出它们是农历的几月几号吗？

春节（正月初一）、元宵节（正月十五）、______、______、______、______、______、______、______

2. 中华民族拥有许多传承千年的传统美德，你能续写出几个呢？

仁、义、礼、智、信、（　　）、（　　）、（　　）、（　　）、（　　）、（　　）、（　　）、（　　）、（　　）、（　　）

作为一名五年级的学生，在日常的学习和生活中，如何能体现出“礼”字这一美德呢？请说说你的想法。

____

____

____

____

3. 我国的传统文化包含了各种形式的文化艺术。除了诗、词、曲、赋、书法，你还知道哪些传统文化艺术呢？

品文化精髓，做文明学生

同学们，作为新时代的主人，我们怎样才能传承中华优秀传统文化，践行社会主义核心价值观呢？

在传统文化的背后，都有传承千年的精神内容存在，这就是中华民族精神。比如说，端午节所蕴含的就是屈原热爱祖国、不屈不挠、甘于奉献的民族精神。

1. 请你写出3个与“不屈不挠”意义相近的成语。

____

2. 为了更好地传承民族文化，发扬民族精神，让我们发出《文明倡议》吧。

从今天起，我们倡议：

①遵守纪律，文明有礼不破坏校纪、班规，热爱我们的国家；

②团结友爱，帮助有需要的同学；

③______________________________

④______________________________

⑤______________________________

世界之窗

世界非物质文化遗产

非物质文化遗产包括各种实践、表演、表现形式、知识和技能及有关的工具、实物、工艺品和文化场所。其数量能够反映某地区、某国家的历史文化的多样性与深厚程度。物质与非物质文化遗产如果被评为世界文化遗产，不仅能被世界瞩目，还能被更好地保护、传承。

“非遗”的种类包括口头传说和表现形式，包括语言、表演艺术、社会实践、礼仪、节庆活动、有关自然界和宇宙的知识和实践、传统手工艺、传统节日等。

世界非物质文化遗产——班什狂欢节

世界非物质文化遗产——托钵僧舞蹈仪式

世界非物质文化遗产——欧隆克—雅库特英雄叙事诗

世界非物质文化遗产——塔奎勒岛及其纺织工艺

《我的成长足迹》

从文化中获得喜悦：

请你结合这节课的学习，谈一谈品味传统文化与“悦己”的关系，比如，你如何从文化中获得愉悦和满足。

我的小星星：

亲爱的同学，如果请你给自己在这个月中的表现打分，你会打几分呢？你如何评价自己呢？

请回忆你在这个月里的表现，尝试给自己打分吧！请用红色或黄色来涂一涂上面的五颗星星，也可以两种颜色都使用。其中，每颗红色星星代表20分，每颗黄色星星代表10分。

你给自己打多少分：

你在哪里丢分了呢？

针对以上表现，你觉得后面该怎么做呢？

同学们，在这个月的活动中，大家一起学习、研究，通过合作和分工完成了很多任务。在合作学习的过程中，你对其他同学有哪些中肯的评价呢？请你为他们写下你的评价吧，别忘了，也要请同学为你写评价呦。

我得到的评价：

评价人：

亲爱的同学，你这个月读了哪些书？认识了哪些人物？了解了哪些故事？或者哪一段文字的描写触动了你？请记录一段你的读书感悟吧。

书名：

作者（国籍）：

我的感悟：

____

____

____

同学们，针对自己在这个月的表现，你给自己打了几颗星呢？父母长辈和老师对你的表现有何评论呢？快快请老师和爸爸妈妈帮你做一个整体评价吧。

评价指标	学校表现得分（满分10分）	家庭表现得分（满分10分）
热爱祖国传统文化，积极主动了解家乡、国家时政大事，知晓、正视国家历史和革命历史		
尊老爱幼、文明守纪，同学之间团结互助，待人接物大方得体		
遵守公共秩序，遵守规则，并能劝导周围的伙伴共同履行行为规范		
主动学习，勤于思考，不懂就问，热衷钻研和探究，喜欢和他人交流意见，共同讨论		
具有良好的阅读习惯，有固定的阅读时间，不沉迷网络和手机游戏，讲卫生、爱清洁，具有环保意识		
拥有健康意识，有喜爱和擅长的体育运动项目；自信阳光，积极向上，正确看待挫折和困难，能正确处理与他人的矛盾；拥有正确的是非观		
诚实守信用，不说谎话，信守约定，履行计划，不轻言放弃		
拥有奉献精神，主动帮助他人，热心公益和慈善，具有持续的帮扶救助目标和计划		
具有节约意识，不浪费水电、粮食，不随意丢弃自己的旧物品；不乱花零花钱，有基本的理财观念		
老师评语：		
家长评语：		

后 记

同学们，小学时代是无忧无虑、充满欢笑的。

在宝贵的小学时光里，你不仅能学到知识，还能结识许多好朋友，感受到许多比校园生活和知识更广泛、更有意义的东西。

小学时代让你不断走向成熟。在这段美好的时光里，你会明白拥有“爱”才能成为一名阳光的少年，拥有“知识”才能成为一名聪慧的少年，拥有良好的“品德”才能成为一名多彩的少年，拥有进步的“思想”才能成为一名有为的少年。

在过去的一年中，你们感怀革命历史，倡导世界和平；拥有了为祖国而读书的远大志向；了解了我国现代新科技，拥有了一个伟大的“未来科技中国梦”；学习了“诺贝尔奖”及其获奖人的故事；摇身一变成了“运动达人”；感受了我国大美森林资源，当了一次“森林护卫兵”；了解了中国和世界航天事业的发展，拥有了拥抱蓝天、飞向蓝天的志愿；和同学、老师们合作完成了展现“北京之美”的画作；探索了中国和世界“非遗文化”的博大精深。

小学时代融入了你们纯真的笑容，融入了你们真挚的友谊，融入了你们顽强刻苦的学习历程。小学时代将绘成一本精美的相册，一张张照片铭记着你们每一天的茁壮成长，承载着老师为你们付出的滴滴汗水，雕刻着你人生中最快乐、最美好的时光。

祝愿你们在新的一年里，再接再厉，做更好的自己；在今后的人生中，努力奋进，拥有一个快乐、幸福、有意义的人生！

“i优势”

北方工业大学附属学校德育、体育、美育课程体系

（学生用书）

王　英　主编

六年级

中国发展出版社
CHINA DEVELOPMENT PRESS

图书在版编目（CIP）数据

"i 优势"：北方工业大学附属学校德育、体育、美育课程体系（学生用书）/ 王英主编 . 北京：中国发展出版社，2019.7

ISBN 978-7-5177-1027-1

Ⅰ . ① i… Ⅱ . ①王… Ⅲ . ①德育—中小学—教材 ②体育课—中小学—教材 ③美育—中小学—教材 Ⅳ . ① G634

中国版本图书馆 CIP 数据核字（2019）第 137690 号

书　　　名："i优势"：北方工业大学附属学校德育、体育、美育课程体系（学生用书）
著作责任者：王　英
出 版 发 行：中国发展出版社
（北京市西城区裕民东路 3 号 9 层　100029）
标 准 书 号：ISBN 978-7-5177-1027-1
经　销　者：各地新华书店
印　刷　者：河北鑫兆源印刷有限公司
开　　　本：889mm × 1194mm　1/16
印　　　张：38.5
字　　　数：800 千字
版　　　次：2019 年 8 月第 1 版
印　　　次：2019 年 8 月第 1 次印刷
定　　　价：158.00 元（全 9 册）

联 系 电 话：（010）68990630　68990692
购 书 热 线：（010）68990682　68990686
网 络 订 购：http://zgfzcbs. tmall. com//
网 购 电 话：（010）88333349　68990639
本 社 网 址：http://www.develpress. com. cn
电 子 邮 件：370118561@qq. com

前言

亲爱的同学们：

你们好！

学生时代是人生中最欢愉、最难忘的一段时光，你们可以无忧无虑地徜徉于书海中，探索未来的世界。但是身为学生的你们，有时，往往急于告别学生时代，希望自己可以快快长大，快快拥有丰满的羽翼，拥抱五光十色的大千世界。就像钱钟书先生在《围城》中描写的那样：处在围城内的人想尽一切办法出来，而处于围城之外的人则想办法进去。

其实，人生中有很多值得我们珍惜和留恋的日子，而学生时代一定是最纯洁、最美好的那一段时光。

你们要好好学习，珍惜大好年华，不断地用知识充实自己的头脑、净化自己的心灵；学会各种技能，让自己变得更加强大。

你们要发现自己的优势和特长，培养高雅的情趣和爱好。要学会自主，并在未来发挥自己的优势，学会自立。要勇于做自己，做不一样的自己，做真实的自己，追寻内心的声音，不随波逐流。要做独特的自己，依照自己的特长去专注成长。要做最好的自己，把最优秀的一面展示给世界。“做自己”需要一种不受外界干扰的坚定毅力，就如苏轼所言：“守其初心，始终不变”。

你们要积极地去赢取属于自己的未来，追求精彩绽放。每个人都有自己的梦想，你们要坚守成功的信念，不轻言放弃，直面未来，追逐精彩。要拥有改变自我命运的志气，拥有战胜一切困难的勇气，拥有发挥优势的底气。赢未来，需要一种执着的理想和信念贯穿成长的始终，如朱熹所言：“立志不坚，终不济事”。

经济合作与发展组织（OECD）每三年组织一次的国际学生评估项目（PISA）测试，在2018年增加关于“全球素养”（Global Competence）的内容，旨在考查学生能否尊重不同的文化和信仰，融入多元化世界，在全球化的进程中，用新的排名来展示各国年轻人的能力。这种能力可帮助你们日后在变幻莫测的社会中找到自己的生存之路，拥有一份提升自己的方向指南。你们要学会接受不一样的想法、观点，不一样的价值观，努力尝试参与国际与文化交流的活动，跨越差异，实现人与人之间的相互信任。

同学们，你们准备好做合格的世界公民了吗?

附：【“全球素养”的定义】

——从多个角度批判地分析全球和跨文化议题的能力；

——理解差异是如何影响观念、判断，以及对自我和他人的认知的能力；

——在尊重人类尊严的基础上，与不同背景的他人进行开放、适宜、有效的互动的能力。

根据该定义，全球素养是一个有着多重维度的学习领域，包含了知识与理解力、技能、态度这三个维度。

目 录

一字诀　善——人之初，性本善 ······ 1

二字诀　志——有志者，事竟成 ······ 12

三字诀　技——精一技，通百路 ······ 21

四字诀　恒——学无涯，贵有恒 ······ 33

五字诀　律——克于己，复于礼 ······ 38

六字诀　责——尽己责，担道义 ······ 45

七字诀　识——学而思，思而行 ······ 53

八字诀　合——尚和合，求大同 ······ 61

九字诀　悦——身心悦，远近悦 ······ 67

后　记 ······ 76

一字诀

善——人之初，性本善

“人之初，性本善”是《三字经》中开篇的六个字，也是以孔子为代表的儒学的中心思想。孔子认为，人刚刚生下来的时候，本性就是善良的，而多年后孟子也一直延续着这个思想。其中，“善”的意思就是主张人性的根源是善良的，有了“善”的思想，才会有“善”的行动。所以，我们要拥有一颗向善之心、仁爱之心、爱国之心，这样才能体会到习善、行善的快乐。

“正义”一词，在中国最早见于《荀子》：“不学问，无正义，以富利为隆，是俗人者也。”正义观念萌于原始人的平等观，形成于私有财产出现后的社会。

不同的社会或阶级的人们对“正义”有着不同的解释：古希腊哲学家柏拉图认为，人们按自己的等级做应当做的事就是正义；基督教伦理学家则认为，肉体应当归顺于灵魂就是正义。整体看来，大多数的观点认为公平即是正义。简单来说，是同样的人同样对待。

有关于“正义”的名言：

“正义”的胜利来自斗争。——路·莫里斯

不畏义死，不荣幸生。——唐·韩愈

火不侵玉。　　唐·刘禹锡

激浊扬清，嫉恶好善。——唐·吴兢

剑是正义的仆人。——（英）埃·斯宾塞

第一课　老师，我想对您说

亲爱的同学们，教师是人类文化科学知识的继承者和传播者，也是学生智力的开发者和个性的塑造者。因此，人们把“人类灵魂的工程 师”的崇高称号给予了人民教师。

在教师节到来之际，让我们祝愿天下所有的教师节日快乐！

“尊师重教”是中华民族的传统美德，在“进德月”活动中，你们将通过视频的形式向你们的老师表达深深的谢意和感激之情。希望你们能体会到六年来教师为了你们的成长所付出的辛劳，继承和发扬尊师重教的光荣传统，将对老师的尊重和感激落实到日常学习和生活的点点滴滴之中。

老师的一天

请你观察老师一天的工作情况，并回答以下问题：

1. 你观察到老师一天下来做了哪些工作？（比如几点到校、离校、工作时间、工作内容等）

____

____

____

____

____

____

2. 你觉得教师的工作轻松吗？了解了老师一天的工作后，你有什么感受？

____

____

____

3. 你是否观察到身边存在不尊敬老师的行为？请具体描述一下。

____

____

____

4. 你是否有过不尊敬老师的行为？你觉得应该怎样尊敬老师呢？

____

____

____

本月活动

说出你的爱

1. 请以小组合作的形式，录制一个《老师，我想对您说》的访谈录（视频），时长在15分钟之内。形式不限，你可以与小组同伴互相采访，表达你们对老师的感激之情，说出最想对老师说的话，同时也要采访包括自己家人在内的学生家长。

请注意：

①采访的视频中，只能显现出被采访者的影像和声音，采访者也就是你自己，不要上镜哦。

②在录制每段视频时，要注意保证其完整性，也就是说，在首、尾处不要有无效内容，也不要有话没说完的现象。

2. 现在，我们来学习一些沟通与表达的小技巧吧。

◇更好地与人沟通：

①要营造一种融洽的气氛，从而拉近同被采访对象的距离。

②提出的问题要具体细致，不要泛泛而谈，要说明你的采访目的。

③要深入了解对方的内心世界，挖出“心里话”。

④当对方说话跑题时，要及时引导他们回到正题。

◇更好地进行表达：

①说话时试着放慢语速，适当提高音量，以便对方能听清楚。

②吐字清晰，让自己的表达更加清楚、明白。

③声音抑扬顿挫，带有一些感情色彩，比如高兴、无奈、伤心等。

④学习一些肢体语言技巧，谈话会更加生动活泼，最简单的方式就是保持微笑。

⑤尽量避免说口头禅。

3. 接下来，我们学习一些视频的合成方法，以“格式工厂”软件为例。

①下载软件，注意在比较正规的网站进行下载，以免感染病毒。

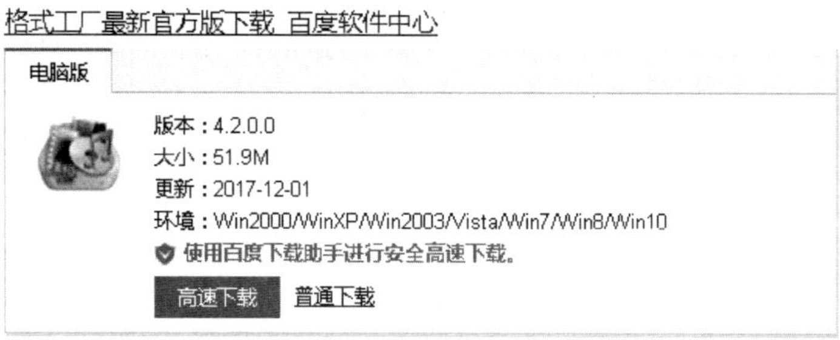

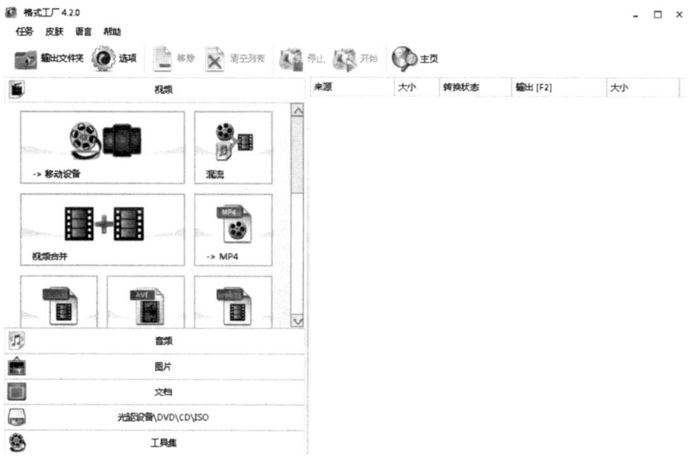

②打开软件后，右键单击“视频合并”按钮。

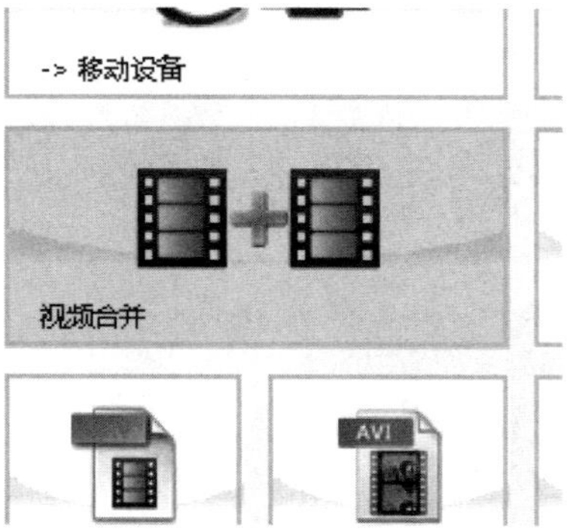

③单击右侧的“添加文件”，在打开的页面中选择要合并的视频。

④点击右上方的“确定”按钮，进入制作页面，点击上方的“开始”按钮进行视频合并。

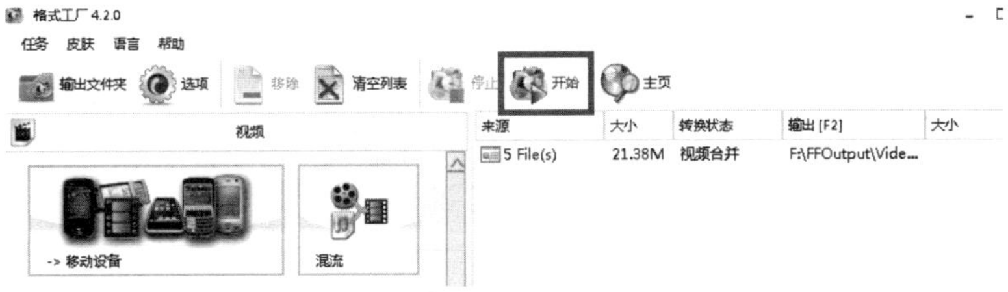

⑤合并完成后，点击左上方的“输出文件夹”按钮。

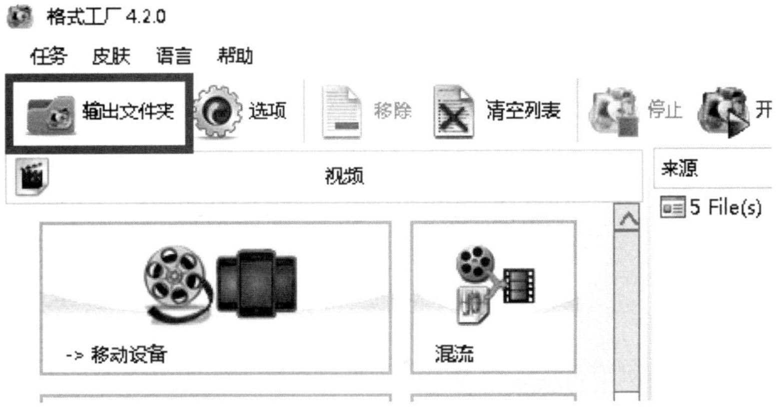

⑥在弹出的文件夹中，找到合成好的视频并重命名。

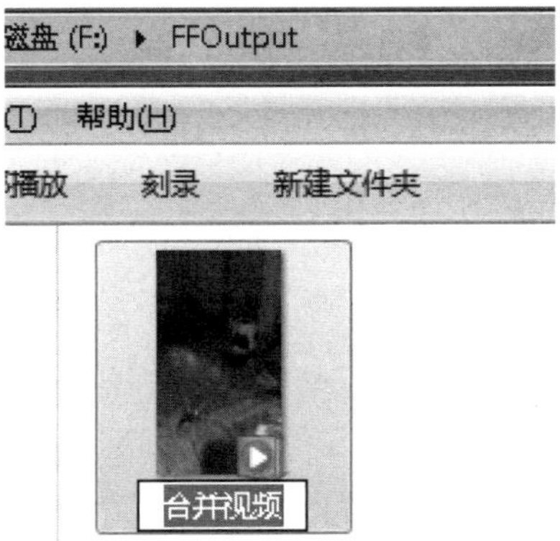

⑦如果想为合并后的视频增加音乐效果，可以在软件的“工具集”中选择“混流”。

⑧分别点击“添加文件”按钮来添加要合并的视频和音乐文件。

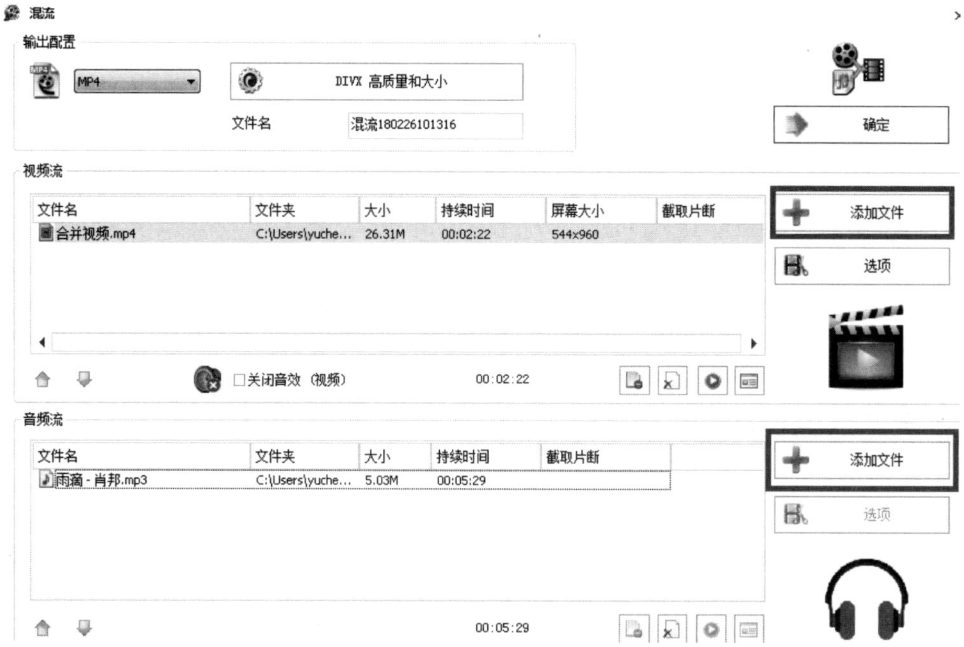

⑨添加后点击右上角的“确定”按钮，并在下一个页面点击上方的“开始”按钮。

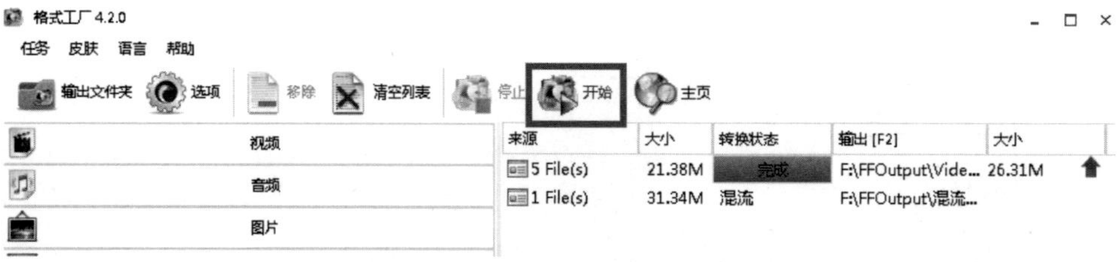

⑩最后，在“输出文件夹”中找到混流后的文件并重命名。

◇小提示：

①目前网络上有很多制作视频的软件，可以合并视频、照片、音乐等素材，你和小组可以根据自己的想法和需要，选择合适的软件来制作，也可以寻求爸爸妈妈和老师的帮助。

②为保证合并时不出错，录好的视频素材要按先后顺序进行编号。

3. 寻找尊师故事。请收集古今中外的尊师故事，并和同学们交流分享。

农村教育“活的灵魂”

三位伟大的农村教师

同学们，你们中的绝大多数人都在城市中长大，那么，你见过农村里的学校吗？你知道“乡村教师”是怎样一群人吗？

乡村教师被称为农村学生看世界的“第一面镜子”。今天，我们就来认识三位乡村教师。他们虽然来自不同地区，生活工作经历各不相同，但他们身上都有乐于奉献、昂扬向上、扎根农村、甘为人梯的崇高精神。

蒋国珍：甘心做个“傻子”

蒋国珍老师生于1930年，江西渝水人。1979年，蒋老师将自己的9600元补助金全部捐献给希望工程，此后三十年如一日，省吃俭用，一心一意爱护学生，帮助困难学生。据不完全统计，蒋国珍三十年来用于资助、奖励学生和各种慈善事业的钱已经超过20万元，超过他工资的总和。

阿力甫夏：留下是为了让他们走出大山

新疆维吾尔自治区喀什市塔什库尔干县马尔洋小学地处祖国边境，海拔3100米，被昆仑山所环绕，居民散落在深山峡谷之中。长期以来，这里的居民生活贫困，不懂汉语，一生也难得去两次县城，很多孩子失学在家。80后的阿力甫夏老师，在这片大山里坚守多年，让山里的孩子从一年级开始学习汉语。他骑着骆驼上百次地翻山穿河，劝说家长，7年来共挽救了40多名失学儿童，为大山里的人们走出大山，做出了贡献。

王化安：最简陋的国旗旗杆

王化安老师子承父业，任教于张家界市桑植县汨湖乡姚峰界小学。他坚守清贫，在12年没有一分钱工资、两任妻子先后离去的情况下，扎根乡村教学岗位。王老师搭着木梯升国旗，国旗绑在树枝上的感人事迹被国内外网友热颂不已，并被誉为“最牛的高山小学国旗旗杆”。

《我的成长足迹》

我的师生情：

1.亲爱的同学，在录制视频的活动中，你对老师说了哪些话？是对你的哪一位老师所说？如果你没有被采访到，那么你有哪些话想对老师说呢？

我想对________老师说：______________________________

____

____

____

2.同学们，你们知道孙敬修老爷爷吗？他是中国著名儿童教育家、讲故事专家。曾在中央人民广播电台给孩子们讲了几十年的故事，被孩子们称作“故事爷爷”。他把给孩子们讲故事作为自己的事业，看成是一门艺术，一门科学。他讲的故事生动有趣，声情并茂，影响了几代青少年。西班牙一位记者曾在一篇文章中写道：“他是世界上受到崇拜人数最多的人。”

由孙敬修播讲的系列儿童故事《西游记》，曾深受几代孩子们的喜爱，也是在孙敬修播讲的儿童系列故事中，最有代表性的系列故事之一，具有永久的欣赏价值和珍藏价值。

请你和小伙伴们一起找一找孙爷爷的故事集，共同聆听和感受他那亲切、和蔼、感人的声音和一个栩栩如生的故事人物形象吧。

我的小星星：

亲爱的同学，如果请你给自己在这个月中的表现打分，你会打几分呢？你如何评价自己呢？

请回忆你在这个月里的表现，尝试给自己打分吧！请用红色或黄色来涂一涂上面的五颗星星，也可以两种颜色都使用。其中，每颗红色星星代表20分，每颗黄色星星代表10分。

你给自己打多少分：________________

你在哪里丢分了呢？

____

____

____

针对以上表现，你觉得后面该怎么做呢？

____

____

____

____

同学们，在这个月的活动中，大家一起学习、研究，通过合作和分工完成了很多任务。在合作学习的过程中，你对其他同学有哪些中肯的评价呢？请你为他们写下你的评价吧，别忘了，也要请同学为你写评价呦。

我得到的评价：

____

____

____

____

评价人：

____

亲爱的同学，你这个月读了哪些书？认识了哪些人物？了解了哪些故事？或者哪一段文字的描写触动了你？请记录一段你的读书感悟吧。

书名：________________

作者（国籍）：________________

我的感悟：

____

____

____

____

____

____

同学们，针对自己在这个月的表现，你给自己打了几颗星呢？父母长辈和老师对你的表现有何评论呢？快快请老师和爸爸妈妈帮你做一个整体评价吧。

评 价 指 标	学校表现得分（满分10分）	家庭表现得分（满分10分）
热爱祖国传统文化，积极主动了解家乡、国家时政大事，知晓、正视国家历史和革命历史		
尊老爱幼、文明守纪，同学之间团结互助，待人接物大方得体		
遵守公共秩序，遵守规则，并能劝导周围的伙伴共同履行行为规范		
主动学习，勤于思考，不懂就问，热衷钻研和探究，喜欢和他人交流意见，共同讨论		
具有良好的阅读习惯，有固定的阅读时间，不沉迷网络和手机游戏，讲卫生、爱清洁，具有环保意识		
拥有健康意识，有喜爱和擅长的体育运动项目；自信阳光，积极向上，正确看待挫折和困难，能正确处理与他人的矛盾；拥有正确的是非观		
诚实守信用，不说谎话，信守约定，履行计划，不轻言放弃		
拥有奉献精神，主动帮助他人，热心公益和慈善，具有持续的帮扶救助目标和计划		
具有节约意识，不浪费水电、粮食，不随意丢弃自己的旧物品；不乱花零花钱，有基本的理财观念		
老师评语：		
家长评语：		

二字诀

志——有志者，事竟成

“有志者，事竟成”，意思是有志向的人，做事终究会成功。告诉我们人生要靠自己去拼搏、去奋斗，在风雨中百折不挠，勇往直前。同学们，成功属于那些不怕困难、不怕失败、坚持不懈、执着追求梦想而又充满自信的人。

小典故

鲁迅弃医学文

青年时期的鲁迅，曾到日本仙台医学专科学校学医，希望以医救国。有一次，学校放映有关日俄战争的纪录片，画面上出现很多中国人围观一个被说成是俄国间谍的中国人。这个人将砍头示众，周围人在看热闹，画面上的观众体格强壮而精神麻木。鲁迅深受刺激，心情十分痛苦，他深深感到，学医在当前并不是一件要紧的事，思想愚昧、精神麻木的人们即使体格再健壮，也只能被示众或做看客。最紧要的，是改变他们的精神。于是，他毅然弃医学文，终于成为我国现代伟大的文学家、思想家，文化运动的先驱和旗手。

第二、三、四、五课　小小方寸，志在天下

每年的十月九日为“世界邮政日”，是为了宣传邮政行业在世界各国政治、经济、文化发展和人

民生活中的起到的积极作用。说起邮政，人们首先想到的就是邮票了。

邮票被称为“一个国家的名片”，是文化的使者，可以输出一个国家发生的大事，也能展现一个国家博大精深的民族文化。可以说，邮票的方寸之中，尽显着大千世界。

在这个“铭志月”中，你们将前往中国邮票博物馆参观、学习。希望你们认真观赏、仔细体会，感受一张张小小邮票的包罗万象，感受“方寸小邮票，成就大梦想”的壮志，同时，也请你思考，你如何像邮票一样，体现自己的价值呢?

认识邮票

1. 邮票的方寸空间，体现一个国家或地区的历史、科技、经济、文化、风土人情、自然风貌等特色，这让邮票除了邮政价值之外还有收藏价值。今天，我们来学一学如何认识和欣赏邮票。

一般来讲，邮票上会包含几个要素：图案、国名、版铭、水印、面值等。请你了解相关知识，将下面的空白处补充完整。

邮票图案：世界各国都把自己国家在政治、经济、国防、科学技术、文化艺术、历史地理、自然风光及珍贵的动物、植物等方面最有代表性的内容作为邮票图案。邮票图案是集邮者研究的主要对象。

邮票上的国名：一般以文字、缩写字母来表示国名，还有些国家用特殊符号来表示，如英国早期邮票采用英王头像作标志。识别邮票上的国名，可以了解有关国家的地理、历史、语言文字等方面的知识。

邮票的版铭：

____

____

邮票上的水印：

____

____

邮票上的志号：

____

____

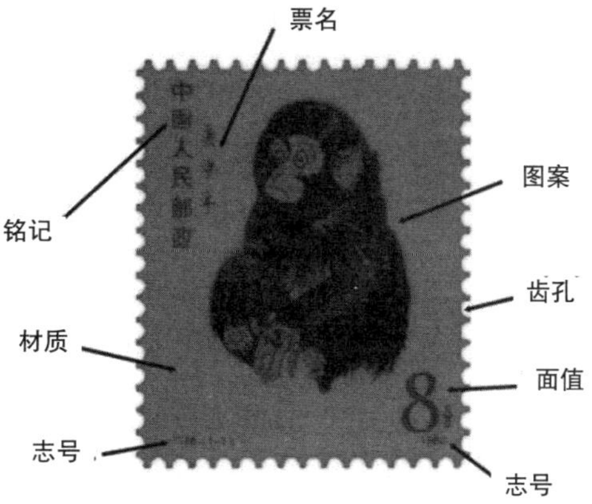

2. 请你查阅资料，了解我国的邮票都有哪些种类。

____

____

____

____

____

____

____

方寸小邮票，成就大梦想

在时代飞速发展的今天，尽管信件已经被日益更新的互联网软件所取代，但是邮票的发行从来没有停止过，仍然有许多忠实的集邮爱好者为之“痴狂”。

1. 那么，邮票究竟是如何让自己变得有价值的呢？邮票的价值体现在哪些方面呢？请你展开研究，谈一谈你对下面几个观点的理解。

①邮票是“国家的名片”：______________________________

____

②邮票的知识性：______________________________

____

③邮票的史实性、历史性：______________________________

____

④邮票的艺术性：______________________________

____

⑤邮票的国际性：______________________________

____

2. 同学们，请你们想一想，作为一名六年级的学生，你们应该如何让自己变得有价值？你们的价值可以体现在哪些方面呢？你们在家里、学校、班级、社会中该怎么表现来展现、发挥自己的价值呢？

我会主动帮助别人，积极做好事________________________________

____

____

____

本月活动

身临其境观“世界”

在“世界邮政日”到来之际，我们将前往中国邮政邮票博物馆参观。请你认真参观学习，找到一枚你最喜欢或者最感兴趣的邮票，把邮票的名字记下来或拍下来。利用课余时间围绕这枚邮票做一个小研究，弄清它的几个要素和发行的意义。

活动纪要：《邮票中的美丽世界》

邮票名称（票名）	
国别	
发行年代	
面值	
铭记	
志号	
图案描述	
纪念意义	

世界之窗

世界上最神奇的7个邮局

No.1 最北端邮局

这是挪威的一个邮局，说是神奇，不如说很特别。这个邮局设立在挪威的斯匹次卑尔根群岛上的尼阿尔宗德，是世界上最北端的一个邮局。

No.2 海上邮局

这个邮局的神奇之处在于它是在一条船上设立的，是美国邮政局的一艘船只。它的作用是为了传递一些水手和商家之间的来往信件。

No.3 南极邮局

顾名思义，这个邮局是设立在南极洲，位于世界最南端。这个邮局很受旅客们的欢迎，是整个南极洲最受欢迎的景点。

No.4 火车邮局

这个邮局设立在美国，它是在一个火车上，这辆火车也是美国唯一一个提供邮件服务的火车。这个“铁路邮件”曾经是美国快递邮件的黄金标准，但现在看来，这似乎是一个时代的错误。

No.5 太空邮局

虽说名字叫作太空邮局，可这个邮局并不是设立在太空上的。它是我国邮政局设立的，位于北京航天城邮局，虚拟的邮局则设立在空间飞行器内。据说，在不久的将来，它可以让公众向航天员发送信件或者物品。

No.6 海底邮局

这个邮局设立在南太平洋的一个岛屿上，也是世界上唯一一个设在海底的邮局。因为全球变暖的关系，这个国家的大部分土地都将会被淹没，所以这个邮局设立的目的是用来警示大家的。

No.7 珠峰邮局

这个邮局是世界上最小的邮局，同时海拔也是最高的。这个邮局海拔高达5300米，这里的每一张邮票都很贵，但也都是唯一的一张。来这里的人都会选择寄出一张这里的明信片。

《我的成长足迹》

追求梦想：

1.同学们，欣赏了许许多多精美的邮票，你有什么感想吗？小小邮票的梦想就是展现无穷无尽的大千世界。升入六年级的我们也将很快开启初中的生活，那么，你如何在初中阶段继续为追求自己的梦想而努力呢？请写下通过这次活动你所获得的感悟。

____

____

____

____

____

____

____

____

我的小星星：

☆☆☆☆☆

亲爱的同学，如果请你给自己在这个月中的表现打分，你会打几分呢？你如何评价自己呢？

请回忆你在这个月里的表现，尝试给自己打分吧！请用红色或黄色来涂一涂上面的五颗星星，也

可以两种颜色都使用。其中，每颗红色星星代表20分，每颗黄色星星代表10分。

你给自己打多少分：________

你在哪里丢分了呢？

____

____

____

针对以上表现，你觉得后面该怎么做呢？

____

____

____

____

同学们，在这个月的活动中，大家一起学习、研究，通过合作和分工完成了很多任务。在合作学习的过程中，你对其他同学有哪些中肯的评价呢？请你为他们写下你的评价吧，别忘了，也要请同学为你写评价哟。

我得到的评价：

____

____

____

____

评价人：

____

亲爱的同学，你这个月读了哪些书？认识了哪些人物？了解了哪些故事？或者哪一段文字的描写触动了你？请记录一段你的读书感悟吧。

书名：________

作者（国籍）：________

我的感悟：

____

____

____

____

____

同学们，针对自己在这个月的表现，你给自己打了几颗星呢？父母长辈和老师对你的表现有何评论呢？快快请老师和爸爸妈妈帮你做一个整体评价吧。

评价指标	学校表现得分（满分10分）	家庭表现得分（满分10分）
热爱祖国传统文化，积极主动了解家乡、国家时政大事，知晓、正视国家历史和革命历史		
尊老爱幼、文明守纪，同学之间团结互助，待人接物大方得体		
遵守公共秩序，遵守规则，并能劝导周围的伙伴共同履行行为规范		
主动学习，勤于思考，不懂就问，热衷钻研和探究，喜欢和他人交流意见，共同讨论		
具有良好的阅读习惯，有固定的阅读时间，不沉迷网络和手机游戏，讲卫生、爱清洁，具有环保意识		
拥有健康意识，有喜爱和擅长的体育运动项目；自信阳光，积极向上，正确看待挫折和困难，能正确处理与他人的矛盾；拥有正确的是非观		
诚实守信用，不说谎话，信守约定，履行计划，不轻言放弃		
拥有奉献精神，主动帮助他人，热心公益和慈善，具有持续的帮扶救助目标和计划		
具有节约意识，不浪费水电、粮食，不随意丢弃自己的旧物品；不乱花零花钱，有基本的理财观念		
老师评语：		
家长评语：		

三字诀

技——精一技，通百路

“精一技，通百路”，意思是要掌握一门精通的技艺，以便在未来的人生道路上获得成功。我们要养成会学习、会探究、会交往、会沟通的能力；要以正确的心态看待失败，不要害怕失败；要知道“失败是成功之母”的道理，学会总结失败的原因，不断学习和改进。这样，我们才能真正地掌握一门技艺，掌握一种本领，未来的成功也一定会属于我们。

“科学技术是第一生产力”，这句话是邓小平爷爷在1988年的时候提出的，意思是科学和技术能够发挥巨大的作用，为我们生活的方方面面服务，解决我们在学习和生活中遇到的难题。比如说，妈妈每天可以用电饭煲为我们煮饭、熬粥、煲汤，既节省了时间，又更方便、更营养、更快捷。再比如，现在人们可以用支付宝、微信等电子方式进行支付了，再也不用担心收到假币、假钱，或者丢失钱包了。你们看，科学技术的力量是不是很强大呀？

作为一名未来的小主人，我们一定要学好科学、用好科学，用科技畅想未来，用科技实现未来、创造未来。

第六课 生活中的智慧

亲爱的同学们，随着人类社会的高速进步，未来早已提前到来。在科技飞速发展的今天，人与自然的和谐发展问题越来越紧迫，环保、节能、二次利用逐渐成为我们生活中的常态。

其实只要开动脑筋，善于发现和创新，你会找到很多节约资源的好办法。在“术攻月”里，就让我们一起学习一些“小妙招”吧。希望通过这些实践练习，能够让你受到启发，在生活中发现、发明更多“变废为宝”的办法。

废纸变小筐

生活中的一些废旧纸张可以很轻松地变成小巧、实用的垃圾筐。请你找一张废纸，比如报纸、旧海报（A4大小为宜），按照下面的步骤动手操作一下吧。

1. 将纸裁剪成正方形，沿对角对折成三角形。

2. 将三角形的两个角再对折。

3. 将其中一个角折起，成正方形。

4. 另一个角相同的操作，形成一个正方形。

5. 将正方形上层的两边向中间对折，注意是开口的一边向上折起，而且要与中线对齐。另一面进行相同的操作。

6. 分别将四个折角打开。

7. 分别将打开的四个角沿中间线向后折。

8. 将分开的一端的四个角依次向上折起。

9. 将四个角分别向其内侧折进。

10. 轻轻将方口拉开。

12. 慢慢将四个角撑开，注意边角要压好。

13. 小垃圾筐就完成了。别看它小，但是很实用哦！你可以把它放在书桌上、床头边，装一些细小的废弃物，装满后可以直接随废品扔掉。但是注意，不能给爸爸当作烟灰缸哦。

旧衣改造行动

同学们，穿旧的衣服可以通过二次利用变成购物袋、抱枕、收纳袋、鞋、帽子等等。现在，请你收集一些旧衣服改造、二次利用的方法，并挑选家里废旧的衣服（材质不限），以及针线、尺子、剪刀等必备工具，以小组合作的形式进行改造、制作。这里展示两种改造的方法，希望你大胆创新，不要怕失败，多多尝试，一定会有好的作品。

旧衣改造——发带

1. 用剪刀将衣服剪成条形，注意长度要比头部的围度长一些。裁剪后这些条形会变成弯曲的卷状。

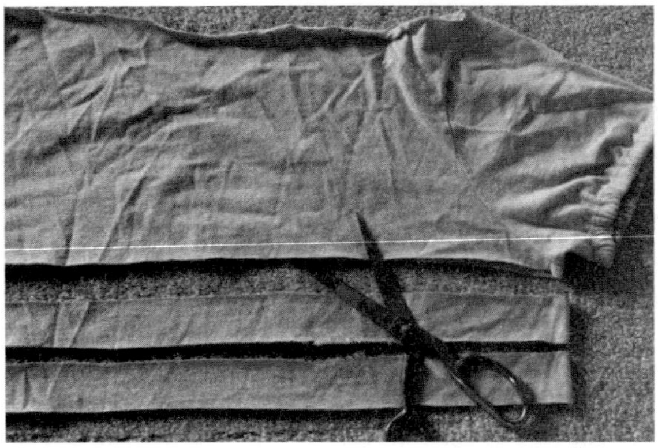

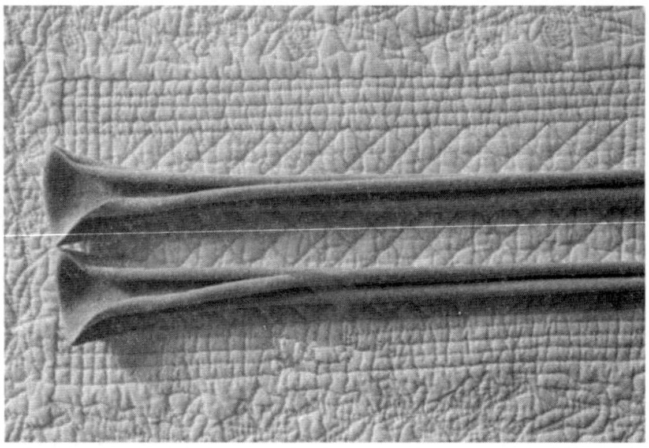

2. 如图进行放置。

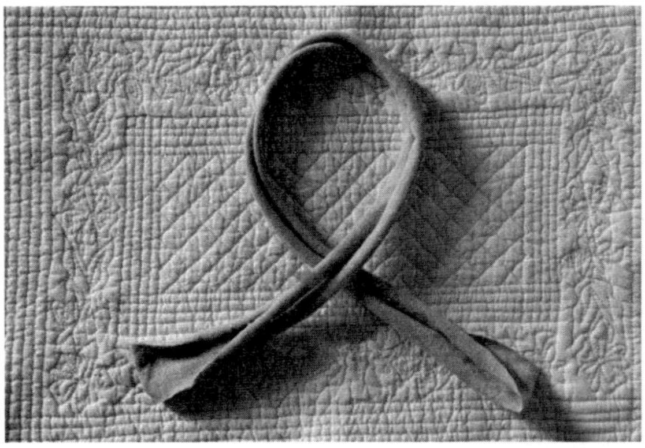

3. 将下方布条的一角外搭。

4. 将另一个布条的一端向后上方折起。

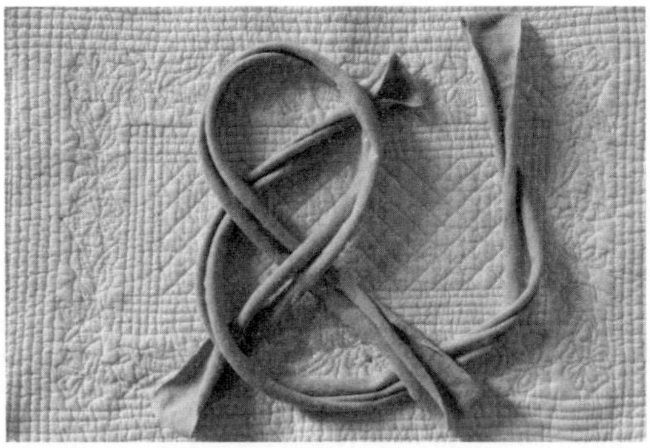

5. 将右侧布条向中间折起，并与另一条交叉。

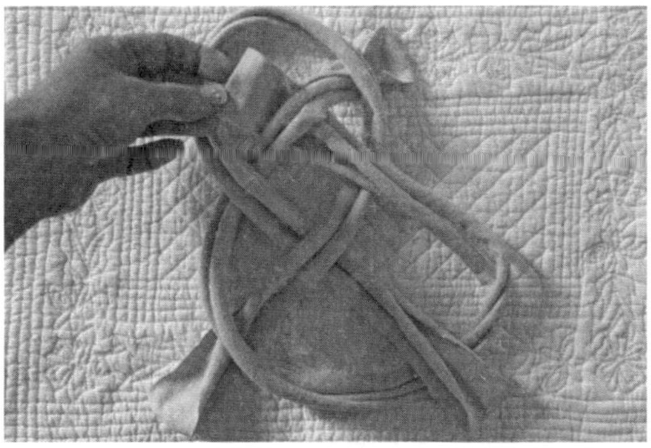

6. 将布条拉紧。

7. 剪一块小布将布条两端包住，并缝合好，或用胶水粘牢。

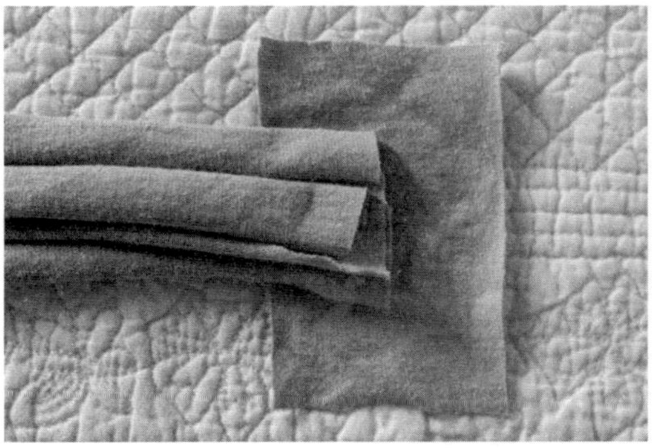

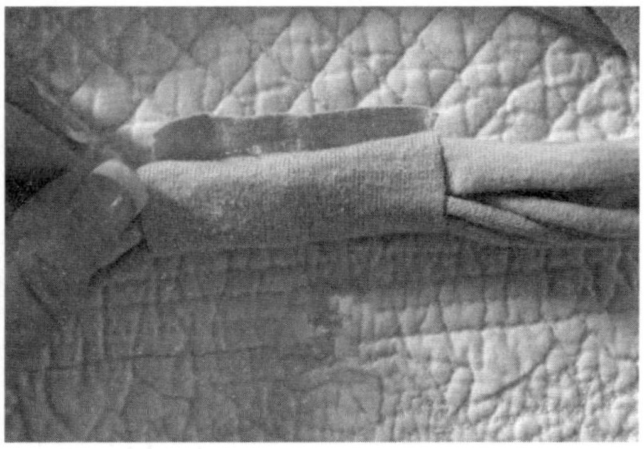

8. 这样，漂亮的发带就做好了。

旧衣改造——抱枕

1. 按图中所示，准备几个模板和布料。

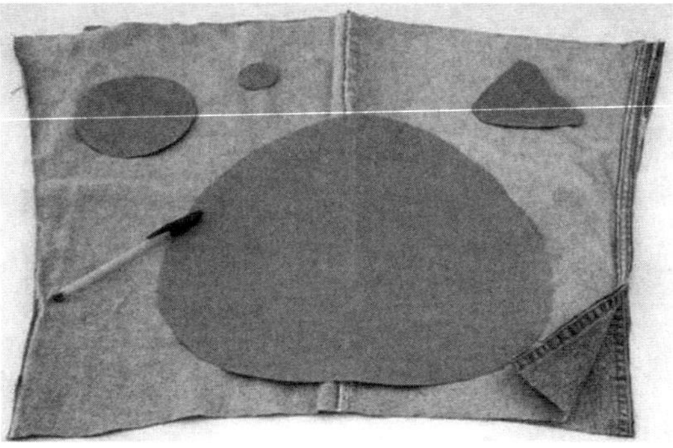

2. 将布料按照模板剪成几个圆形，并缝上扣子来制作眼睛。

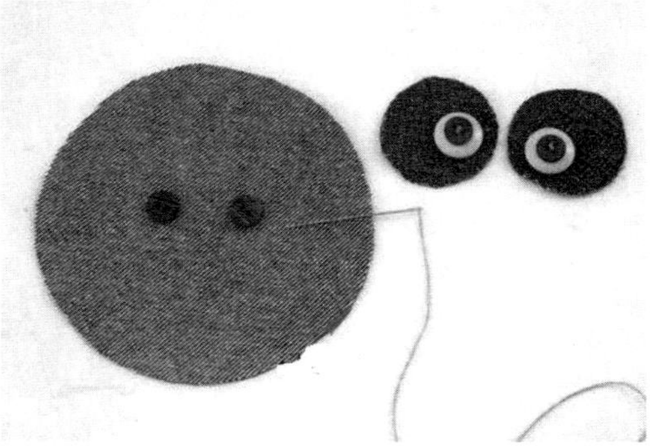

3. 将眼睛缝好，缝在一块牛仔布的中间。

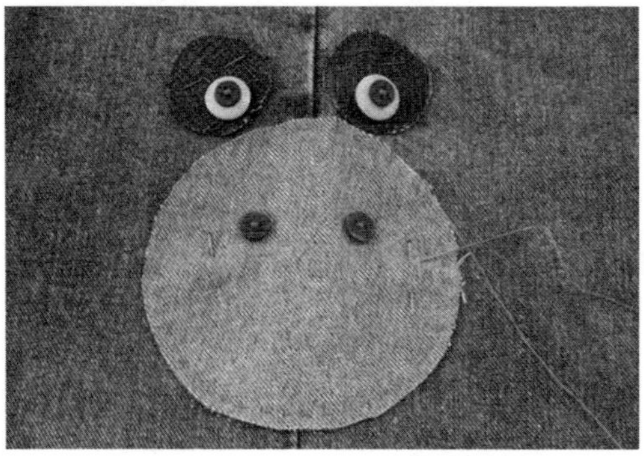

4. 按图中所示，缝上两只耳朵，注意每只耳朵是由两块布缝制而成的。

5. 填充棉花、碎布等材料，并将小口缝合，这样，抱枕就做好了。

本月活动

学会使用工具

请你观察五金店或调查家庭中的常用工具和简单机械，设计一个《生活中工具和简单机械的调查表》，将身边的常用工具（筷子、开瓶器、起子、扳手等）以及课堂教学活动中使用的工具和简单机械（剪刀、美工刀、尖嘴钳、木工小机床等）的名称、形状、材质等列出来；认识研究其原理、用途，并学会根据需要来选择合适工具和机械。你可以自己来开展调查，也可以和爸爸妈妈，或者同学们一起来做。

示例：

《生活中工具和简单机械的调查表》	
工具名称	
形状	
材质	
用途	
原理	
使用中的注意事项	

世界之窗

爱克瓦大厦（Aqua Tower）的创意设计

爱克瓦大厦（Aqua Tower）坐落于美国芝加哥，建成于2009年，整个建筑看起来像一个巨型雕塑。

大厦的设计师Jeanne.Gang做过一个粗略的计算：每天约有400只鸟因撞到这座城市的高楼而死去。为了保护这些无辜的生命，她在设计大厦时，外立面用了烧结玻璃，在表面蚀刻上鸟类容易辨认的灰色的标记，帮助它们避免致命的碰撞。

该设计获得了动物权利组织PETA的“鸟类友好设计”奖项，也彰显了人类社会与自然环境之间的和谐共处。

《我的成长足迹》

劳动创造智慧生活：

1. 同学们，你和你的同伴们完成了哪些旧衣改造的作品？其中有哪些是你们自己的创意呢？请将你们的作品拍下来，保存到《电子成长档案》中。并将你们的创意想法总结一下。

我们的创意：

2.亲爱的同学，你如何理解“一技之长”这个成语？请结合你的理解，说一说拥有“一技之长”的重要性。

我的小星星：

亲爱的同学，如果请你给自己在这个月中的表现打分，你会打几分呢？你如何评价自己呢！

请回忆你在这个月里的表现，尝试给自己打分吧！请用红色或黄色来涂一涂上面的五颗星星，也可以两种颜色都使用。其中，每颗红色星星代表20分，每颗黄色星星代表10分。

你给自己打多少分：______________________________

你在哪里丢分了呢？

____

____

____

针对以上表现，你觉得后面该怎么做呢？

____

____

____

同学们，在这个月的活动中，大家一起学习、研究，通过合作和分工完成了很多任务。在合作学习的过程中，你对其他同学有哪些中肯的评价呢？请你为他们写下你的评价吧，别忘了，也要请同学为你写评价呦。

我得到的评价：

____

____

____

评价人：

____

亲爱的同学，你这个月读了哪些书？认识了哪些人物？了解了哪些故事？或者哪一段文字的描写触动了你？请记录一段你的读书感悟吧。

书名：______________________________

作者（国籍）：______________________________

我的感悟：

____

____

____

同学们，针对自己在这个月的表现，你给自己打了几颗星呢？父母长辈和老师对你的表现有何评论呢？快快请老师和爸爸妈妈帮你做一个整体评价吧。

评 价 指 标	学校表现得分（满分10分）	家庭表现得分（满分10分）
热爱祖国传统文化，积极主动了解家乡、国家时政大事，知晓、正视国家历史和革命历史		
尊老爱幼、文明守纪，同学之间团结互助，待人接物大方得体		
遵守公共秩序，遵守规则，并能劝导周围的伙伴共同履行行为规范		
主动学习，勤于思考，不懂就问，热衷钻研和探究，喜欢和他人交流意见，共同讨论		
具有良好的阅读习惯，有固定的阅读时间，不沉迷网络和手机游戏，讲卫生、爱清洁，具有环保意识		
拥有健康意识，有喜爱和擅长的体育运动项目；自信阳光，积极向上，正确看待挫折和困难，能正确处理与他人的矛盾；拥有正确的是非观		
诚实守信用，不说谎话，信守约定，履行计划，不轻言放弃		
拥有奉献精神，主动帮助他人，热心公益和慈善，具有持续的帮扶救助目标和计划		
具有节约意识，不浪费水电、粮食，不随意丢弃自己的旧物品；不乱花零花钱，有基本的理财观念		
老师评语：		
家长评语：		

四字诀

恒——学无涯，贵有恒

“学无涯，贵有恒”，意思在学习生活中，最可贵的就是要有坚持不懈的恒心和执着的毅力，要养成认真、执着、拼搏进取的习惯。

我们在平时的学习和生活当中，总会遇到一些小困难、小坎坷。如果很容易就退缩、放弃，半途而废，那之前的努力就都付之东流了。只有坚持、不放弃，才能到达成功的彼岸。

执着，就是对你要做的事情投入全部的精力与情感。你要热爱学习，做到永不言弃，以一种积极的心态面对挫折与打击。不管发生什么，都不会阻挡你前进的步伐。

诺贝尔因研究炸药而使他的家人接二连三地丧命，但痛苦摧毁不了他对科学的执着。他在一系列的努力和自我伤害后，终于成功研究出了炸药，被人们称为“炸药大王”。玛丽亚·蒙泰索里，意大利的第一位女医生、著名教育家，同样拥有执着的心态。在当时的社会，女性从医是不被人理解的，玛利亚不仅遭到父亲的严厉批评，还被当地人嘲笑。但她从未放弃自己的追求，凭着执着和努力赢得了人们的信任与肯定。

执着就要不怕失败。失败是每个人都会经历的事，振作起来，将失败的事再做一遍，就有可能成功。执着还要做到坚持，并渴望成功。

只要你执着，就没有什么事是办不到的，成功这扇金色的大门也会为你缓缓开启。

第七课　西行路漫漫，执着铸我心

我国汉代杰出的外交家张骞不畏艰难险阻，两次出使西域，开辟了历史上著名的“丝绸之路”，促进了中西方文明的交流。“一带一路”是习近平总书记提出的国家合作倡议，开辟了新时期的“丝绸之路经济带”。

12月16日为“一带一路国际日”，因此，我们在“持恒月”中将学习“一带一路”的相关知识，对中西方的文化进行对比研究。希望你们通过这个月的学习，了解相关历史知识，学会欣赏不同的文化，体会执着、坚持、不畏艰难险阻的“丝路精神”。

执着成就梦想

1. 同学们，你们听说过“丝绸之路”吗？知道丝绸之路的起点和终点都是哪里吗？知道“张骞出使西域”的故事吗？

◇张骞出使西域，被称作是“极为艰险的外交旅行”。请你查阅资料了解相关历史，说说“极为艰险”主要体现在哪些方面？

◇你从张骞身上学到了哪些宝贵的品质和精神？

2. 请你回忆近六年的小学时光，想想有哪些没有坚持下来、半途而废，并让自己感到后悔的事情。请你列举一件写下来。

3. 如果现在可以重新完成这件事情，你会怎样做呢？请为自己制定一个计划吧。

4. 请你摘抄一些关于“执着”“坚持”“毅力”的格言，为自己打打气。

本月活动

“一带一路”国家战略

“一带一路”（The Belt and Road，缩写B&R）是“丝绸之路经济带”和“21世纪海上丝绸之路”的简称，是习近平主席在2013年提出的合作倡议。

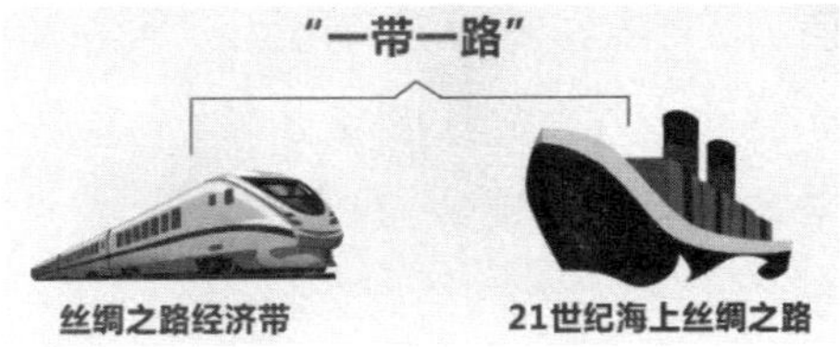

1. “一带一路”沿线约有65个国家和地区。请你找一张世界地图，并了解相关信息，尝试在地图上找到这些国家，尝试着在地图上用笔勾画出“一带一路”的路线，把沿线的国家和地区串联起来。最后，请将你的作品拍下来和老师、同学们分析交流，同时保存到你的《电子成长档案》里。

2. 同学们，你们知道“一带一路”沿线国家的地理特色和人文资源吗？比如，这些国家都有哪些可爱的动物？有哪些珍禽益鸟、猛禽怪兽？请你和小组同伴合作展开研究，并制定研究方案和策略，在课堂上与老师和同学们分享你们的研究成果吧。

《我的成长足迹》

为自己点赞：

1. 同学们，张骞出使西域靠的是恒心和毅力。你在学习和生活中有没有不怕困难并战胜困难的例子呢？请你回忆一件战胜困难的骄傲的事，并为自己点个赞吧。

____

____

____

____

____

2. 请写下五个形容“恒”的成语：

我的小星星：

亲爱的同学，如果请你给自己在这个月中的表现打分，你会打几分呢？你如何评价自己呢？

请回忆你在这个月里的表现，尝试给自己打分吧！请用红色或黄色来涂一涂上面的五颗星星，也可以两种颜色都使用。其中，每颗红色星星代表20分，每颗黄色星星代表10分。

你给自己打多少分：

你在哪里丢分了呢？

针对以上表现，你觉得后面该怎么做呢？

同学们，在这个月的活动中，大家一起学习、研究，通过合作和分工完成了很多任务。在合作学习的过程中，你对其他同学有哪些中肯的评价呢？请你为他们写下你的评价吧，别忘了，也要请同学为你写评价呦。

我得到的评价：

评价人：

亲爱的同学，你这个月读了哪些书？认识了哪些人物？了解了哪些故事？或者哪一段文字的描写触动了你？请记录一段你的读书感悟吧。

书名：

作者（国籍）：____

我的感悟：

____

____

____

____

同学们，针对自己在这个月的表现，你给自己打了几颗星呢？父母长辈和老师对你的表现有何评论呢？快快请老师和爸爸妈妈帮你做一个整体评价吧。

评 价 指 标	学校表现得分（满分10分）	家庭表现得分（满分10分）
热爱祖国传统文化，积极主动了解家乡、国家时政大事，知晓、正视国家历史和革命历史		
尊老爱幼、文明守纪，同学之间团结互助，待人接物大方得体		
遵守公共秩序，遵守规则，并能劝导周围的伙伴共同履行行为规范		
主动学习，勤于思考，不懂就问，热衷钻研和探究，喜欢和他人交流意见，共同讨论		
具有良好的阅读习惯，有固定的阅读时间，不沉迷网络和手机游戏，讲卫生、爱清洁，具有环保意识		
拥有健康意识，有喜爱和擅长的体育运动项目；自信阳光，积极向上，正确看待挫折和困难，能正确处理与他人的矛盾；拥有正确的是非观		
诚实守信用，不说谎话，信守约定，履行计划，不轻言放弃		
拥有奉献精神，主动帮助他人，热心公益和慈善，具有持续的帮扶救助目标和计划		
具有节约意识，不浪费水电、粮食，不随意丢弃自己的旧物品；不乱花零花钱，有基本的理财观念		

老师评语：

家长评语：

五字诀

律——克于己，复于礼

“克己复礼”一词出自孔子的《论语》，意思是要懂得约束、克制，规范自己的言行，不能凡事都以自己为中心，而要让自己的一言一行符合道德标准和法律的制约。

自律，出自《左传·哀公十六年》，意思是在没有人现场监督的情况下，通过自己要求自己，变被动为主动，自觉地遵循法则，时刻约束自己的一言一行。按照自己善良意志，按自己心目中的道德规律而行事的道德原则。

小典故

心中有主人

许衡是我国古代杰出的思想家、教育家和天文历法学家。一年夏天，许衡与很多人一起逃难，由于长途跋涉，天气炎热，所有人都感到饥渴难耐。这时，有人发现道路附近有一棵大大的梨树，梨树上结满了清甜的梨子。于是，大家都你争我抢地爬上树去摘梨吃。唯独只有许衡一人，端正坐于树下不为所动。

众人觉得奇怪，便问许衡：“你为何不去摘个梨来解解渴呢？”许衡回答说：“不是自己的梨，岂能乱摘！”问的人不禁笑了，说：“这棵梨树的主人早就不在这里了，主人不在，你又何必介意？”许衡说：“梨树失去了主人，难道我的心也没有主人吗？”最终，许衡也没有摘梨。

第八课　家乡因我更骄傲

同学们，家乡是我们的故土，无论走到哪里，我们都会心怀家乡，为家乡感到骄傲。同时也要努力学习，长大后为家乡做一番事业，让家乡因你而更加骄傲。

这个月是“律己月”，你们将研究家乡的风土人情、人文风貌，并寻找一件最具代表性的特产为老师和同学们介绍。希望你能够知家乡、爱家乡、念家乡，身体力行，努力学习，用实际行动来表达自己感恩家乡、回报社会的决心和毅力。

什么叫“特产”

特产指某地特有的或特别著名的产品，有文化内涵或历史，或者只有在某地才生产的一种产品。

特产必须具备两个特点：一是地域性；二是品质，无论是原料还是制品，其品质与同类产品相比，应该是特优的或有特色的。

特产可以大体分为两类：一类是饮食类，包括饮料（主要是茶和酒）、菜肴（八大菜系）、点心（各类糕点）以及干货共4种；另一类是文化纪念品、各种工艺品。

新疆哈密大枣

北京茯苓夹饼

四川龚扇

河南王守义十三香

陕西户县农民画

浙江湖州湖笔

本月活动

我为家乡做代言

1. 同学们，你的家乡在什么地方？都有哪些特产呢？今天，我们就来办一场“家乡特产推介会”，请大家讲一讲自己家乡的特产。

你要选择一件家乡特产，为其拍摄一段3～5分钟的小视频，并把视频保存在《电子成长档案》中。

（小提示：视频内容主要围绕对特产的说明，对特产的拍摄要全面、多角度，注意关键细节的特写。语言讲解要清晰、洪亮。你要尽量提炼这件产品“特”在哪里，但是切忌夸大宣传。）

◇我要推荐的特产是：________________

◇它所具备的特点是：

____

____

◇它所拥有的历史、文化内涵：

____

____

◇我的广告语：

____

2. 寻访家乡能人

◇请你收集相关材料，了解一位家乡某个领域的“能人”（名人、企业家、艺术家、科学家等），了解他（她）的经历与成功的故事，分析其成功的原因，以及对家乡的影响。

____

____

____

____

◇请你思考，这位“家乡能人”身上有哪些品质和优点值得你学习呢？

____

____

____

____

经典回眸

一则好的广告中，绝妙的广告语能起到画龙点睛的作用。编写广告语也是一门学问呢！下面，我们来欣赏几条广告语吧。

一切皆有可能。——李宁运动品牌

上榜理由：一语直击现代都市人的核心欲望，激人奋进。

人类失去联想，世界将会怎样？——联想集团

上榜理由：借联想对人类的积极作用，表达企业的地位和价值。问句的形式引人思考，触发联想，短句铿锵有力，容易记忆。

牛奶香浓，丝般感觉。——德芙巧克力

上榜理由：把巧克力细腻滑润的感觉用丝绸来形容，“丝般感觉”的心理体验，引发大众的味蕾想象。

车到山前必有路，有路必有丰田车。——丰田汽车

上榜理由：这句精彩的广告语巧妙地与中国的俗语结合起来，体现了企业自信且朗朗上口。

《我的成长足迹》

为家乡增光添彩：

同学们，自主就是能够自己做出正确决定，以及做到自我完善。要学会自愿选择、自动学习、自觉做事、自我管理。请你思考，作为“家乡的代言人”，你现在应该怎样身体力行，将来为家乡增添光彩呢？

我的小星星：

亲爱的同学，如果请你给自己在这个月中的表现打分，你会打几分呢？你如何评价自己呢？

请回忆你在这个月里的表现，尝试给自己打分吧！请用红色或黄色来涂一涂上面的五颗星星，也可以两种颜色都使用。其中，每颗红色星星代表20分，每颗黄色星星代表10分。

你给自己打多少分：______

你在哪里丢分了呢？

______

______

______

针对以上表现，你觉得后面该怎么做呢？

______

______

______

同学们，在这个月的活动中，大家一起学习、研究，通过合作和分工完成了很多任务。在合作学习的过程中，你对其他同学有哪些中肯的评价呢？请你为他们写下你的评价吧，别忘了，也要请同学为你写评价哟。

我得到的评价：

______

______

______

______

评价人：

______

亲爱的同学，你这个月读了哪些书？认识了哪些人物？了解了哪些故事？或者哪一段文字的描写触动了你？请记录一段你的读书感悟吧。

书名：______

作者（国籍）：______

我的感悟：

______

______

______

______

同学们，针对自己在这个月的表现，你给自己打了几颗星呢？父母长辈和老师对你的表现有何评论呢？快快请老师和爸爸妈妈帮你做一个整体评价吧。

评 价 指 标	学校表现得分（满分10分）	家庭表现得分（满分10分）
热爱祖国传统文化，积极主动了解家乡、国家时政大事，知晓、正视国家历史和革命历史		
尊老爱幼、文明守纪，同学之间团结互助，待人接物大方得体		
遵守公共秩序，遵守规则，并能劝导周围的伙伴共同履行行为规范		
主动学习，勤于思考，不懂就问，热衷钻研和探究，喜欢和他人交流意见，共同讨论		
具有良好的阅读习惯，有固定的阅读时间，不沉迷网络和手机游戏，讲卫生、爱清洁，具有环保意识		
拥有健康意识，有喜爱和擅长的体育运动项目；自信阳光，积极向上，正确看待挫折和困难，能正确处理与他人的矛盾；拥有正确的是非观		
诚实守信用，不说谎话，信守约定，履行计划，不轻言放弃		
拥有奉献精神，主动帮助他人，热心公益和慈善，具有持续的帮扶救助目标和计划		
具有节约意识，不浪费水电、粮食，不随意丢弃自己的旧物品；不乱花零花钱，有基本的理财观念		
老师评语：		
家长评语：		

六字诀

责——尽己责，担道义

助人为乐，是中华民族的传统美德。意思是在帮助别人的同时，自己也感到精神愉悦。正直善良的人会主动、无私地帮助别人，体现了和谐社会的本质以及良好的社会风气，也体现了一个人的精神境界，是一种良好的道德行为和道德情感。

我国古代先贤们有许多关于助人为乐、成人之美的处世格言，如“忽己之慢，成人之美”，“贵人而贱己，先人而后己”，“趋人之急，甚于己私”，“悯济人穷”等。两千年前，墨子就曾倡导：“摩顶放踵，利天下为之。”意思是说，对别人有利的事，即使从头顶到脚跟都受到损伤，也要做。这种精神也就是我们所提倡的“毫不利己、专门利人”的精神。

助人为乐要有一种忘我的奉献精神，并把它贯穿在自己的生活中，作为为人处世的一种准则。一个人的潜力有大小，但只要有了助人为乐的品德，就能成为一个高尚的人，一个有道德的人。

第九、十、十一、十二课　污水变清的秘密

三月，是我们的“职守月”。“职守”，就是承担起自己应尽的责任，并努力做到最好。作为一名六年级的小学生，你们除了努力学习、掌握知识和技能之外，还有哪些应尽的责任呢？

在“世界水日”到来之际，我们将一起了解地球上淡水资源的情况，并前往污水厂参观、学习，看看污水是怎样处理并倍循环利用的。你们还会完成一些“水”的小实验，了解水的性能和特质。希望你通过这节课的学习，掌握关于水资源的知识，担当起保护、节约水资源的责任，成为一名“护水小标兵”。

了解“淡水资源”

世界水资源

地球表面的72%被水覆盖，但淡水资源仅占所有水资源的0.5%。近70%的淡水固定在南极和格陵兰的冰层中，其余多为土壤水分或深层地下水，不能被人类利用。地球上只有不到1%的淡水或约0.007%的水可为人类直接利用。

中国水资源

我国是一个干旱、缺水严重的国家。我国的淡水资源总量为28000亿立方米，占全球水资源的6%，仅次于巴西、俄罗斯和加拿大，名列世界第四位。但是，我国的人均水资源量只有2300立方米，仅为世界平均水平的1/4，是全球人均水资源最贫乏的国家之一。

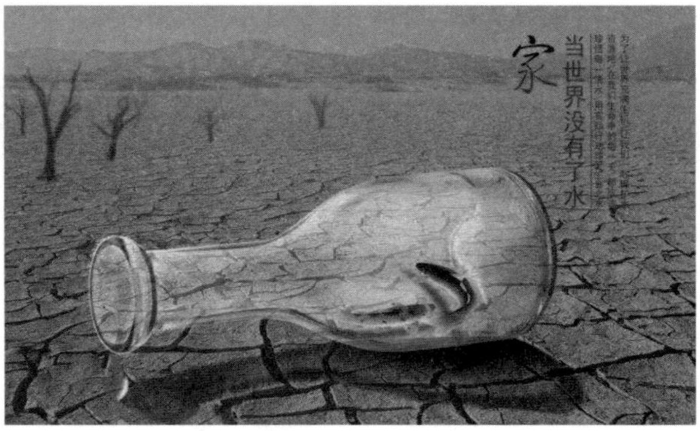

绿色延长线

同学们，你们知道什么是“中水”吗？“中水”一词是相对于上水（给水）、下水（排水）而言的。中水回用技术是指将小区居民生活废（污）水集中处理达到一定的标准后，回用于小区的绿化浇灌、车辆冲洗、道路冲洗、家庭坐便器冲洗等，从而达到节约用水的目的。

现在，请你想一想，学校该如何利用中水呢？

____

____

____

____

神奇的水

今天，我们来做四个关于水的神奇小实验。

［科学实验1］：水山

材料：玻璃杯、水、一角硬币数枚。

实验方法：往玻璃杯里注满清水。把硬币轻轻地从杯边滑进杯里，一枚、两枚、三枚、……注意观察水面是什么形状。

思考：

（1）你在放到第几枚硬币的时候，水才溢出来的？________________

（2）如果杯子里放的是肥皂水，结果会怎样呢？请你动手实验一下吧。

____

____

［科学实验2］：水的幻觉

材料：玻璃杯、水、用A4纸打印的黑色箭头。

实验方法：将装满水的玻璃杯放到箭头与视线的中间。你发现了什么？

［科学实验3］：水粉分离

材料：碗、水、胡椒，以及肥皂。

实验方法：在碗中装满水，然后洒满胡椒，再在自己的手指上涂抹肥皂，把手放进水中，出现了什么现象？

［科学实验4］：防水气球

材料：水、蜡烛、气球。

实验方法：在一般情况下，把气球放在燃烧的蜡烛上，会被火烧破。现在，请你在气球里面加一点水，再次慢慢地放到蜡烛上方，气球就不会破了。

原理：水可以吸收火的热能，不过，如果超过气球内的水所能吸收的热能，气球一样是会爆炸的哦。

本月活动

让污水变清

同学们，我们将前往污水处理厂参观，学习污水是怎么样被处理、再利用的。水污染主要包括工业污染、农业污染、生活污染。请你在参观、学习的过程中想一想，在日常生活中，我们怎样做可以减少水污染？我们能为水污染的治理做哪些准备呢？你也可以向污水厂的叔叔、阿姨们请教。

◇如何能够减少水污染：

____

____

◇我能为水污染的治理做哪些准备：

____

____

世界之窗

五大湖——世界最大的淡水湖群

世界上无与伦比的淡水湖群——五大湖，分布在美国东北部与加拿大接壤地区。它们从上游至下游依次为苏比利尔湖、密执安湖、休伦湖、伊利湖和安大略湖，总面积达24.52万平方公里，烟波浩渺，一望无际，因而获得了“北美大陆地中海”的称号。总蓄水量达24458立方公里，占全世界淡水总量的1/5，约相当于北美洲最大河流密西西比河的年径流量的40倍。

其中，位于最上游的苏比利尔湖为世界上最大的淡水湖，面积达8.24万平方公里，蓄水量为五大湖的一半以上。

贝加尔湖——世界最深的淡水湖

贝加尔湖是世界上容量最大、最深的淡水湖。位于俄国布里亚特共和国(Buryatiya)和伊尔库次克州(Irkutsk)境内。湖型狭长弯曲，宛如一弯新月，所以又有“月亮湖”之称。贝加尔湖湖水澄澈清冽，稳定透明，其总蓄水量23600立方千米。贝加尔湖容积巨大的秘密在于深度。该湖平均水深730米，最深1620米，两侧还有1000~2000米的悬崖峭壁包围着。湖面海拔456米。

《我的成长足迹》

水是生命之源：

亲爱的同学，你看过《机器人总动员（Wall–E）》吗？这部电影曾获得第81届奥斯卡最佳动画长片奖。讲述的是在公元2700年，地球早就被人类祸害成了一个巨大的垃圾场，已经到了无法居住的地步。人类大举迁移到了另外一个星球上，留下了垃圾清理机器人，瓦力（Wall–E）就是其中之一。当人类发现地球上还有绿色植物时，重回地球的勇气被唤醒，踏上了“回家”的征程。

或许你看过这部动画片。如果没有看过，请你利用网络查找资源来观看。在欢笑的同时，也请你谈谈自己的感悟吧。

电影中地球未来的样子：

____

____

____

____

人类迁移到外太空后，他们的生活是怎样的？

____

____

____

____

你觉得为了保护地球，你该承担哪些责任呢？

____

____

____

____

我的小星星：

亲爱的同学，如果请你给自己在这个月中的表现打分，你会打几分呢？你如何评价自己呢？

请回忆你在这个月里的表现，尝试给自己打分吧！请用红色或黄色来涂一涂上面的五颗星星，也

可以两种颜色都使用。其中，每颗红色星星代表20分，每颗黄色星星代表10分。

你给自己打多少分：

你在哪里丢分了呢？

针对以上表现，你觉得后面该怎么做呢？

同学们，在这个月的活动中，大家一起学习、研究，通过合作和分工完成了很多任务。在合作学习的过程中，你对其他同学有哪些中肯的评价呢？请你为他们写下你的评价吧，别忘了，也要请同学为你写评价哟。

我得到的评价：

评价人：

亲爱的同学，你这个月读了哪些书？认识了哪些人物？了解了哪些故事？或者哪一段文字的描写触动了你？请记录一段你的读书感悟吧。

书名：

作者（国籍）：

我的感悟：

同学们，针对自己在这个月的表现，你给自己打了几颗星呢？父母长辈和老师对你的表现有何评论呢？快快请老师和爸爸妈妈帮你做一个整体评价吧。

评价指标	学校表现得分（满分10分）	家庭表现得分（满分10分）
热爱祖国传统文化，积极主动了解家乡、国家时政大事，知晓、正视国家历史和革命历史		
尊老爱幼、文明守纪，同学之间团结互助，待人接物大方得体		
遵守公共秩序，遵守规则，并能劝导周围的伙伴共同履行行为规范		
主动学习，勤于思考，不懂就问，热衷钻研和探究，喜欢和他人交流意见，共同讨论		
具有良好的阅读习惯，有固定的阅读时间，不沉迷网络和手机游戏，讲卫生、爱清洁，具有环保意识		
拥有健康意识，有喜爱和擅长的体育运动项目；自信阳光，积极向上，正确看待挫折和困难，能正确处理与他人的矛盾；拥有正确的是非观		
诚实守信用，不说谎话，信守约定，履行计划，不轻言放弃		
拥有奉献精神，主动帮助他人，热心公益和慈善，具有持续的帮扶救助目标和计划		
具有节约意识，不浪费水电、粮食，不随意丢弃自己的旧物品；不乱花零花钱，有基本的理财观念		
老师评语：		
家长评语：		

七字诀

识——学而思，思而行

“学而思，思而行”，这句话的意思是指思考是读书、学习的深化，我们要学会在学习中有所思、有所悟，将学到的知识真正心领神会，成为自己的本领。

《论语》中有一句话说，“学而不思则罔，思而不学则殆”，这是孔子所提倡的一种读书和学习的方法。其中，“学而不思则罔”指的是如果一味地读书而不会思考，那么就无法理解书本的意义，不能更好地运用书本中的知识；只有把学习和思考结合起来，才能学到切实有用的知识，否则就会收效甚微。

所以，我们不能只是死记硬背，要学会思考和理解书本的内涵，做到活学活用、融会贯通，这样才能真正达到读书、学习的目的。

关于“读书”的名言：

书是人类进步的阶梯。——高尔基

生活里没有书籍，就好像没有阳光；智慧里没有书籍，就好像鸟儿没有翅膀。——莎士比亚

读一本好书，就是和许多高尚的人谈话。——歌德

发奋识遍天下字，立志读尽人间书。——苏轼

我一生的嗜好，除了革命外，只有好读书。我一天不读书，便不能生活。——孙中山

第十三课　认识地球，关爱家园

同学们，每年的4月22日是“世界地球日”。这是世界上最大的环保节日，在这一天，全世界共有超过10亿人参与到保护地球的活动中。

四月是我们的“博雅月”，我们将学习关于地以及环境保护、节约资源等知识。你将和同学们一起，制定班级“勤俭公约”。希望你能够对目前的环境问题有一个清晰的认识，并能积极参与和倡导环保行为，和你的家人一起，通过绿色低碳生活，改善地球的环境，保护我们的地球母亲。

放眼“世界”

1. 世界，一般来讲，就是人类赖以生存的地球。现在，请你想一想，“世界”一词还有哪些代称呢？比如：天地、人间、________、________、________、________。

描述“世界”等词的成语有：

2. 你能说出地球上的七大洲和五大洋的名字吗？

七大洲：

五大洋：

3. 2017年11月，霍金再次做出“预言”，称人类可能在2600年前就会灭绝。霍金认为，随着地球人口的增长，能源消耗将会增加，地球将变成一个“熊熊燃烧的火球”。请你查找相关资料，从现状和未来角度，简要了解目前地球上的人口情况和能源消耗情况。

小提示：请从现状和未来的角度进行了解。

4. 你读过哪些描写了“世界”或“地球”的书籍？请你写下书名，并摘抄一段相关的段落。

5. 如果有一天，你有幸同外星人会面，你将怎样为对方介绍我们的地球、我们的世界？

本月活动

践行“三爱三节”

1. “三爱三节”是由习近平总书记在2013年同全国各族少年儿童代表共庆“六一”国际儿童节时，向全国青少年提出的号召。请说说你对“三爱三节”内容的理解。

◇三爱：

“爱学习”：

______

______

“爱劳动”：

______

______

“爱祖国”：

______

______

◇三节：

“节水”：

______

______

“节电”：

______

______

“节粮”：

______

______

2. 请你设计一个调查表，对自己家里每天的用水、用电、吃粮情况展开小调查，看看有没有浪费的情况。请你自己设计调查表，也可以征求爸爸妈妈或老师的意见。并把你的调查结果和老师、同学们一起交流分享。

示例：

《家庭“三节”调查表》

<table>
<tr><th>调查项目</th><th>时间</th><th>用　途</th><th>用量（人数、时长、量、强度等）</th></tr>
<tr><td rowspan="3">用水</td><td>早</td><td></td><td></td></tr>
<tr><td>中</td><td></td><td></td></tr>
<tr><td>晚</td><td></td><td></td></tr>
<tr><td rowspan="3">用电</td><td>早</td><td></td><td></td></tr>
<tr><td>中</td><td></td><td></td></tr>
<tr><td>晚</td><td></td><td></td></tr>
<tr><td rowspan="3">粮食</td><td>早</td><td></td><td></td></tr>
<tr><td>中</td><td></td><td></td></tr>
<tr><td>晚</td><td></td><td></td></tr>
<tr><td>总结</td><td colspan="3"></td></tr>
<tr><td>是否存在浪费情况</td><td colspan="3"></td></tr>
<tr><td>在调查过程中发现了其他浪费问题</td><td colspan="3">（如：衣物、生活用品等）</td></tr>
</table>

3. 请你和小组同伴们一起收集日常生活中节粮、节水、节电的常识和办法，并结合你的调查结果，设计有针对性的《节约方案》。方案中要体现具体可行的措施，以及预期效果。

举例：

◇ 节电小常识

——电风扇耗电量与转速成正比，应尽量使用中档或慢档，慢档比快档可省电三分之一。

——用一团棉花裹到冰箱的滴水漏斗上，然后用细绳或胶布将其包扎，可防止冷热直接交流，从而达到节电的目的。

◇ 节水小知识

——将卫生间里水箱的浮球向下调整2厘米，每次冲洗可节水近3升，按家庭每天使用4次算，一年可节约水4380升。

——水龙头使用时间长有漏水现象，可以用小药瓶上的橡胶盖剪一个与原来一样大小的垫圈放进去，可以保证滴水不漏。

4. 请你和同学们一起，制定班级《勤俭守则十条公约》，并设计和绘制海报，编写节约口号。

“三爱三节”顺口溜两则：

同学们，要知道，节约粮食很重要。
碗中粒粒白米饭，全靠人民辛苦换。
一粒一粒都吃光，节粮美德要传扬。

爱学习，爱劳动，我们一起来行动。
热爱我们大祖国，三爱记好别弄错。
节水节粮和节电，一起为国做贡献。

《我的成长足迹》

小节约，大能量：

1.你们的班级《勤俭守则十条公约》包含哪些内容？你能默写下来吗？

①____________________

②____________________

③____________________

④____________________

⑤____________________

⑥____________________

⑦____________________

⑧____________________

⑨____________________

⑩____________________

其中，哪条是由你提出的，或和你的想法一致？

____

____

2. 请你根据家庭三节调查内容，参考班级《勤俭守则十条公约》，和你的爸爸妈妈一起制定《家庭“三节”公约十条》。

我的《家庭“三节”公约十条》

①______________________________

②______________________________

③______________________________

④______________________________

⑤______________________________

⑥______________________________

⑦______________________________

⑧______________________________

⑨______________________________

⑩______________________________

我的小星星：

亲爱的同学，如果请你给自己在这个月中的表现打分，你会打几分呢？你如何评价自己呢？

请回忆你在这个月里的表现，尝试给自己打分吧！请用红色或黄色来涂一涂上面的五颗星星，也可以两种颜色都使用。其中，每颗红色星星代表20分，每颗黄色星星代表10分。

你给自己打多少分：______________________________

你在哪里丢分了呢？

____

____

____

针对以上表现，你觉得后面该怎么做呢？

____

____

____

同学们，在这个月的活动中，大家一起学习、研究，通过合作和分工完成了很多任务。在合作学习的过程中，你对其他同学有哪些中肯的评价呢？请你为他们写下你的评价吧，别忘了，也要请同学为你写评价哟。

我得到的评价：

____

____

评价人：

亲爱的同学，你这个月读了哪些书？认识了哪些人物？了解了哪些故事？或者哪一段文字的描写触动了你？请记录一段你的读书感悟吧。

书名：

作者（国籍）：

我的感悟：

同学们，针对自己在这个月的表现，你给自己打了几颗星呢？父母长辈和老师对你的表现有何评论呢？快快请老师和爸爸妈妈帮你做一个整体评价吧。

评 价 指 标	学校表现得分（满分10分）	家庭表现得分（满分10分）
热爱祖国传统文化，积极主动了解家乡、国家时政大事，知晓、正视国家历史和革命历史		
尊老爱幼、文明守纪，同学之间团结互助，待人接物大方得体		
遵守公共秩序，遵守规则，并能劝导周围的伙伴共同履行行为规范		
主动学习，勤于思考，不懂就问，热衷钻研和探究，喜欢和他人交流意见，共同讨论		
具有良好的阅读习惯，有固定的阅读时间，不沉迷网络和手机游戏，讲卫生、爱清洁，具有环保意识		
拥有健康意识，有喜爱和擅长的体育运动项目；自信阳光，积极向上，正确看待挫折和困难，能正确处理与他人的矛盾；拥有正确的是非观		
诚实守信用，不说谎话，信守约定，履行计划，不轻言放弃		
拥有奉献精神，主动帮助他人，热心公益和慈善，具有持续的帮扶救助目标和计划		
具有节约意识，不浪费水电、粮食，不随意丢弃自己的旧物品；不乱花零花钱，有基本的理财观念		
老师评语：		
家长评语：		

八字诀

合——尚和合，求大同

“尚和合，求大同”讲述的是我们国家的社会理想和民族精神。“和合”精神与社会主义核心价值观的“和谐”是完全一致的。“和谐”描述的是一个美好社会的样子，而“合作”正是要达到这个样子的根本精神和美德。“大同”则是古人所描绘的和谐社会的样子，是中国古人的“中国梦”，指人人友爱互助、家家安居乐业、没有贫富差距、没有战争，充满真正的自由、平等、文明、和谐。

正如习近平主席指出的那样，中华文化崇尚和谐，中国“和”文化源远流长，蕴涵着天人合一的宇宙观、协和万邦的国际观、和而不同的社会观、人心和善的道德观。在5000多年的文明发展中，中华民族一直追求和传承着和平、和睦、和谐的坚定理念。以和为贵，与人为善，己所不欲、勿施于人等理念在中国代代相传，深深植根于中国人的精神中，体现在中国人的行为上。

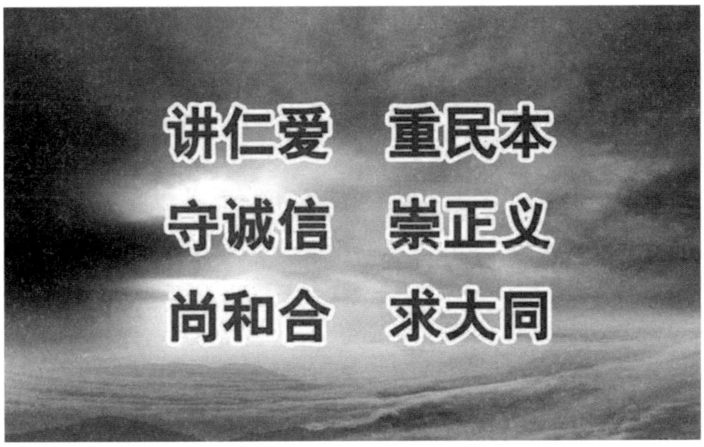

第十四课　我用对联写北京

对联，又称楹联或对子，是中国传统文化的瑰宝。每逢新春佳节，家家户户都会在自家门口贴上红红的对联，既能烘托喜庆、红火的节日气氛，又能寄托我们对于幸福生活的美好期待和愿望。

你曾经帮助家人贴过对联和福字吗？你能编写出一副对联吗？在这个“尚合月”中，你将学习编写对联的方法，并和同学们一起合作，编写一幅赞美北京的对联。在年级举行的“赏对联”活动中，你还能欣赏到其他小组、其他班级的同学们创作的对联作品。希望你能和同学们进行有效合作，并学会与其他同学，尤其是陌生的同学进行文明又愉快的交流和沟通。希望你能认识更多的好朋友。

赏心悦目看对联

对联，是写在纸、布上或刻在竹子、木头、柱子上的对偶语句，讲究对仗工整、平仄协调，是一字一音的中华语言独特的艺术形式。2005年，中国国务院把楹联习俗列为第一批国家非物质文化遗产名录。

对联习俗在华人乃至全球使用汉语的地区以及与汉语汉字有文化渊源的民族中传承、流播，对于弘扬中华民族文化有着重大价值。

对联赏析：

五字联：山色攒文气；湖光澄读心。

六字联：竹雨松风琴韵；茶烟梧月书声。

七字联：千秋笔墨惊天地；万里云山入画图。

八字联：丝竹同清当天合曲；山水齐朗映日生文。

九字联：麓秀川明，歌飞杨柳岸；物开民振，派重凤凰山。

十字联：厚德才，孚和协，时成尔事；修文乐，讲礼仪，更造吾民。

多字联：书童磨墨，墨抹书童一脉（mò）墨；梅香添煤，煤爆梅香两眉煤。

专心致志学对联

编写对联需掌握以下几个方法：

1. 字数相等，断句一致：上下联的字数必须相同，不多不少。

2. 平仄相合，音调和谐：传统习惯是“仄起平落”，即上联末句尾字用仄声（第三、四声），下联末句尾字用平声（第一、二声）。

3. 词性相对，位置相同：一般称为“虚对虚，实对实”，也就是名词对名词，动词对动词，形容词对形容词，数量词对数量词，副词对副词，而且相对的词必须在相同的位置上。

4. 内容相关，上下衔接：上下联的含义必须相互衔接，但又不能重复。

请你和小组同伴一起，查找相关资料，看看还有哪些编写对联的好方法，并指出下图中两副对联的上联和下联。

（　）联　（　）联　（　）联　（　）联

齐心合力写对联

请你和小组同伴一起，按照编写对联的要求，创作一副以“北京”为主题的对联，要有上联、下联，字数不限，横批可有可无。对联的内容要反映北京文化、城市特色、风情风貌等，要用词优美、准确到位、积极向上。

示例：

上联：芍药居，牡丹园，莲花池，花家地，五彩缤纷；

下联：垂杨柳，双榆树，五棵松，苹果园，四季常青。

横批：绿色新北京

我们的作品：

____

____

____

____

本月活动

口齿生香品对联

开展年级赏对联活动，请把你们小组自创的对联用正式的对联形式写出来，并另用一张纸写明对联的“注释”，写明个别词句的意思，对联反映了什么内容等，在教室内悬挂展示。这样，其他班级的师生就可以更好地欣赏你们的作品了。你们也可以在活动中，到其他班级去参观、学习、交流。你可以写下自己的留言，发表自己的感想。

活动感悟

我印象最深的一副对联是：

____

____

____

我认为它妙在哪里：

____

____

____

经典回眸

古代“奇联”欣赏：

1. 上联：好读书不好读书；下联：好读书不好读书。

此联为明代徐渭所作。上联指年少时能读好书，却不爱好（hào）读书，年老时爱好读书却读不好书了。

2. 上联：此木是柴山山出；下联：因火成烟夕夕多。

此联展现一幅恬静的田园生活气息，同时将汉字艺术的博大精深演绎到极致，可谓绝妙。

3. 上联：独览梅花扫腊雪；下联：细睨山势舞流溪。

此联的妙处在于上联急读如音阶：“多来米发索拉西”。下联为方言读数字：“一二三四五六七”。

4. 上联：玉澜堂，玉兰蕾茂方逾栏，欲拦余览；下联：清宴舫，清艳荷香引轻燕，情湮晴烟。

此联堪称对联中的绕口令。

5. 上联：闲看门中月；下联：思耕心上田。

此联为“拆字联”，是清朝一名小学童史致俨在九岁去县里参加考试时所对。

6. 上联：南通州，北通州，南北通州通南北；下联：东当铺，西当铺，东西当铺当东西。

此联是闻名的方位联。上联是清朝皇帝乾隆所作，下联是纪晓岚即兴所对。

《我的成长足迹》

沟通交流小能手：

请你想一想，在这样的年级活动中，我们该怎样礼貌地与别人交流和沟通？尤其当你不同意别人的看法，或者有不同意见时，你该怎样正确表达你的观点，而又不失礼貌？请举例说明。

我的小星星：

亲爱的同学，如果请你给自己在这个月中的表现打分，你会打几分呢？你如何评价自己呢？

请回忆你在这个月里的表现，尝试给自己打分吧！请用红色或黄色来涂一涂上面的五颗星星，也可以两种颜色都使用。其中，每颗红色星星代表20分，每颗黄色星星代表10分。

你给自己打多少分：

你在哪里丢分了呢？

针对以上表现，你觉得后面该怎么做呢？

同学们，在这个月的活动中，大家一起学习、研究，通过合作和分工完成了很多任务。在合作学习的过程中，你对其他同学有哪些中肯的评价呢？请你为他们写下你的评价吧，别忘了，也要请同学为你写评价哟。

我得到的评价：

评价人：

亲爱的同学，你这个月读了哪些书？认识了哪些人物？了解了哪些故事？或者哪一段文字的描写触动了你？请记录一段你的读书感悟吧。

书名：______

作者（国籍）：______

我的感悟：

______

______

______

同学们，针对自己在这个月的表现，你给自己打了几颗星呢？父母长辈和老师对你表现有何评论呢？快快请老师和爸爸妈妈帮你做一个整体评价吧。

评价指标	学校表现得分（满分10分）	家庭表现得分（满分10分）
热爱祖国传统文化，积极主动了解家乡、国家时政大事，知晓、正视国家历史和革命历史		
尊老爱幼、文明守纪，同学之间团结互助，待人接物大方得体		
遵守公共秩序，遵守规则，并能劝导周围的伙伴共同履行行为规范		
主动学习，勤于思考，不懂就问，热衷钻研和探究，喜欢和他人交流意见，共同讨论		
具有良好的阅读习惯，有固定的阅读时间，不沉迷网络和手机游戏，讲卫生、爱清洁，具有环保意识		
拥有健康意识，有喜爱和擅长的体育运动项目；自信阳光，积极向上，正确看待挫折和困难，能正确处理与他人的矛盾；拥有正确的是非观		
诚实守信用，不说谎话，信守约定，履行计划，不轻言放弃		
拥有奉献精神，主动帮助他人，热心公益和慈善，具有持续的帮扶救助目标和计划		
具有节约意识，不浪费水电、粮食，不随意丢弃自己的旧物品；不乱花零花钱，有基本的理财观念		
老师评语：		
家长评语：		

九字诀

悦——身心悦，远近悦

在《论语》中有“近者说（悦），远者来”的话，意思是让邻近的人感到喜悦，使远方的人也都闻风前来。这句话告诉我们，要保持开开心心的状态，并把我们的快乐传递给身边的小伙伴们，也让不在我们身边的，以及那些不开心的小伙伴能我们一起沉浸在快乐的海洋里。如果你总是一副抑郁的脸庞、保持阴郁的心情，那么不但自己的状态会很糟糕，你身边的人也会失去欢乐，这样，大家就会慢慢地远离你，你就会变得更加孤独和抑郁了。

快乐其实很简单。快乐的多少，来自有乐趣事物的多少；来自自己内心需求和愿望满足得多少。比如说，你想要什么，你喜欢什么，你期望什么，这些被满足得越多，你的快乐的次数也就越多。

下面，我们欣赏一首民国大诗人徐志摩的诗。

雪花的快乐（节选）

假如我是一朵雪花，翩翩的在半空里潇洒；
我一定认清我的方向——飞扬，飞扬，飞扬；
这地面上有我的方向。
不去那冷寞的幽谷，不去那凄清的山麓；
也不上荒街去惆怅——飞扬，飞扬，飞扬；
你看，我有我的方向！

第十五课　更高、更快、更强

同学们，你们听说过“更高、更快、更强”这句话吗？是在哪里听说的呢？这六个字是奥林匹克运动的一句著名格言。

在“从心月”中，我们将学习与奥林匹克运动有关的知识，了解奥林匹克文化，学习奥林匹克精神。希望你通过这节课的学习，能够变成一个积极、乐观、向上、勇于攀登、勇于挑战的好学生，做到"本领更高，学习更快，能力更强"，以一个全新的面貌迎接即将到来的初中生活。

奥运会知多少

奥林匹克运动会（Olympic Games）简称"奥运会"，是世界上规模最大的综合性运动会。对于每一位运动健儿来说，参加奥运会，得到一块奥运会奖牌，将是他们一生的荣耀。那么，对于奥运会你了解多少呢？请你"小试牛刀"，尝试完成以下填空。

奥运会发源于______，每______年一届，会期不超过______天。上一届奥运会是在_____（国家）的______举办的。

"奥运五环"由5个奥林匹克环套接组成，有______、______、______、______、______五种颜色，象征着____________________。

北京于______年举办了第______届奥运会，主题为__________，吉祥物是__________，分别代表了____________________________________。

创纪录，铸辉煌

1. 同学们，你们都知道哪些体育名人呢？你们有崇拜的体育明星吗？在奥运会的赛场上，诞生了无数优秀的运动员，比如，美国游泳名将"飞鱼"——迈克尔·菲尔普斯（Michael Phelps），他是目前全世界获得奥运金牌最多的运动员，以23枚金牌遥遥领先于第二名的9枚。菲尔普斯是一个非常有天赋的游泳运动员，以极大的毅力克服了所有困难，每年几乎365天都在训练。

菲尔普斯也收获了无数的fans，而像他这样的明星还有刘翔、孙杨、闪电博尔特等等。他们用一项项新的世界纪录和富有传奇的故事，书写着奥运精神，鼓舞着每一个人。

现在，就请你寻找一位你热爱、崇拜的奥运体育达人做你的偶像吧。

◇我的偶像是：________

◇他（她）的主要成就是：

____

____

◇我要向他（她）学习的精神是：

____

____

◇我的偶像学习计划是：

____

____

____

2. 在2016年的里约奥运会上，由10名难民组成了一支不分国界的特别队伍。这10名运动员是来自叙利亚、南苏丹、刚果（金）和埃塞俄比亚的难民。奥运会开幕式上，他们在奥林匹克会旗的引导下，排在东道国巴西队之前入场。如果他们得了金牌，颁奖仪式上将升奥林匹克会旗，奏奥林匹克会歌。

◇请你思考，这些曾经遭遇了悲惨人生的难民来参加奥运会，体现了他们身上怎样的品质？

____

____

◇国际奥委会这一举动的目的是什么呢？

运动文化之力量

1. 奥林匹克运动有一句著名的格言：“更快、更高、更强”。这一格言是顾拜旦的好友、巴黎阿奎埃尔修道院院长迪东（Henri Didon）在他的学生举行的一次户外运动会上，鼓励学生们时说过的一句话。

◇请你谈一谈你对这句话的理解：

◇这句格言该怎样应用到你的学习、生活中呢？请说说你的看法。

◇前奥委会主席罗格提出了奥林匹克新格言：“更干净、更人性、更团结”。代表新世纪奥林匹克运动以人为本、公平竞争和文明、团结、进步的前进方向。人的全面发展是新格言的灵魂。

现在，请你拟一条奥林匹克格言，并做出诠释。

我的奥林匹克格言：

我的诠释：

格言的英文翻译为：

2. 亲爱的同学们，在历届奥运会的开幕式上，奥运圣火的点燃是最为重要的环节，也是最激动人心的时刻。奥林匹克圣火的传递也使用了很多不同的形式：

1948年在船上穿越英吉利海峡；

1952年通过飞机传递到赫尔辛基；

1956年骑马穿越澳大利亚；

1976年通过卫星传递；

2000年在大堡礁附近水下传递；

……

现在，请你查阅相关资料，了解关于奥运圣火的知识。

◇奥运圣火的起源：

◇奥运圣火的象征：

本月活动

大家一起来

亲爱的同学们，6月23日是国际奥林匹克日，是为了纪念现代奥林匹克运动会，更是为了鼓励世界上所有的人，不分性别、年龄或体育技能的高低，都能参与到体育活动中来。

现在，也请你和小伙伴们一起，参与到运动中来吧。

请小组合作编排一套“桌边健身操”，至少包含5个动作，并在课堂上与其他小组进行交流和分享，形成《班级5分钟桌边健身操》。

每个动作不易太难，以“轻型”运动为主，如：

1. 坐在椅子上，轻轻缩下巴，将双手手指交叉互握放在后脑勺上，手肘关节尽量往后拉，停5秒，放松，重复5次。

2. 站起来，双手手指互相交叉，双掌朝外向前推，手臂向前上方伸直，至肩胛肌肉有拉紧的感觉为止，停5秒，放松，重复5次。

请亲身示范并讲解你们小组编排的动作，并说明这些动作锻炼了身体的哪几个部位，请爸爸妈妈帮你拍摄下来，并将视频保存到《电子成长档案》中。

经典回眸

体育励志电影——《火的战车》（*Chariots of Fire*）
——"以上帝的名义去跑，让世界在怀疑中后退"

这部电影被誉为"史上最伟大的体育电影"，是一部关于勇气、意志力和信仰的影片，反映了奥林匹克运动会的崇高理想。

电影根据20世纪20年代两个青年短跑选手的真实故事编写而成。1919年，英国在刚结束的第一次世界大战中取得了胜利，人们慢慢走出战争的阴影，怀着对美好生活的希望积极开始了全新的生活。剑桥大学犹太青年亚伯拉罕（本·克劳斯饰）和苏格兰的虔诚教徒利德尔（伊安·查里森饰）都梦想着夺取奥运会百米金牌，一个是为了对抗种族偏见，为同胞争光；一个是为了胜利，为上帝争光。最终在第8届巴黎奥运会上，他们战胜各自的生理和心理障碍之后，光荣地实现了最初的梦想。

这部影片摘得了第54届奥斯卡金像奖最佳影片奖、最佳原创剧本奖、最佳配乐奖、最佳服装设计奖。请你利用互联网，收看这部电影，并聆听其中的经典电影配乐——火战车。

《我的成长足迹》

我要更高、更快、更强：

1.请你搜索资料，在奥运会历史中寻找一个关于“乐观”“向上”的励志故事：

2.请按照你对奥林匹克的理解，设计一个五环图案。

我的小星星：

亲爱的同学，如果请你给自己在这个月中的表现打分，你会打几分呢？你如何评价自己呢？

请回忆你在这个月里的表现，尝试给自己打分吧！请用红色或黄色来涂一涂上面的五颗星星，也

可以两种颜色都使用。其中，每颗红色星星代表20分，每颗黄色星星代表10分。

你给自己打多少分：________________

你在哪里丢分了呢？

____

____

____

针对以上表现，你觉得后面该怎么做呢？

____

____

____

____

同学们，在这个月的活动中，大家一起学习、研究，通过合作和分工完成了很多任务。在合作学习的过程中，你对其他同学有哪些中肯的评价呢？请你为他们写下你的评价吧，别忘了，也要请同学为你写评价哟。

我得到的评价：

____

____

____

____

评价人：

____

亲爱的同学，你这个月读了哪些书？认识了哪些人物？了解了哪些故事？或者哪一段文字的描写触动了你？请记录一段你的读书感悟吧。

书名：________________

作者（国籍）：________________

我的感悟：

____

____

____

____

____

同学们，针对自己在这个月的表现，你给自己打了几颗星呢？父母长辈和老师对你的表现有何评论呢？快快请老师和爸爸妈妈帮你做一个整体评价吧。

评价指标	学校表现得分（满分10分）	家庭表现得分（满分10分）
热爱祖国传统文化，积极主动了解家乡、国家时政大事，知晓、正视国家历史和革命历史		
尊老爱幼、文明守纪，同学之间团结互助，待人接物大方得体		
遵守公共秩序，遵守规则，并能劝导周围的伙伴共同履行行为规范		
主动学习，勤于思考，不懂就问，热衷钻研和探究，喜欢和他人交流意见，共同讨论		
具有良好的阅读习惯，有固定的阅读时间，不沉迷网络和手机游戏，讲卫生、爱清洁，具有环保意识		
拥有健康意识，有喜爱和擅长的体育运动项目；自信阳光，积极向上，正确看待挫折和困难，能正确处理与他人的矛盾；拥有正确的是非观		
诚实守信用，不说谎话，信守约定，履行计划，不轻言放弃		
拥有奉献精神，主动帮助他人，热心公益和慈善，具有持续的帮扶救助目标和计划		
具有节约意识，不浪费水电、粮食，不随意丢弃自己的旧物品；不乱花零花钱，有基本的理财观念		
老师评语：		
家长评语：		

后　记

时间，犹如白驹过隙。不知不觉，我们又度过了一个学年的欢乐时光。在这一年里，我们一起完成了很多有趣的活动，也学到了许多有趣的知识。我们欣赏了许多五彩缤纷的邮票；亲自动手体验了“变废为宝”；掌握了关于“一带一路”的知识；分享了家乡的特产和家乡的文化；了解了污水变清的秘密；知道了很多节约水电的知识；学会了写对联；拥有了一位体育偶像。

同学们，小学生活即将结束，你们将迎来学生时代的第一个毕业季。你们即将告别纯真的小学时光，迈入青涩的中学时代。希望你们能继续健康、快乐地成长。在任何时候，对任何事情，都要保持乐观、积极的心态，勇敢面对困难。挫折是人的成长历程中必须要攀登的一座座高峰，愿你们能永不止步，迈步向前。

俗话说，“人往高处走，水往低处流”，人生要有远大的志向和抱负，而掌握知识，是实现自己的目标和理想的最重要的手段。希望你们不辜负学校、老师、家长对你们的期望，不断积累知识，为实现自己的目标和理想努力奋斗！

同学们，学习贵在自觉，重在行动。求学之路，且行且珍重。“少壮不努力，老大徒伤悲”，即将升入初中的你们，在学习和生活中都将拥有一个新的开始、新的起点。愿你们能够好好学习，靠自己的努力实现愿望和梦想！

加油！努力！奋进！

"i优势"

北方工业大学附属学校德育、体育、美育课程体系

（学生用书）

王　英　主编

七年级

中国发展出版社
CHINA DEVELOPMENT PRESS

图书在版编目（CIP）数据

"i优势"：北方工业大学附属学校德育、体育、美育课程体系（学生用书）/ 王英主编 . 北京：中国发展出版社，2019.7

ISBN 978-7-5177-1027-1

Ⅰ . ① i… Ⅱ . ①王… Ⅲ . ①德育—中小学—教材 ②体育课—中小学—教材 ③美育—中小学—教材 Ⅳ . ① G634

中国版本图书馆 CIP 数据核字（2019）第 137690 号

书　　名："i优势"：北方工业大学附属学校德育、体育、美育课程体系（学生用书）
著作责任者：王　英
出 版 发 行：中国发展出版社
（北京市西城区裕民东路 3 号 9 层　100029）
标 准 书 号：ISBN 978-7-5177-1027-1
经　销　者：各地新华书店
印　刷　者：河北鑫兆源印刷有限公司
开　　本：889mm × 1194mm　1/16
印　　张：38.5
字　　数：800 千字
版　　次：2019 年 8 月第 1 版
印　　次：2019 年 8 月第 1 次印刷
定　　价：158.00 元（全 9 册）

联 系 电 话：（010）68990630　68990692
购 书 热 线：（010）68990682　68990686
网 络 订 购：http://zgfzcbs. tmall. com//
网 购 电 话：（010）88333349　68990639
本 社 网 址：http://www.develpress. com. cn
电 子 邮 件：370118561@qq. com

前 言

亲爱的同学们：

你们好！

学生时代是人生中最欢愉、最难忘的一段时光，你们可以无忧无虑地徜徉于书海中，探索未来的世界。但是身为学生的你们，有时，往往急于告别学生时代，希望自己可以快快长大，快快拥有丰满的羽翼，拥抱五光十色的大千世界。就像钱钟书先生在《围城》中描写的那样：处在围城内的人想尽一切办法出来，而处于围城之外的人则想办法进去。

其实，人生中有很多值得我们珍惜和留恋的日子，而学生时代一定是最纯洁、最美好的那一段时光。

你们要好好学习，珍惜大好年华，不断地用知识充实自己的头脑、净化自己的心灵；学会各种技能，让自己变得更加强大。

你们要发现自己的优势和特长，培养高雅的情趣和爱好；要学会自主，并在未来发挥自己的优势，学会自立。要勇于做自己，做不一样的自己，做真实的自己，追寻内心的声音，不随波逐流。要做独特的自己，依照自己的特长去专注成长。要做最好的自己，把最优秀的一面展示给世界。“做自己”需要一种不受外界干扰的坚定毅力，就如苏轼所言：“守其初心，始终不变”。

你们要积极地去赢取属于自己的未来，追求精彩绽放。每个人都有自己的梦想，你们要坚守成功的信念，不轻言放弃，直面未来，追逐精彩。要拥有改变自我命运的志气，拥有战胜一切困难的勇气，拥有发挥优势的底气。赢未来，需要一种执着的理想和信念贯穿成长的始终，如朱熹所言：“立志不坚，终不济事”。

经济合作与发展组织（OECD）每三年组织一次的国际学生评估项目（PISA）测试，在2018年增加关于“全球素养”（Global Competence）的内容，旨在考查学生能否尊重不同的文化和信仰，融入多元化世界，在全球化的进程中，用新的排名来展示各国年轻人的能力。这种能力可帮助你们日后在变幻莫测的社会中找到自己的生存之路，拥有一份提升自己的方向指南。你们要学会接受不一样的想法、观点，不一样的价值观，努力尝试参与国际与文化交流的活动，跨越差异，实现人与人之间的相互信任。

同学们，你们准备好做合格的世界公民了吗？

附：【“全球素养”的定义】

——从多个角度批判地分析全球和跨文化议题的能力；

——理解差异是如何影响观念、判断，以及对自我和他人的认知的能力；

——在尊重人类尊严的基础上，与不同背景的他人进行开放、适宜、有效的互动的能力。

根据该定义，全球素养是一个有着多重维度的学习领域，包含了知识与理解力、技能、态度这三个维度。

目 录

一字诀 善——人之初，性本善 …… 1

二字诀 志——有志者，事竟成 …… 9

三字诀 技——精一技，通百路 …… 17

四字诀 恒——学无涯，贵有恒 …… 25

五字诀 律——克于己，复于礼 …… 31

六字诀 责——尽己责，担道义 …… 37

七字诀 识——学而思，思而行 …… 45

八字诀 合——尚和合，求大同 …… 53

九字诀 悦——身心悦，远近悦 …… 60

后 记 …… 66

一字诀

善——人之初，性本善

“人之初，性本善”是《三字经》中开篇的六个字，也是以孔子为代表的儒学的中心思想。孔子认为，人刚刚生下来的时候，本性就是善良的，而多年后孟子也一直延续着这个思想。其中，“善”的意思就是主张人性的根源是善良的，有了“善”的思想，才会有“善”的行动。所以，我们要拥有一颗向善之心、仁爱之心、爱国之心，这样才能体会到习善、行善的快乐。

“正义”一词，在中国最早见于《荀子》：“不学问，无正义，以富利为隆，是俗人者也。”正义观念萌于原始人的平等观，形成于私有财产出现后的社会。

不同的社会或阶级的人们对“正义”有着不同的解释：古希腊哲学家柏拉图认为，人们按自己的等级做应当做的事就是正义；基督教伦理学家则认为，肉体应当归顺于灵魂就是正义。整体看来，大多数的观点认为公平即是正义。简单来说，是同样的人同样对待。

关于“正义”的名言：

“正义”的胜利来自斗争。——路·莫里斯

不畏义死，不荣幸生。——唐·韩愈

火不侵玉。——唐·刘禹锡

激浊扬清，嫉恶好善。——唐·吴兢

剑是正义的仆人。——（英）埃·斯宾塞

第一、二、三、四课 铭记历史 砥砺前行

同学们，结束了六年的小学生活，你们步入了初中，开启了全新的生活。成为初中生的你们，不再是可以任性撒娇、哭哭啼啼的小孩子了，而是要成为文明懂事的好少年。对于一段全新的成长历程，你们有哪些期待和规划呢？

在“进德月”中，你们将前往中国人民抗日战争纪念馆参观和学习，并举行少先队建队仪式。希

望你们铭记历史，体会正义的力量，并懂得反思，学会自尊自爱，寻找和展现全新的自己。

初中，崭新的自己

法国16世纪伟大的思想家蒙田（Michel de Montaigne）曾经说过："世界上最重要的事情就是认识自我。"千百年来，人们在探索和改造大自然的同时，也在反复地探索着自身。对升入初中的你们来说，正确地认识自我是非常重要的。

1. "认识自我"小调研

请先给自己做一个客观的自我评价，在下面的调查表中写下自己认为自己的5个优点和5个缺点，然后请你的2位家人、2位同学、1位老师来做评价，了解他们对自己的印象。如果他们认同你的自我评价，就在相关的方框里写"1"，如果不认同就写"0"。你和评价者要有语言的交流，做好沟通，了解他们的想法，适当做好记录。并将这个过程用音频的形式记录下来，保存在你的《电子成长档案》中。

《"认识自我"调查表》

自我评价		他人评分				
		家人1	家人2	同学1	同学2	教师
优点	1：					
	2：					
	3：					
	4：					
	5：					
缺点	1：					
	2：					
	3：					
	4：					
	5：					

家人签字1：____________

家人签字2：____________

同学签字1：____________

同学签字2：____________

教师签字：____________

◇请结合自己和亲朋好友对你的评价，为这次小调查写一个总结，说说你的感想，谈谈自己对现状的认识，以及改变自己的计划。

我的感想：____

____

对于自己的现状的认识：____________________________

____

____

改变自己的计划：________________________________

____

____

2. 我的个人名片

为了能够在校园中结识到志同道合的好朋友，让我们自己动手，学习制作个人名片吧。首先，你要完善自己的个人信息，包括姓名、班级、爱好、喜欢读的书、座右铭等等。然后，就请你尽情发挥想象，绘制自己的名片，打造自己精彩的个性标签，展示自己别样的风采。

小提示：如果你有微博或微信，别忘了加上二维码，在名片的形式上你也可以有一些创新哦。

创新名片示例：

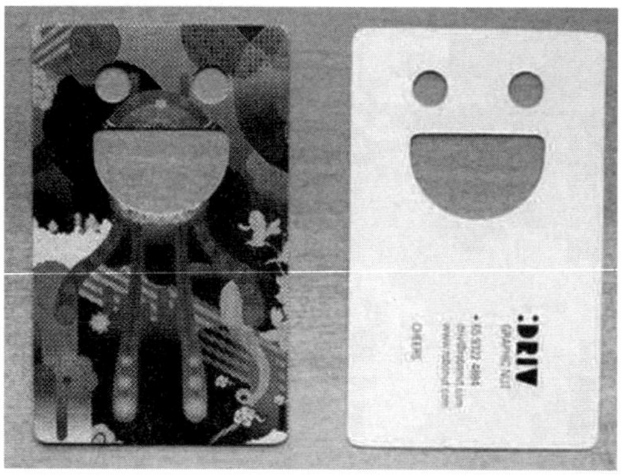

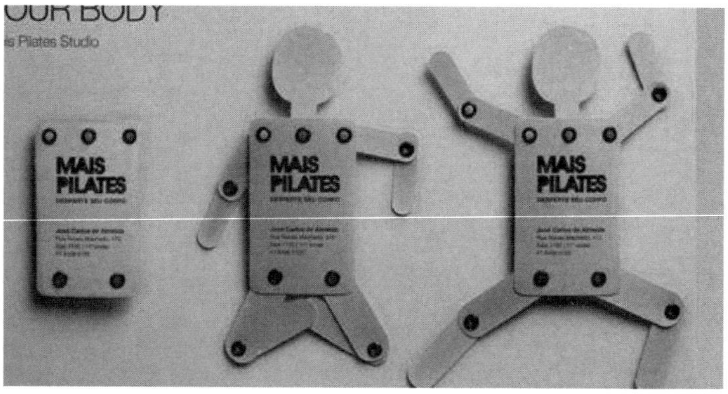

自尊自爱，注重仪表

1. 请同学们朗读《中学生日常行为规范》中关于“自尊自爱，注重仪表”的内容。

维护国家荣誉，尊敬国旗、国徽，会唱国歌，升降国旗、奏唱国歌时要肃立、脱帽、行注目礼，少先队员行队礼。

穿戴整洁、朴素大方，不烫发，不染发，不化妆，不佩戴首饰，男生不留长发，女生不穿高跟鞋。

讲究卫生，养成良好的卫生习惯。不随地吐痰，不乱扔废弃物。

举止文明，不说脏话，不骂人，不打架，不赌博。不涉足未成年人不宜的活动和场所。

情趣健康，不看色情、凶杀、暴力、封建迷信的书刊、音像制品，不听不唱不健康歌曲，不参加迷信活动。

爱惜名誉，拾金不昧，抵制不良诱惑，不做有损人格的事。

注意安全，防火灾、防溺水、防触电、防盗、防中毒等。

2. 请和同学们讨论：“作为一名初中生，如何做到自尊自爱？”请写下你的观点。

____

____

____

____

3. 开放的中国与世界的联系越来越紧密。作为中学生，你认为在国际交往中，应怎样展示中国人的自尊与自信呢？

____

____

____

____

做一个自尊自爱的人

本月活动

铭记历史，砥砺前行

同学们，在中国人民抗日战争胜利日之时，你们前往抗战胜利纪念馆学习了这段中华民族可歌可泣的历史。希望你们能够懂得胜利的来之不易，明白一个国家和民族的尊严是值得用生命去捍卫的。

1. 中国人民抗日战争纪念馆的网站是：http://www.1937china.com/，你知道其中的“1937”代表什么含义吗？

____

____

2. 抗战史上的今天：请你利用查阅资料等方法，查找在今天（同月同日）发生了哪些抗战历史事件和故事。

小提示：在中国人民抗日战争纪念馆的网站中能够找到答案哦。

◇今天是：______月_____日

◇抗战史上的今天发生了（请注明年代）：

____

____

____

____

____

3. 同学们，在抗战时期有很多爱国诗词，如吉鸿昌的《就义诗》：

恨不抗日死，留作今日羞。
国破尚如此，我何惜此头。

再如叶剑英的《登祝融峰》：

四顾渺无际，天风吹我衣；
听涛起雄心，誓荡扶桑儿。

请你分析这两首诗的创作背景，谈一谈两首诗各反映了作者怎样的情感与精神。

《就义诗》反映了：

《登祝融峰》反映了：

《我的成长足迹》

在自我认知中成长：

1.亲爱的同学，你的个人名片做得怎么样？你一共送出了几张名片？收到了几张名片？你是否已经有了新的朋友？

2.这个月我们成立了少先队大队，并参观了中国人民抗日战争纪念馆，学习和了解了抗战和祖国的发展历史，你收获了什么？有哪些感悟呢？

我的小星星：

亲爱的同学，如果请你给自己在这个月中的表现打分，你会打几分呢？你如何评价自己呢？

请回忆你在这个月里的表现，尝试给自己打分吧！请用红色或黄色来涂一涂上面的五颗星星，也可以两种颜色都使用。其中，每颗红色星星代表20分，每颗黄色星星代表10分。

你给自己打多少分：________________

你在哪里丢分了呢？

针对以上表现，你觉得后面该怎么做呢？

同学们，在这个月的活动中，大家一起学习、研究，通过合作和分工完成了很多任务。在合作学习的过程中，你对其他同学有哪些中肯的评价呢？请你为他们写下你的评价吧，别忘了，也要请同学为你写评价哟。

我得到的评价：

评价人：

亲爱的同学，你这个月读了哪些书？认识了哪些人物？了解了哪些故事？或者哪一段文字的描写触动了你？请记录一段你的读书感悟吧。

书名：________________

作者（国籍）：________________

我的感悟：

同学们，针对自己在这个月的表现，你给自己打了几颗星呢？父母长辈和老师对你的表现有何评论呢？快快请老师和爸爸妈妈帮你做一个整体评价吧。

评 价 指 标	学校表现得分（满分10分）	家庭表现得分（满分10分）
热爱祖国传统文化，积极主动了解家乡、国家时政大事，知晓、正视国家历史和革命历史		
尊老爱幼、文明守纪，同学之间团结互助，待人接物大方得体		
遵守公共秩序，遵守规则，并能劝导周围的伙伴共同履行行为规范		
主动学习，勤于思考，不懂就问，热衷钻研和探究，喜欢和他人交流意见，共同讨论		
具有良好的阅读习惯，有固定的阅读时间，不沉迷网络和手机游戏，讲卫生、爱清洁，具有环保意识		
拥有健康意识，有喜爱和擅长的体育运动项目；自信阳光，积极向上，正确看待挫折和困难，能正确处理与他人的矛盾；拥有正确的是非观		
诚实守信用，不说谎话，信守约定，履行计划，不轻言放弃		
拥有奉献精神，主动帮助他人，热心公益和慈善，具有持续的帮扶救助目标和计划		
具有节约意识，不浪费水电、粮食，不随意丢弃自己的旧物品；不乱花零花钱，有基本的理财观念		
老师评语：		
家长评语：		

二字诀

志——有志者，事竟成

“有志者，事竟成”，意思是有志向的人，做事终究会成功。告诉我们人生要靠自己去拼搏、去奋斗，在风雨中百折不挠，勇往直前。同学们，成功属于那些不怕困难、不怕失败、坚持不懈、执着追求梦想而又充满自信的人。

几千年前的一天，在渭水北岸，有位悠然垂钓的老人。一辆马车经过，车上的人问他：“老先生钓到鱼了吗？”

老人回答说：“什么有没有钓到？你问得未免太浅薄了，我是在想国家大事呀！钓一条小鱼就得意忘形，那只是小人的行径，而我要钓的鱼和他们的大不相同。”

这样的回答让车上的人马上下来。他毕恭毕敬地对老者说：“先生正是我梦寐以求的老师啊！”随即在老人的背后深深地鞠躬。

车上的人就是周文王，而老人正是助周兴业八百年的姜太公。凡夫俗子偶有小成就会得意忘形，好像已经称霸天下一样，总是摆脱不了小家子气。如果能像姜太公那样沉着冷静、志向高远，就算得不了天下，也能收获成功的人生。

第五课　传承家风家训，拥抱暖暖亲情

俗话说：“水有源，故其流不穷；木有根，故其生不穷。”每一个人都有自己的血脉宗亲，有了

“根”，我们才会像枝叶一样生长、茂盛，朝着梦想去飞翔。家族的根脉联系着骨肉亲情，家风家训的传承也延续着中华民族的传统美德和立德树人的精神。

在“铭志月”中，我们将学会继承和发扬家风、家训的优秀传统，感受亲情关爱的温暖。希望你热爱自己的家人，热爱家乡，铭记祖辈的训导和寄托，怀揣暖暖的亲情，肩负成长的责任，去追求自己的梦想。

我的“家庭根脉图”

1. 一个家庭的根脉图是另一种形式的全家福，今天，我们就来问祖寻根，画一画自己家庭的“电子根脉图”。你可以使用word、PPT或者软件（如Visio），可以尝试加上人物的照片和介绍。并将你的作品保存在《电子成长档案》中。

示例：

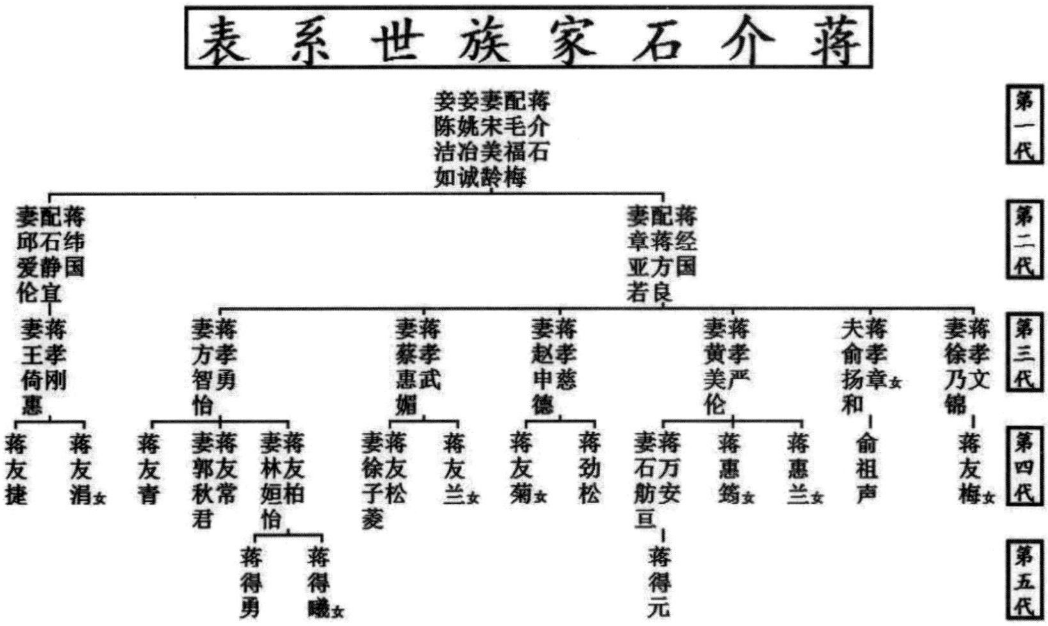

2. 亲爱的同学，请回忆一个你与家人之间发生的小故事，能够表达家人之间的关爱、关怀或思念。并和老师、同学们进行交流，谈谈这件事带给你的启发和成长。

____

____

____

经典赏析

同学们，你们对下面这张图片熟悉吗？见过吗？这是经典央视公益广告《Family》中的一个画面。这则广告讲述的是一个非常感人的、关于孩子在家庭中成长的故事。

请你利用互联网查找资源，欣赏或重温这则广告，并回答下列问题：

◇为什么“f”拄着拐杖呢？

◇为什么“m”会流泪呢？

◇“i”长成了大树的样子代表着什么呢？

◇你如何理解视频中“有家就有责任”这句话？

本月活动

美德家风代代传

1. 家风、家训是一个家庭的传统风尚，每个人的细小习惯、一言一行、举手投足，都能够体现个人修养和家风的养成。那么，你的家风、家训是什么呢？请你和家里的长辈们沟通，了解家族的家风、家训。

《我的家风、家训》

2. 请你尝试用软笔书法来写一写你的家风、家训吧。

毛笔字书写小提示：

①你要多鉴赏和临摹一些名家的书法作品，从字里行间中感悟这些优秀作品的美；

②你要有意识地培养良好的书写习惯，执笔的姿势要规范，多多练习“双钩握笔法”。

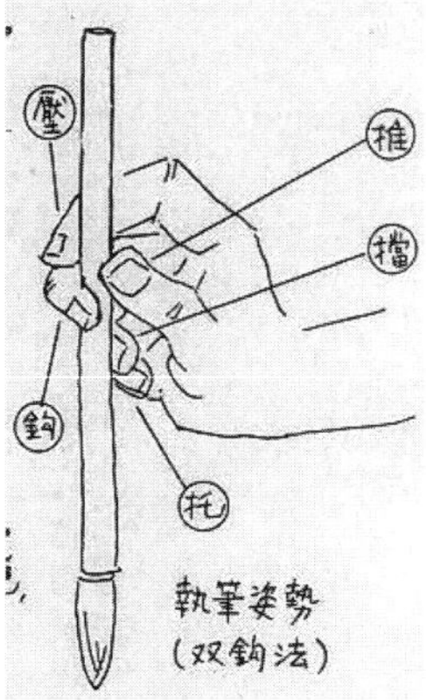

③要用心地去写每一笔、每一划，不要求你的字写得多么漂亮、优美，只要你认真、用心体会，把家风、家训记在心间，就是最美的。

书信里的养育恩

同学们，你们写过信吗？都与谁通过信呢？你们给爸爸妈妈写过信吗？今天，让我们打开心扉，借一纸书信搭建与父母之间沟通的桥梁，和父母做一次亲情互动吧。

1. 给父母写信

请你通过纸笔或用电子邮件给爸爸妈妈写一封信，将你想要倾诉的心声或是想表达的心意告诉他们。要写出自己内心的话语，真实的情感。字数在500字左右。

2. 父母的回信

请你的爸爸妈妈根据你的书信内容，为你写一封回信。纸笔或电子邮件均可，字数不限。

✧ 爸爸妈妈的回信大体写了哪些内容？

____

____

✧ 当你阅读他们的回信时，内心感受如何？

____

____

名人的家书家信

同学们，《曾国藩家书》《傅雷家书》《梁启超家书》及龙应台《亲爱的安德烈》等都是比较著名的家书作品。请你从中选择阅读一至两篇，并根据自己的理解回答下列问题。

我阅读的是______的家书，出自（书名）____________________，写于________年代。

书中对你启发最大的一段话是什么？你如何理解？

对我启发最大的一段话是：____

____

我的理解：____

____

____

____

你认为作者在写这部作品时，怀有一种怎样的心情？这部作品寄托了他（她）怎样的情感？

____

____

____

____

经典赏析

家风、家训名句欣赏：

- 治家严，家乃和；居乡恕，乡乃睦。——清·王豫《蕉窗日记》
- 治家以和平两字为主。——清·钱泳《履园丛话·治家》
- 觉醒的父母，完全应该是义务的，利他的，牺牲的。——鲁迅《我们现在应该怎样做父亲》
- 养不教，父之过；教不严，师之惰。——宋·王应麟《三字经》

• 修身而家齐，家齐而后国治，国治而后天下平。——《礼记·大学》

《我的成长足迹》

在家庭教育中成长：

1.你对自己的家风、家训有哪些体会？你将如何做到更好的继承？除此之外你还想做到哪些方面呢？

2.通过给父母写信，你是否向他们真实地表达出了你的情感和心里话？你觉得通过写信和父母沟通交流这种方式如何？你是否会保持与父母这样的书信习惯？

3.父母看过信后，你们有怎样的交流？他们是否明白你想要表达的心声？

4.与和父母直接沟通相比，这样书信往来起到了怎样的不同效果？

我的小星星：

亲爱的同学，如果请你给自己在这个月中的表现打分，你会打几分呢？你如何评价自己呢？

请回忆你在这个月里的表现，尝试给自己打分吧！请用红色或黄色来涂一涂上面的五颗星星，也可以两种颜色都使用。其中，每颗红色星星代表20分，每颗黄色星星代表10分。

你给自己打多少分：______

你在哪里丢分了呢？

______

______

______

针对以上表现，你觉得后面该怎么做呢？

______

______

______

______

同学们，在这个月的活动中，大家一起学习、研究，通过合作和分工完成了很多任务。在合作学习的过程中，你对其他同学有哪些中肯的评价呢？请你为他们写下你的评价吧，别忘了，也要请同学为你写评价哟。

我得到的评价：

______

______

______

______

评价人：

______

亲爱的同学，你这个月读了哪些书？认识了哪些人物？了解了哪些故事？或者哪一段文字的描写触动了你？请记录一段你的读书感悟吧。

书名：______

作者（国籍）：______

我的感悟：

______

______

______

______

______

同学们，针对自己在这个月的表现，你给自己打了几颗星呢？父母长辈和老师对你的表现有何评论呢？快快请老师和爸爸妈妈帮你做一个整体评价吧。

评 价 指 标	学校表现得分（满分10分）	家庭表现得分（满分10分）
热爱祖国传统文化，积极主动了解家乡、国家时政大事，知晓、正视国家历史和革命历史		
尊老爱幼、文明守纪，同学之间团结互助，待人接物大方得体		
遵守公共秩序，遵守规则，并能劝导周围的伙伴共同履行行为规范		
主动学习，勤于思考，不懂就问，热衷钻研和探究，喜欢和他人交流意见，共同讨论		
具有良好的阅读习惯，有固定的阅读时间，不沉迷网络和手机游戏，讲卫生、爱清洁，具有环保意识		
拥有健康意识，有喜爱和擅长的体育运动项目；自信阳光，积极向上，正确看待挫折和困难，能正确处理与他人的矛盾；拥有正确的是非观		
诚实守信用，不说谎话，信守约定，履行计划，不轻言放弃		
拥有奉献精神，主动帮助他人，热心公益和慈善，具有持续的帮扶救助目标和计划		
具有节约意识，不浪费水电、粮食，不随意丢弃自己的旧物品；不乱花零花钱，有基本的理财观念		
老师评语：		
家长评语：		

三字诀

技——精一技，通百路

“精一技，通百路”，意思是要掌握一门精通的技艺，以便在未来的人生道路上获得成功。我们要养成会学习、会探究、会交往、会沟通的能力；要以正确的心态看待失败，不要害怕失败；要知道“失败是成功之母”的道理，学会总结失败的原因，不断学习和改进。这样，我们才能真正地掌握一门技艺，掌握一种本领，未来的成功也才会属于我们。

“科学技术是第一生产力”，这句话是邓小平在1988年的时候提出的，意思是科学和技术能够发挥巨大的作用，为我们生活的方方面面服务，解决我们在学习和生活中遇到的难题。比如说，妈妈每天可以用电饭煲为我们煮饭、熬粥、煲汤，既节省了时间，又更方便、更营养、更快捷。再比如，现在人们可以用支付宝、微信等电子方式进行支付了，再也不用担心收到假币、假钱，或者丢失钱包了。你们看，科学技术的力量是不是很强大呀？

第六课　好记者讲好故事

南宋诗人陆游曾说过：“纸上得来终觉浅，绝知此事要躬行。”实践，是认识的基础和来源，是掌握一门技艺的“必经之路”，是精通一项本领的必要前提，是检验真知的最有效的办法。通过实践，我们可以更好地认识和了解社会，也能更准确地发现自己的优点和不足。

11月8日是"中国记者节"，在"术攻月"中，你们将体验新闻工作者这一职业，并学习语言沟通的技能，用亲身实践来验证掌握一门技艺的乐趣和自身的成长。

本月活动

班级"新闻直播间"

同学们，你们了解"记者"这个职业吗？你们知道一件事情的发生到被我们所知要经历怎样的流程吗？今天，就让我们来充当"新闻工作者"，体会一条新闻是如何诞生的。

1. 组团

请你和小组同伴一起组成"新闻记者团"，并进行组内分工，每组中要有新闻播报员、新闻编辑员、新闻采访员。一同对身边有价值的新闻进行捕捉、必要的采访、编辑和播报。

小提示：你们可以选择班级、校园内发生的新鲜事，也可以放眼国内外，确定用于播报的5条新闻。记住，新闻不分大小，只求"新、奇、特"。

2. 组稿

✧ 请每个小组阅读相关新闻专业书籍，查找资料，了解新闻的定义，以及新闻报道的基本原则和要求是什么。

定义：____

____

原则和要求：____

____

____

____

✧ 新闻播报的语言要规范，用词要严谨，内容真实客观。一般采用5W原则，请你说一说什么是新闻的5W原则？

____

____

____

____

3. 播报

请小组收看和收听新闻节目，了解新闻主持人、播音员的基本要求和素养，掌握新闻播报的方法。在课堂上完成小组任务，播报中要注意自然、不局促，表达清晰，语言生动，具有自己的特色和风格。

“说”得恰到好处

作为新闻工作者，无论采访还是播报新闻，表达技巧的运用都是尤为重要的。而在我们的生活中，方方面面都离不开说话。怎样通过说话来表达自己的想法？怎样与不同的人进行良好沟通？下面，就让我们来学一学“说话”的技巧。

1.《说话的艺术》

◇请你自行阅读林语堂先生《说话的艺术》一书，从文化大师的言传身教中学习如何说得恰到好处。

◇请你总结一下林语堂的说话艺术体现在哪些方面？你的收获是什么？

◇请你想一想，我们在与人沟通的过程中，如何说话能够表达对别人的尊重，体现自身的修养？请写下你的想法。

2. 跟主持人学说话

在电视节目中，我们常常可以看到主持人的侃侃而谈、妙语连珠，在遇到“尴尬”或者“冷场”时刻，他们又能及时地“救场”。

请你选择一位自己喜爱的主持人，观看相关节目，分析他（她）所具备的职业素养和说话的技巧，并与同学们交流自己的收获。

主持人：

我的收获：

3. 说话技巧练习

请按照以下情境和同学或爸爸妈妈进行说话的技巧练习，看看如何在以下情境中恰如其分的讲话。请录制你练习状态最佳的一次，保存到你的《电子成长档案》中。

初次见面——情感语气适中；

赞美他人——避免“拍马屁”；

批评他人——不得罪对方；

说服他人——不露痕迹；

拒绝他人——巧说“不”字。

每日七问

作为一名优秀的记者，“善于提问”是一项必不可少的素质。而善于发问则是每个人尤其学生应该具备的好习惯。

升入初中的你们应该学会并勇于对不明晰、不确定的知识和观点发起提问，积极探索真理，做一个真正的质疑者、发现者、创新者。请你在每天学习生活中至少提出七个遇到或发现的问题，包括书本知识、课堂上老师的讲解、生活中遇到的难题等等，并努力寻求正确的答案。请记录你一天中提出的问题。

《每日七问记录表》

日期：

问题列表	答 案	仍存在的疑惑
问题1：		
问题2：		
问题3：		
问题4：		
问题5：		
问题6：		
问题7：		

经典赏析

从服务生到资深记者的成长故事
——《战地之恋》（*Up Close & Personal*）剧情简介

塔莉是个平凡的女侍应生，但她心里一直有个当播音员的梦想。一次，她把自己曾经的拉拉队表演的录影带寄到电视台，结果她不仅被电视台录用，而且得到资深记者沃伦的指导。第一次播报天气新闻的时候塔莉表现得不如人意，但她得到了沃伦的鼓励，而且非常用心得向沃伦学习。终于，塔莉对记者这份工作慢慢地上手了，事业发展得十分顺利，而两人在多日相处的时光中也爱上了彼此。但世事难料，结婚后的沃伦到了巴拿马，却在采访中因公殉职。

《我的成长足迹》

在实践中成长：

1. 同学们，你们在学习和生活中是否遇到这样的情况：许多古代人所谓的真理到了现代社会中似乎变得禁不起实践的推敲。请你试着找出和记录这些观点，和同学们进行交流讨论，并记录你们的讨论结果。

我质疑的观点/真理/道理/理论：

____

____

同学们的想法：

____

____

我的最终结论是：

____

____

2. 当今世界，我们获得信息的渠道越来越多，面对同一个事件，不同媒体可能会给出完全不同的报道进而影响舆论。比如：2003年的伊拉克战争，英美主流媒体的报道多以士兵身负重伤却仍然坚守战场的照片作为宣传照片，而伊拉克方面则以在战争颠沛流离、妻离子散的人物形象为主。

你在日常生活中，还看到过哪些对同一事件“截然相反”的报道吗？

____

____

3. 话说“祸从口出，患从口入”，我们在生活中都遇到过因说话不当而导致麻烦的事情。请你和同学们一起收集和阅读一些关于“慎言”的故事，并摘抄3句关于慎言的警句。

我的小星星：

亲爱的同学，如果请你给自己在这个月中的表现打分，你会打几分呢？你如何评价自己呢？

请回忆你在这个月里的表现，尝试给自己打分吧！请用红色或黄色来涂一涂上面的五颗星星，也可以两种颜色都使用。其中，每颗红色星星代表20分，每颗黄色星星代表10分。

你给自己打多少分：

你在哪里丢分了呢？

针对以上表现，你觉得后面该怎么做呢？

同学们，在这个月的活动中，大家一起学习、研究，通过合作和分工完成了很多任务。在合作学习的过程中，你对其他同学有哪些中肯的评价呢？请你为他们写下你的评价吧，别忘了，也要请同学为你写评价哟。

我得到的评价：

评价人：

亲爱的同学，你这个月读了哪些书？认识了哪些人物？了解了哪些故事？或者哪一段文字的描写触动了你？请记录一段你的读书感悟吧。

书名：____________________

作者（国籍）：____________________

我的感悟：

____

____

____

____

同学们，针对自己在这个月的表现，你给自己打了几颗星呢？父母长辈和老师对你的表现有何评论呢？快快请老师和爸爸妈妈帮你做一个整体评价吧。

评价指标	学校表现得分（满分10分）	家庭表现得分（满分10分）
热爱祖国传统文化，积极主动了解家乡、国家时政大事，知晓、正视国家历史和革命历史		
尊老爱幼、文明守纪，同学之间团结互助，待人接物大方得体		
遵守公共秩序，遵守规则，并能劝导周围的伙伴共同履行行为规范		
主动学习，勤于思考，不懂就问，热衷钻研和探究，喜欢和他人交流意见，共同讨论		
具有良好的阅读习惯，有固定的阅读时间，不沉迷网络和手机游戏，讲卫生、爱清洁，具有环保意识		
拥有健康意识，有喜爱和擅长的体育运动项目；自信阳光，积极向上，正确看待挫折和困难，能正确处理与他人的矛盾；拥有正确的是非观		
诚实守信用，不说谎话，信守约定，履行计划，不轻言放弃		
拥有奉献精神，主动帮助他人，热心公益和慈善，具有持续的帮扶救助目标和计划		
具有节约意识，不浪费水电、粮食，不随意丢弃自己的旧物品；不乱花零花钱，有基本的理财观念		
老师评语：		
家长评语：		

四字诀

恒——学无涯，贵有恒

“学无涯，贵有恒”，意思是在学习生活中，最可贵的就是要有坚持不懈的恒心和执着的毅力，要养成认真、执着、拼搏进取的习惯。

我们在平时的学习和生活当中，总会遇到一些小困难、小坎坷，如果容易就退缩、放弃，半途而废，那之前的努力就付之东流了。只有坚持、不放弃的人，才能到达成功的彼岸。

小典故

永不言败的马云

阿里巴巴创办者马云，对梦想从不放弃。他曾经想考重点小学，但却失败了；考重点中学也失败了；考大学更是考了三年才考上；想念哈佛大学也没有成功。但他有坚持不懈、勇往直前的精神。俗话说：“宝剑锋从磨砺出，梅花香自苦寒来。”他通过自己的努力，最终成功了。他说：梦想，要脚踏实地，和眼泪是息息相关的。

柏拉图的坚持

有一次上课时，苏格拉底布置了一道作业，让他的弟子们做一件事：每天把手甩一百下。过一个星期后，他问有多少人还坚持做了的，百分之九十的人都坚持做了。一个月后，他又问，只有一半人坚持做了。一年后，他再问，那时只有一个人坚持下来了，他就是柏拉图。

第七课 “遵纪守法，人人有责”法律知识展

法律是维护国家稳定、各项事业蓬勃发展的最强有力武器。法律由人民而立，同时也捍卫着人民群众的权利和利益。俗话说，“没有规矩，不成方圆”。遵纪守法是每个公民应尽的义务，是建设中国特色社会主义和谐社会的基石。

在“持恒月”中，你们将了解和学习我国一些重要的法律文献，了解《未成年人保护法》。希望你们做到知法、守法，懂得如何用法律来保护自己的安全和权益，学会控制自己的言行，并学会正当的自我保护，以及正确面对和处理学习、生活中与他人发生的矛盾。

正确处理矛盾

在日常生活中，我们难免会与他人发生一些矛盾。小矛盾虽然不是大事，但是会对我们的学习和生活造成困扰，如果处理不当，可能会产生更严重的问题。有很多违法犯罪行为，对他人造成人身伤害和生命威胁的案件都是因为一些小矛盾演变出来的。

正确处理和化解矛盾是一门必备的学问。请你和同学或家人一起查阅资料，学一学正确处理矛盾的方法。并回忆一件发生在你和同学、朋友、家人之间的矛盾，以及你们化解矛盾的办法。

◇矛盾产生的原因：

____

____

◇矛盾双方的观点：

____

____

____

◇矛盾点在于：

____

____

◇你们的处理方式：

____

____

◇你的反思：

____

____

本月活动

法在心中

1. 请你搜索资料，寻找并列出五条法制宣传标语。

______

______

______

______

2. 请你和小组同伴们搜集资料，写下你们的“小组守法誓词”：

我宣誓：

我立志做一名新时期中华人民共和国的好公民，______

______

______

______

宣誓人：______

3. 请小组合作，学习有关《宪法》《民法》《未成年人保护法》《消费者权益保护法》等法律知识，尤其是青少年保护的相关法律条文，了解国家对未成年人有哪些特殊保护，并设计和制作法律宣传海报。

对暴力说“不”

近年来，国内外校园恶性事件频频发生，青少年情绪波动起伏，莽撞而不知后果，且人生观、价值观、世界观尚未成熟，容易做出伤害同学、危害社会的恶性事件。

◇请你思考：情绪冲动、缺乏慎重思考可能造成哪些恶果？

______

______

◇请你和老师、同学们以及家长沟通交流，想一想当自己或他人遇到校园暴力时，你该怎么做？

《我的成长足迹》

在遵纪守法中成长：

请你谈一谈对国家“依法治国”相关政策的理解：

我的小星星：

亲爱的同学，如果请你给自己在这个月中的表现打分，你会打几分呢？你如何评价自己呢？

请回忆你在这个月里的表现，尝试给自己打分吧！请用红色或黄色来涂一涂上面的五颗星星，也

可以两种颜色都使用。其中，每颗红色星星代表20分，每颗黄色星星代表10分。

你给自己打多少分：______

你在哪里丢分了呢？

针对以上表现，你觉得后面该怎么做呢？

同学们，在这个月的活动中，大家一起学习、研究，通过合作和分工完成了很多任务。在合作学习的过程中，你对其他同学有哪些中肯的评价呢？请你为他们写下你的评价吧，别忘了，也要请同学为你写评价哟。

我得到的评价：

评价人：

亲爱的同学，你这个月读了哪些书？认识了哪些人物？了解了哪些故事？或者哪一段文字的描写触动了你？请记录一段你的读书感悟吧。

书名：______

作者（国籍）：______

我的感悟：

同学们，针对自己在这个月的表现，你给自己打了几颗星呢？父母长辈和老师对你的表现有何评论呢？快快请老师和爸爸妈妈帮你做一个整体评价吧。

评价指标	学校表现得分（满分10分）	家庭表现得分（满分10分）
热爱祖国传统文化，积极主动了解家乡、国家时政大事，知晓、正视国家历史和革命历史		
尊老爱幼、文明守纪，同学之间团结互助，待人接物大方得体		
遵守公共秩序，遵守规则，并能劝导周围的伙伴共同履行行为规范		
主动学习，勤于思考，不懂就问，热衷钻研和探究，喜欢和他人交流意见，共同讨论		
具有良好的阅读习惯，有固定的阅读时间，不沉迷网络和手机游戏，讲卫生、爱清洁，具有环保意识		
拥有健康意识，有喜爱和擅长的体育运动项目；自信阳光，积极向上，正确看待挫折和困难，能正确处理与他人的矛盾；拥有正确的是非观		
诚实守信用，不说谎话，信守约定，履行计划，不轻言放弃		
拥有奉献精神，主动帮助他人，热心公益和慈善，具有持续的帮扶救助目标和计划		
具有节约意识，不浪费水电、粮食，不随意丢弃自己的旧物品；不乱花零花钱，有基本的理财观念		
老师评语：		
家长评语：		

五字诀

律——克于己，复于礼

“见贤思齐焉，见不贤而内自省也”，这一直是中国人德行修养的标准之一。自省就是自我评价、自我反省、自我调控和自我教育。它不仅是一种优良的品德，更是一种使人走向幸福的能力。

“自省”不等于自我批判，而是积极的、愉快的、具有建设性的。我们在逆境时要自省，顺境时更要自省，在自省中总结过去，规划未来。

具备“自省”能力的人表现为意志力强、个性独立、有自己的世界观、追求自己的兴趣、有自信、能独立完成学习任务。作为一名中学生，我们要不断审视和发现自身存在的不足，并不断改进、不断进步、日臻完善。

关于“自省”的名言：

吾日三省吾身。——孔子

知错就改，永远是不嫌迟的。——莎士比亚

最伟大的胜利，就是战胜自己。——高尔基

九牛一毫莫自夸，骄傲自满必翻车。历览古今多少事，成由谦逊败由奢。——陈毅

以人为鉴，明白非常，是使人能够反省的妙法。——鲁迅

第八课　生生不息跨新年

新年是世界上许多国家同行的节日，是一年的第一天，在这一天中，全世界的人们都会用各种方式迎接新的曙光、新的希望；在这一天中，我们都会许下一个愿望，拥有一个新的梦想。

在这个月的活动中，你们将通过一次美妙的“新年之旅”，来了解世界各地的人文风情和民间习俗，了解他们如何以独特的方式迎接新年的到来。希望你学会查阅和搜索资料，学会考察与探究的方式方法，学会总结和归纳，学会自主、自觉地学习，以及管理自己的时间。

美妙的新年之旅

同学们，庆贺新年伊始是世界各国、各地区的普遍习俗。而“百里不同风，千里不同俗”，由于各个国家和地区的历史、文化、宗教信仰、民族习惯不同，因此也都有不同的庆祝新年的习俗。在这辞旧迎新的日子里，世界各国的人们都以其别出心裁、独具特色的方式迎接新年的到来。

今天，就让我们开启奇妙的新年之旅，到各个大洲、各个国家去看看那里的人们怎样度过新年。请按照老师的安排每个小组关注一个大洲，你们可以选择这个大洲中具有代表性的国家开展研究，并做成PPT。

本月活动

我来做导演

同学们，不同的新年习俗彰显着各国各地的文化差异。在深入了解和研究了当地的新年习俗后，你是不是对这个地区的文化也有了一些了解，或者更加好奇了呢？

假如你要为这个国家或地区的文化拍摄一部纪录片，你该从何入手呢？

1. 观看纪录片

要想拍摄出一部好的纪录片，首先要多看、多学，既要看其中的“热闹”，也要摸索其中的“门道”。你可以收看央视九套播出的纪录片佳作，也可以上网寻找你喜欢的作品，并做简要的记录：

◇我观看的纪录片叫：________________________________

◇该片的导演是：__________，国别：__________，拍摄于__________年。

◇本片讲述的是：

____

____

____

◇从中我学到的拍摄启发有：

____

____

____

2. 做计划

作为一名导演，要对片子的各个环节做到心中有数，更要对你所拍摄的内容有全面的了解。现在，就让我们先来做一个计划吧。

请你按照如下思路进行思考：

◇请为纪录片起一个吸引人的名字：

____

◇预计时长（建议20～30分钟）：______分钟

◇所拍摄的内容是：

____

____

◇讲述一个什么样的故事：

____

____

◇计划采访哪些人物：

____

____

◇这部纪录片将拥有怎样的特色：

____

____

____

中西方餐饮文化对比调查

同学们，不同的风俗文化可以映射到生活的方方面面。我们品尝西餐时，对刀叉的使用和菜品口味的接受程度，都反映出了中西方的文化差异。请你通过查阅资料、自主学习和研究，并自行设计一份调查问卷，开展"中西方餐饮文化对比调查"，设计一个《中西方餐饮文化对比调查表》，内容包括但不限于器具、烹饪方法、餐桌礼仪、口味、酒品、主食、甜点等。

《我的成长足迹》

在辞旧迎新中成长：

同学们，充满希望的新的一年到来了，你的新年愿望是什么呢？

____

____

不管世界上哪个国家的人们，都对新的一年充满美好的希冀。请你为其他国家的人们写一封英文新年贺信，表达你的美好祝愿。

3. 同学们，你知道世界上最早迎接新年曙光的国家或地区是哪里吗？最晚的呢？

我的小星星：

亲爱的同学，如果请你给自己在这个月中的表现打分，你会打几分呢？你如何评价自己呢？

请回忆你在这个月里的表现，尝试给自己打分吧！请用红色或黄色来涂一涂上面的五颗星星，也可以两种颜色都使用。其中，每颗红色星星代表20分，每颗黄色星星代表10分。

你给自己打多少分：

你在哪里丢分了呢？

针对以上表现，你觉得后面该怎么做呢？

同学们，在这个月的活动中，大家一起学习、研究，通过合作和分工完成了很多任务。在合作学习的过程中，你对其他同学有哪些中肯的评价呢？请你为他们写下你的评价吧，别忘了，也要请同学为你写评价哟。

我得到的评价：

评价人：

亲爱的同学，你这个月读了哪些书？认识了哪些人物？了解了哪些故事？或者哪一段文字的描写触动了你？请记录一段你的读书感悟吧。

书名：__________

作者（国籍）：__________

我的感悟：

____

____

____

同学们，针对自己在这个月的表现，你给自己打了几颗星呢？父母长辈和老师对你的表现有何评论呢？快快请老师和爸爸妈妈帮你做一个整体评价吧。

评价指标	学校表现得分（满分10分）	家庭表现得分（满分10分）
热爱祖国传统文化，积极主动了解家乡、国家时政大事，知晓、正视国家历史和革命历史		
尊老爱幼、文明守纪，同学之间团结互助，待人接物大方得体		
遵守公共秩序，遵守规则，并能劝导周围的伙伴共同履行行为规范		
主动学习，勤于思考，不懂就问，热衷钻研和探究，喜欢和他人交流意见，共同讨论		
具有良好的阅读习惯，有固定的阅读时间，不沉迷网络和手机游戏，讲卫生、爱清洁，具有环保意识		
拥有健康意识，有喜爱和擅长的体育运动项目；自信阳光，积极向上，正确看待挫折和困难，能正确处理与他人的矛盾；拥有正确的是非观		
诚实守信用，不说谎话，信守约定，履行计划，不轻言放弃		
拥有奉献精神，主动帮助他人，热心公益和慈善，具有持续的帮扶救助目标和计划		
具有节约意识，不浪费水电、粮食，不随意丢弃自己的旧物品；不乱花零花钱，有基本的理财观念		
老师评语：		
家长评语：		

六字诀

责——尽己责，担道义

助人为乐，是中华民族的传统美德。意思是在帮助别人的同时，自己也感到精神愉悦。正直善良的人会主动、无私地帮助别人，体现了和谐社会的本质以及良好的社会风气，也体现了一个人的精神境界，是一种良好的道德行为和道德情感。

我国古代先贤们有许多关于助人为乐、成人之美的处世格言，如“忽己之慢，成人之美”，“贵人而贱己，先人而后己”，“趋人之急，甚于己私”，“悯济人穷”等。两千年前，墨子就曾倡导：“摩顶放踵，利天下为之。”意思是说，对别人有利的事，即使从头顶到脚跟都受到损伤，也要做。这种精神也就是我们所提倡的“毫不利己、专门利人”的精神。

助人为乐要有一种忘我的奉献精神，并把它贯穿在自己的生活中，作为为人处世的一种准则。一个人的潜力有大小，但只要有了助人为乐的品德，就能成为一个高尚的人，一个有道德的人。

第九课　真诚为人，诚信做事

真诚是一种态度，要求我们对他人坦诚相待，真心实意地与他人交往，以真心换取真心。诚信是具备合作力的重要基因，其内涵是真诚、务实与守信的统一。真诚与诚信是我们每个人做人、做事的基本准则。

在“职守月”中，我们将开展“真诚镜”的活动，希望同学们能以“真诚”为镜，通过“照镜子”，坦诚地面对自己日常生活和学习中不好的习惯，改掉不诚实的做事习惯，养成真诚的品格。你们还将学习有关国际消费者权益日的知识，学会辨别假冒伪劣商品，知道在遇到“不诚信”的人和事时，该怎样维护自己的权益。希望你们成为守信的人，勇于承担应尽的责任和义务，能兑现自己的承诺，说到做到。

我照“真诚镜”

我们需要真诚对待他人，获得友谊；但我们也需要真诚地面对自己，坦诚地面对自己的优点和缺点，坦诚地面对自己的行为，坦诚地面对自己的学习生活。自己的错误，自己承担；自己的责任，不去推诿。

1. 请你和小组同伴一起，收集和整理古今中外关于“真诚”的故事，并在课堂上与老师和同学们分享。

2. 在日常生活和学习中，很多同学都有不真诚的习惯，比如对家长、老师撒谎，做事敷衍应付，嘴上说一套背后做一套等。现在就请同学们一一列举出自己做过的不真诚行为，并写下由此产生的后果，进行自我反省。

◇生活中的不真诚的事：

①____________________

②____________________

③____________________

④____________________

⑤____________________

◇学习中的不真诚的事：

①____________________

②____________________

③____________________

④____________________

⑤____________________

3. 我们该如何改掉这些不真诚的行为呢？请写下你的办法和计划。

①制作一个诚信书签，时刻提醒自己改掉坏毛病。

②____________________

③____________________

④____________________

⑤____________________

真诚待人

火眼金睛辨真伪

同学们，你和你的家人在日常消费过程中，是否有过被欺骗的经历，如买到了假货、劣质商品？当我们的消费权益受到侵害时，我们该怎样做呢？是自认倒霉，大事化小、小事化了，还是努力维权？请谈谈你的想法。

当消费权益受到侵害，我会：____

____

____

本月活动

共筑诚信社会

诚实守信是中华民族传统美德，诚信的发扬与传承是每一位公民应有的责任。让我们动起手来，每人设计一款自己的“诚信帆布袋”，并小组合作策划一次“诚信帆布袋路演”活动，将大家设计、制作的文化衫进行宣传和义卖，把优秀的文明、文化传扬出去！

活动任务单

我的帆布袋设计草图

<table>
<tr><td colspan="2">设计中的“诚信”解读</td></tr>
<tr><td colspan="2"></td></tr>
<tr><td colspan="2">美术老师的修改建议</td></tr>
<tr><td colspan="2"></td></tr>
<tr><td colspan="2">路演策划小组成员：</td></tr>
<tr><td colspan="2">《诚信帆布袋路演》方案</td></tr>
<tr><td>人员分工</td><td>CEO：
CMO：
CFO：
CRO：
CTO：
CIO：
其他：</td></tr>
<tr><td colspan="2">诚信演讲内容：</td></tr>
<tr><td colspan="2">诚信宣传标语：</td></tr>
</table>

知识角

移动支付安全知识

1. 养成良好的手机使用习惯：

（1）设置手机开机密码，不用生日、手机号做密码；

（2）不要在手机里存身份证、银行卡照片；

（3）手机不要频繁刷机、随意ROOT，最好通过官方应用商店下载安装软件。

2. 使用支付工具时，不用公共电脑或蹭免费WIFI。

3. 警惕钓鱼网站和软件，不扫不明二维码，不点不明链接。

4. 实名认证、设定消费限额：

（1）支付工具实名认证，绑定身份证，防止丢失后被恶意找回秘密；

（2）关闭支付工具的小额免密支付功能，设定消费限额。

5. 妥善处理好旧手机：

（1）将手机恢复出厂设置或格式化，断开云存储；

（2）将手机卖给相对正规的厂家，或参加官方以旧换新活动；

（3）不要将手机当生活垃圾扔掉。

同学们，请想一想，如果手机丢失了该怎么办呢？

世界之窗

国际消费者权益日

国际消费者联盟组织（International Organization of Consumers Unions，简称IOCU）是一个独立的、非盈利的、非政治性的组织。1960年，由美国、英国、澳大利亚、比利时和荷兰五个国家的消费者组织发起成立。总部现设在英国伦敦，亚太地区分部设在马来西亚的槟榔屿。IOCU现有115个国家和地区的230多个消费者组织成员。1987年9月，中国消费者协会被接纳为该组织的正式成员。1995年改称为国际消费者协会（Consumers International，简称CI）。

“CI”于1983年确定每年的3月15日为“国际消费者权益日” (World Consumer Rights Day)，目的在于扩大消费者权益保护的宣传，使之在世界范围内得到重视，以促进各国和地区消费者组织之间的合作与交往，在国际范围内更好地保护消费者权益。

《我的成长足迹》

在诚实守信中成长：

1.你认为一个人的真诚能影响到哪些事情？

2.你如何理解"真诚"与"诚信"的关系？

3.请你想一想，为什么有些商人做不到诚信？

4.请说一说通过路演活动，自己获得的感悟。

我的小星星：

亲爱的同学，如果请你给自己在这个月中的表现打分，你会打几分呢？你如何评价自己呢？

请回忆你在这个月里的表现，尝试给自己打分吧！请用红色或黄色来涂一涂上面的五颗星星，也可以两种颜色都使用。其中，每颗红色星星代表20分，每颗黄色星星代表10分。

你给自己打多少分：________________

你在哪里丢分了呢？

____

____

____

针对以上表现，你觉得后面该怎么做呢？

____

____

____

____

同学们，在这个月的活动中，大家一起学习、研究，通过合作和分工完成了很多任务。在合作学习的过程中，你对其他同学有哪些中肯的评价呢？请你为他们写下你的评价吧，别忘了，也要请同学为你写评价哟。

我得到的评价：

____

____

____

____

评价人：

____

亲爱的同学，你这个月读了哪些书？认识了哪些人物？了解了哪些故事？或者哪一段文字的描写触动了你？请记录一段你的读书感悟吧。

书名：________________

作者（国籍）：________________

我的感悟：

____

____

____

____

____

同学们，针对自己在这个月的表现，你给自己打了几颗星呢？父母长辈和老师对你的表现有何评论呢？快快请老师和爸爸妈妈帮你做一个整体评价吧。

评价指标	学校表现得分（满分10分）	家庭表现得分（满分10分）
热爱祖国传统文化，积极主动了解家乡、国家时政大事，知晓、正视国家历史和革命历史		
尊老爱幼、文明守纪，同学之间团结互助，待人接物大方得体		
遵守公共秩序，遵守规则，并能劝导周围的伙伴共同履行行为规范		
主动学习，勤于思考，不懂就问，热衷钻研和探究，喜欢和他人交流意见，共同讨论		
具有良好的阅读习惯，有固定的阅读时间，不沉迷网络和手机游戏，讲卫生、爱清洁，具有环保意识		
拥有健康意识，有喜爱和擅长的体育运动项目；自信阳光，积极向上，正确看待挫折和困难，能正确处理与他人的矛盾；拥有正确的是非观		
诚实守信用，不说谎话，信守约定，履行计划，不轻言放弃		
拥有奉献精神，主动帮助他人，热心公益和慈善，具有持续的帮扶救助目标和计划		
具有节约意识，不浪费水电、粮食，不随意丢弃自己的旧物品；不乱花零花钱，有基本的理财观念		
老师评语：		
家长评语：		

七字诀

识——学而思，思而行

“学而思，思而行”，这句话的意思是指思考是读书、学习的深化，我们要学会在学习中有所思、有所悟，将学到的知识真正心领神会，成为自己的本领。

《论语》中有一句话叫作“学而不思则罔，思而不学则殆”，这是孔子所提倡的一种读书和学习的方法。其中，“学而不思则罔”指的是如果一味地读书而不会思考，那么就无法理解书本的意义，不能更好地运用书本中的知识；只有把学习和思考结合起来，才能切实学到有用的知识，否则就会收效甚微。

所以，我们不能只是死记硬背，要学会思考和理解书本的内涵，做到活学活用、融会贯通，这样才能真正达到读书、学习的目的。

关于“读书”的名言：

书是人类进步的阶梯。——高尔基

生活里没有书籍，就好像没有阳光；智慧里没有书籍，就好像鸟儿没有翅膀。——莎士比亚

读一本好书，就是和许多高尚的人谈话。——歌德

发奋识遍天下字，立志读尽人间书。——苏轼

我一生的嗜好，除了革命外，只有好读书，我一天不读书，便不能生活。——孙中山

第十、十一、十二、十三课　重温历史，缅怀先烈

同学们，在清明节之际，我们将开展“重温历史，缅怀先烈”活动，前往八宝山革命公墓祭扫，学习革命先烈的英雄事迹，感怀烈士们为了自由和革命胜利而捐躯的英雄气概，也希望你们更加懂得幸福生活的来之不易，学会感恩，奋发上进。

这个月，我们还将走进中国人民革命军事博物馆，了解我国革命历史及其相关知识。中国人民革命军事博物馆收藏、陈列了许多反映中国共产党领导的军事斗争历程及人民军队建设成就的文物、实

物、文献、资料，以及反映中华民族五千年军事历史的文物、实物、文献、资料。

本月活动

缅怀革命先烈——八宝山革命公墓祭扫活动

历史文物我探究

请你进入“军博”官网（http://www.jb.mil.cn/），在首页中找到“馆藏文物”一栏，并从下拉菜单“文物鉴赏”中寻找以下12件文物。请结合下面所列出的“知识点”，选择感兴趣的三件文物进行充分了解。你可以通过网络检索资料，也可以阅读相关的书籍和文章，或者看一看相关的影视剧，并完成《文物学习单》。

✧ 文物1：“镇远”舰铁锚

文物年代：古近代文物

知识点：北洋水师

✧ 文物2：红军战士在长征途中吃剩下的半截皮带

文物年代：土地革命时期

知识点：长征

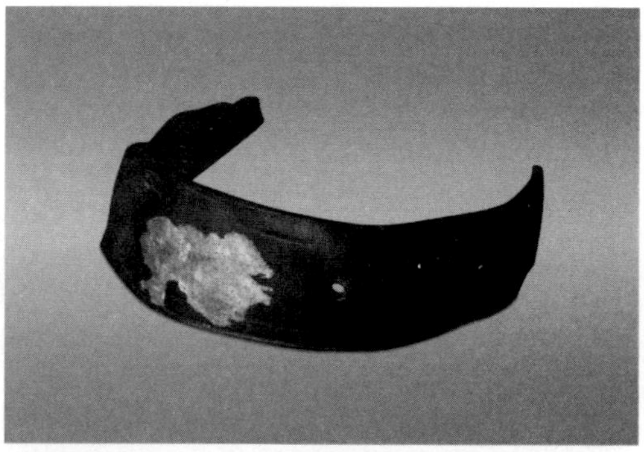

✧ 文物3：南昌起义时的党证

文物年代：土地革命时期

知识点：南昌起义

✧ 文物4：朱德在井冈山时使用的望远镜

文物年代：土地革命时期

知识点：朱德

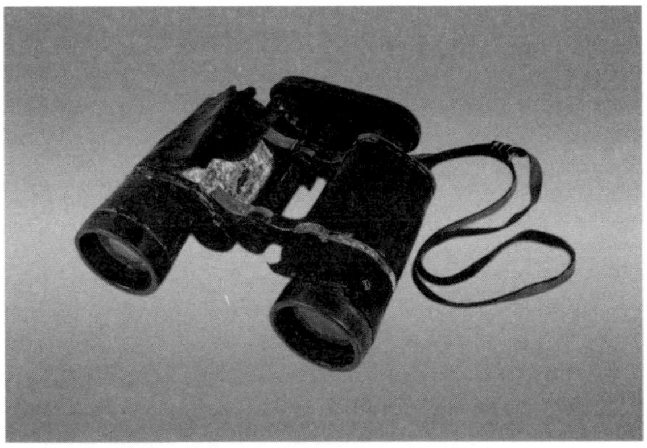

✧ 文物5：贺龙任红二军团总指挥时用的印章

文物年代：土地革命时期

知识点：贺龙

✧ 文物6：新四军游击支队编印的《拂晓报》

文物年代：抗日战争时期

知识点：新四军

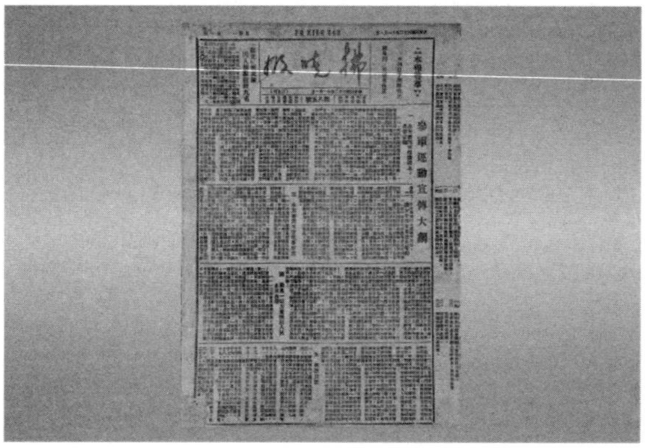

✧ 文物7：延安交际处赠给爱泼斯坦的《黄河大合唱》总谱

文物年代：抗日战争时期

知识点：《黄河大合唱》

✧ 文物8：朱瑞的中共七大代表证

文物年代：抗日战争时期

知识点：中共七大

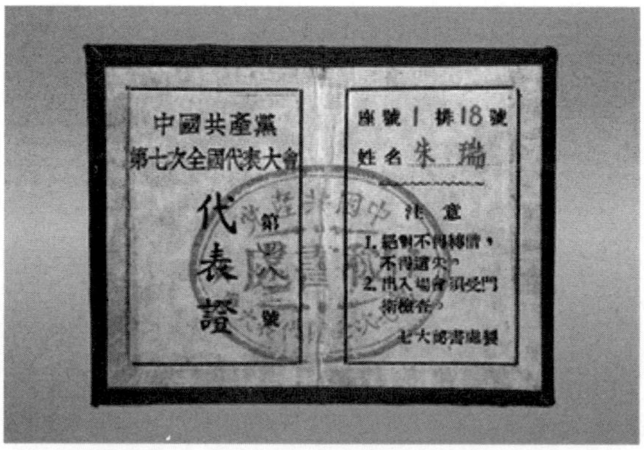

✧ 文物9：粟裕在淮海战役指挥作战时使用的电话机

文物年代：解放战争时期

知识点：淮海战役

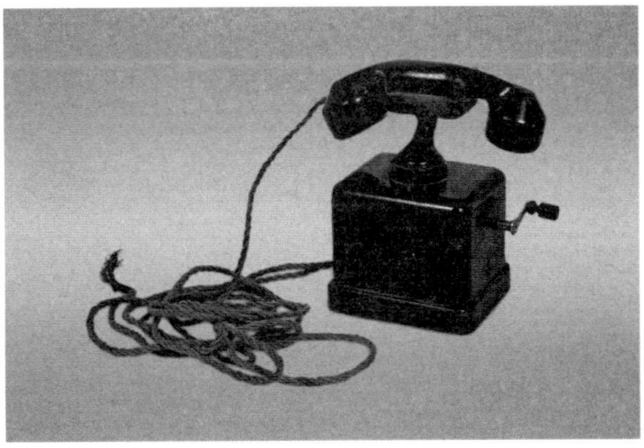

✧ 文物10：任弼时印章

文物年代：解放战争时期

知识点：任弼时

✧ 文物11：东风一号地地导弹

文物年代：社会主义时期

知识点：东风一号

《文物学习单》

	我学习的途径（浏览的网站、阅读的文献、书籍、电影等）	我的收获（学到的知识）
文物1：（名称）		
文物2：（名称）		
文物3：（名称）		

《我的成长足迹》

在缅怀先烈中成长：

1. 同学们，这个月我们祭扫了革命烈士公墓，也学习了许多革命时期的知识。请写一写你的感悟和思考吧。

2. 通过文物研究活动，你认为获取知识的最好途径有哪些？为什么？

我的小星星：

亲爱的同学，如果请你给自己在这个月中的表现打分，你会打几分呢？你如何评价自己呢？

请回忆你在这个月里的表现，尝试给自己打分吧！请用红色或黄色来涂一涂上面的五颗星星，也

可以两种颜色都使用。其中，每颗红色星星代表20分，每颗黄色星星代表10分。

你给自己打多少分：________________

你在哪里丢分了呢？

____

____

____

针对以上表现，你觉得后面该怎么做呢？

____

____

____

____

同学们，在这个月的活动中，大家一起学习、研究，通过合作和分工完成了很多任务。在合作学习的过程中，你对其他同学有哪些中肯的评价呢？请你为他们写下你的评价吧，别忘了，也要请同学为你写评价哟。

我得到的评价：

____

____

____

____

评价人：

____

亲爱的同学，你这个月读了哪些书？认识了哪些人物？了解了哪些故事？或者哪一段文字的描写触动了你？请记录一段你的读书感悟吧。

书名：________________

作者（国籍）：________________

我的感悟：

____

____

____

____

____

同学们，针对自己在这个月的表现，你给自己打了几颗星呢？父母长辈和老师对你的表现有何评论呢？快快请老师和爸爸妈妈帮你做一个整体评价吧。

评 价 指 标	学校表现得分（满分10分）	家庭表现得分（满分10分）
热爱祖国传统文化，积极主动了解家乡、国家时政大事，知晓、正视国家历史和革命历史		
尊老爱幼、文明守纪，同学之间团结互助，待人接物大方得体		
遵守公共秩序，遵守规则，并能劝导周围的伙伴共同履行行为规范		
主动学习，勤于思考，不懂就问，热衷钻研和探究，喜欢和他人交流意见，共同讨论		
具有良好的阅读习惯，有固定的阅读时间，不沉迷网络和手机游戏，讲卫生、爱清洁，具有环保意识		
拥有健康意识，有喜爱和擅长的体育运动项目；自信阳光，积极向上，正确看待挫折和困难，能正确处理与他人的矛盾；拥有正确的是非观		
诚实守信用，不说谎话，信守约定，履行计划，不轻言放弃		
拥有奉献精神，主动帮助他人，热心公益和慈善，具有持续的帮扶救助目标和计划		
具有节约意识，不浪费水电、粮食，不随意丢弃自己的旧物品；不乱花零花钱，有基本的理财观念		
老师评语：		
家长评语：		

八字诀

合——尚和合，求大同

“尚和合，求大同”讲述的是我们国家的社会理想和民族精神。“和合”精神与社会主义核心价值观的“和谐”是完全一致的。“和谐”描述的是一个美好社会的样子，而“合作”正是要达到这个样子的根本精神和美德。“大同”则是古人所描绘的和谐社会的样子，是中国古人的“中国梦”，指人人友爱互助、家家安居乐业、没有贫富差距、没有战争，充满真正的自由、平等、文明、和谐。

正如习近平主席指出的那样，中华文化崇尚和谐，中国“和”文化源远流长，蕴涵着天人合一的宇宙观、协和万邦的国际观、和而不同的社会观、人心和善的道德观。在5000多年的文明发展中，中华民族一直追求和传承着和平、和睦、和谐的坚定理念。以和为贵，与人为善，己所不欲、勿施于人等理念在中国代代相传，深深植根于中国人的精神中，体现在中国人的行为上。

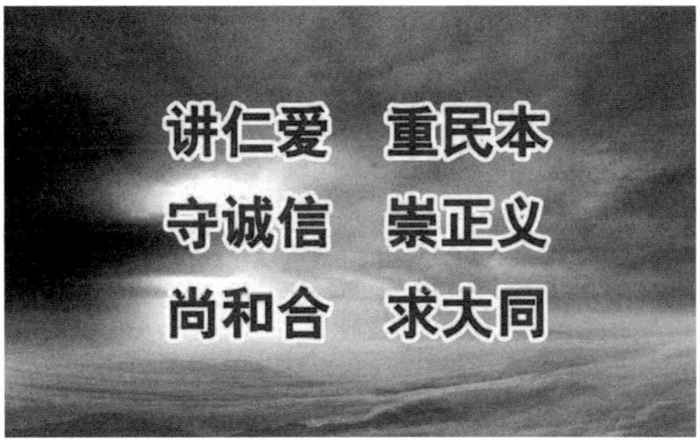

第十四课 我用戏剧演北京

北京是伟大祖国的首都，也是一座具有三千多年历史的“古城”。悠久的历史孕育了“老北京”的独有文化。这节课，我们将学习京剧、北京胡同等知识，通过对戏剧的演绎，来体会浓浓的“京味儿”。

在“尚合月”中，我们还将学会如何理解和欣赏别人，如何接纳别人。希望你们能够认识到，每个人都有自己的长处和优点，大家应该互相学习，取长补短，而不是一叶障目，只看到别人不如自己的地方。要人人发挥自己的优势，这样，大家才能更好地展开合作，让每一个人都能有所成长。

认识国粹

1. 京剧知多少

京剧是中国五大戏曲剧种之一，被视为中国国粹。京剧走遍世界各地，成为介绍、传播中国传统艺术文化的重要媒介。在2010年11月，京剧被列入“人类非物质文化遗产代表作名录”。

请你查阅资料，回答下列问题：

◇你知道哪几位京剧名家？（请写出5位）

____

____

◇京剧的伴奏乐器都有哪些？

____

◇京剧的脸谱由简到繁、由粗到细、由表及里、由浅到深，已经逐渐成为一种具有民族特色、艺术特色的图案艺术了。你知道京剧脸谱分为几种吗？都代表什么呢？

红脸，代表忠勇、正直；

黑脸，代表忠耿正直、铁面无私，或粗率莽撞；

蓝脸和绿脸，代表草莽英雄；

________和________，代表：________________

________和________，代表：________________

2. 我来唱两句

唱京剧，首先要练好嗓子。“练嗓子”可以概括为三个字：喊、念、调，即喊嗓、念白和调嗓。

其中，“喊嗓”练习以“唔”“咿”“啊”等音为基础，“唔”为元音，“咿”属脑后音，越喊越高，“啊”是张嘴音，它可以锻炼嗓子的亮音。请你收看或收听一些京剧唱腔，并试着练习这三个发音。你也可以学唱一段京剧选段，如《贵妃醉酒》《四郎探母》《沙家浜》。

本月活动

荧屏中的北京

同学们，你们看过哪些反映“老北京”特色和生活的影视剧吗？诸如《大宅门》《编辑部的故事》《我爱我家》《情满四合院》《渴望》《茶馆》《四世同堂》等。这些“京味儿”剧都是比较经典的老剧了。请你和小组一起查找几部感兴趣的电视剧，从中选举15分钟左右的片段进行编排和演绎。

活动引导

小组内要做好分工，要有编剧、导演、演员，并准备适当的服装、道具和化妆。在课堂上表演，与老师、同学进行交流互动。

表演练习

演技竞赛游戏：“物体变活了”

同学们，为了更好地完成你们的表演，我们来学习一个表演技能小练习。你可以在家里和爸爸妈妈一起玩儿，也可以和同学们一起练习。

游戏说明：一个人拿着一个书包，把它交给另一个人，并说：“你看，这只小猫多可爱！”这时，接过书包的人必须用对待小猫的态度和动作来对待它，然后再把书包交给下一个人，并说：“这只小羊羔病了，你看怎么办？”接过书包的人就把它当成一只病了的羊羔对待……依次循环做下去。

每个人的表演时间为10～20秒，想象的动物或其他生物不能重复。

游戏中，要确定好物体哪部分是头，还要加一些效果，如婴儿的哭声、小猫的叫声、马的嘶叫声等。

对怯场或表演不到位、不认真的人要进行小表演惩罚，如表演捅马蜂窝、打苍蝇、走错门、发现家中被盗、挤地铁、开水烫舌头等。

学会欣赏

1. 学会欣赏别人

同学们，在一个班集体中，每个人都发挥着一份光和热，每个人都有长处和短处。

◇请你想一想，在你的同学中，有谁在某个方面不如你，却在另一个方面胜过你呢？

示例：李明，他的学习成绩没有我好，但是他的朋友比我多。

____

____

◇请寻找一位你最好的朋友，说一说你们之间最大的相同点，以及有哪些明显的不同点。

____

____

____

____

2. 学会欣赏自己

请你认真思考并回答，如果给你一次可以变身的机会，你是否愿意变成班里的另外一名同学？为什么？

____

____

____

____

北京文化——胡同

北京拥有三千多年的历史，孕育了诸多名胜古迹，也蕴藏着丰富的城市文化。其中，“胡同”文化就是一个亮点。胡同的名字最为丰富多彩。与“锅碗瓢盆”相关的有砂锅胡同、碗架子胡同、瓢儿胡同、盆儿胡同；反映“柴米油盐酱醋茶”的有柴市、辟才胡同、炒米胡同、油坊胡同、盐店大院、酱坊胡同、醋章胡同、茶食胡同；以“日常生活用品”命名的胡同更是一幅生活的历史画卷，如灯笼胡同、铁炉胡同、烟筒胡同、风箱胡同、煤渣胡同、烙铁胡同、钥匙胡同、笤帚胡同、剪子胡同、手帕胡同、针线胡同、草帘子胡同、筷子胡同等等。现在，请你查阅一些资料，了解北京胡同“之最”。

最古老的胡同：______

最长的胡同：______

最短的胡同：______

最窄的胡同：______

老外最多的胡同：______

《我的成长足迹》

在文化艺术中成长：

1.亲爱的同学，在影视剧演绎中，你的小组表演的是哪一部影视剧的片段？你负责的工作是什么？

______

______

2.在编剧、导演、演员等分工中，你最喜欢的是哪一个？最擅长的是哪一个？和同学一起商讨后，你做了哪个角色？你认为自己做得怎么样？还有哪些可以改进的地方吗？

______

______

3.每一个人都是独特的，没有谁愿意成为另外的人。学会欣赏自己，是我们不断前进的动力。请你阅读《爱因斯坦与三个小板凳》的故事，试想一下，如果你的作品没有被老师喜欢和接受，你会有什么样的感受？你又会如何回答老师呢？

______

______

______

我的小星星：

亲爱的同学，如果请你给自己在这个月中的表现打分，你会打几分呢？你如何评价自己呢？

请回忆你在这个月里的表现，尝试给自己打分吧！请用红色或黄色来涂一涂上面的五颗星星，也可以两种颜色都使用。其中，每颗红色星星代表20分，每颗黄色星星代表10分。

你给自己打多少分：______________________________

你在哪里丢分了呢？

____

____

____

针对以上表现，你觉得后面该怎么做呢？

____

____

____

同学们，在这个月的活动中，大家一起学习、研究，通过合作和分工完成了很多任务。在合作学习的过程中，你对其他同学有哪些中肯的评价呢？请你为他们写下你的评价吧，别忘了，也要请同学为你写评价呦。

我得到的评价：

____

____

____

评价人：

____

亲爱的同学，你这个月读了哪些书？认识了哪些人物？了解了哪些故事？或者哪一段文字的描写触动了你？请记录一段你的读书感悟吧。

书名：______________________________

作者（国籍）：______________________________

我的感悟：

____

____

____

同学们，针对自己在这个月的表现，你给自己打了几颗星呢？父母长辈和老师对你的表现有何评论呢？快快请老师和爸爸妈妈帮你做一个整体评价吧。

评价指标	学校表现得分（满分10分）	家庭表现得分（满分10分）
热爱祖国传统文化，积极主动了解家乡、国家时政大事，知晓、正视国家历史和革命历史		
尊老爱幼、文明守纪，同学之间团结互助，待人接物大方得体		
遵守公共秩序，遵守规则，并能劝导周围的伙伴共同履行行为规范		
主动学习，勤于思考，不懂就问，热衷钻研和探究，喜欢和他人交流意见，共同讨论		
具有良好的阅读习惯，有固定的阅读时间，不沉迷网络和手机游戏，讲卫生、爱清洁，具有环保意识		
拥有健康意识，有喜爱和擅长的体育运动项目；自信阳光，积极向上，正确看待挫折和困难，能正确处理与他人的矛盾；拥有正确的是非观		
诚实守信用，不说谎话，信守约定，履行计划，不轻言放弃		
拥有奉献精神，主动帮助他人，热心公益和慈善，具有持续的帮扶救助目标和计划		
具有节约意识，不浪费水电、粮食，不随意丢弃自己的旧物品；不乱花零花钱，有基本的理财观念		
老师评语：		
家长评语：		

九字诀

悦——身心悦，远近悦

在《论语》中有“近者说（悦），远者来”的话，意思是让邻近的人感到喜悦，使远方的人也都闻风前来。这句话告诉我们，要保持开开心心的状态，并把我们的快乐传递给身边的小伙伴们，也让不在我们身边的，以及那些不开心的小伙伴能我们一起沉浸在快乐的海洋里。如果你总是一副抑郁的脸庞、保持阴郁的心情，那么不但自己的状态会很糟糕，你身边的人也会失去欢乐，这样，大家就会慢慢地远离你，你就会变得更加孤独和抑郁了。

快乐其实很简单。快乐的多少，来自有乐趣事物的多少；来自自己内心的需求和愿望被满足得多少。比如说，你想要什么，你喜欢什么，你期望什么，这些被满足得越多，你快乐的次数也就越多。

如果你想直观和感性地去感受各种乐趣，让自己自然地去选择，那么你可以查阅各种电影、小说、传记、音乐等，它们都会让你直观地感受到各种不同的乐趣，进而在现实中去追求，并让自己更快乐！

第十五课　“欢乐粽”漂流记

同学们，六月，是一个缤纷多彩的季节，带给我们许多的欢欣，许多的雅趣；也意味着忙碌、紧张而又快乐、充实的一个学年即将过去，因此，六月也是收获的季节。

农历五月初五正值我们的传统佳节“端午节”，所以，在这个“从心月”里，你们将学习端午节的民间习俗，了解中华优秀传统文化，还会和老师、同学们一起包“欢乐粽”。希望你能把“欢乐种子”传递给别人，为别人带去欢乐，也体会到自己心中的喜悦感。

风土习俗话端午

“过端午”是中国人民两千多年来的传统习惯。由于地域广大，民族众多，加上许多故事传说，端午节不仅拥有众多相异的节名，而且各地也有着不尽相同的习俗，比如包粽子、赛龙舟、放风筝。除了这些习俗外，你还了解哪些呢？请在横线上写下你知道的端午习俗，并做简单的说明。

本月活动

丝丝粽香寄“欢乐”

同学们，你们一定吃过粽子吧。粽子也写作粽粒（zi），早在春秋时期就已出现，最初用来祭祀祖先和神灵。到了晋代，粽子成为端午节庆食物。

常见的粽子种类有：“腊肉香肠粽”“薄荷香粽”“豆沙粽”“莲子粽”“松仁粽”“蛋黄粽”“鲜肉粽”“火腿粽”“竹叶粽”“艾香粽”“甜茶粽”等。

但是，你知道“欢乐粽”吗？欢乐粽的奥秘，就是它包含着一颗欢乐的种子。今天，我们就和老师、同学们一起来包一包“欢乐粽”吧。你可以用葡萄干、瓜子仁、花生仁、奶糖、巧克力等果脯、干果、糖果、水果作为“欢乐种子”，也可以有自己的“小创新”。但要注意，你的“欢乐种子”一定要卫生、干净。

如果有老师或同学吃到了你的“欢乐粽”，就要讲一个笑话给你听，让欢乐继续传递。

端午节纪念说

关于端午节的纪念意义，目前有多种说法。有纪念屈原说，有纪念伍子胥说，有纪念介子推说，有纪念孝女曹娥说等。请你查阅相关资料，撰写小议论文《“端午节纪念”说》，表达自己的思考和观点。字数在500字左右。

向快乐出发

1. 请写下一件最能让你感到快乐的事情。

2. 其实，让别人快乐是一件最能让自己感到快乐的事情。请你计划一件暑假中能让别人感到快乐的事情。如：用自己的零花钱为妈妈买一件她喜欢很久的东西；或者带上自己亲手烘焙的饼干看望家里或邻居的长辈。

我的计划是：

3. 请聆听一些表现快乐情感的歌曲，如《向快乐出发》《青春修炼手册》，或在假期观看一部暑期档影片，尽情体会快乐吧。

世界之窗

“歪果仁”的粽子

除了中国人吃粽子外，世界上还有许多民族也有类似的食品。今天，我们就来看一看老外们怎样吃粽子。

◇墨西哥

墨西哥的粽子又叫“达玛尔”，其原料是粗颗粒的玉米面，馅料是肉片和辣椒，用玉米叶或香蕉叶包成，别有一番风味。

◇哥斯达黎加

哥斯达黎加的粽子用一种经过特别加工、带有黏性的玉米粉为主料，配以鸡肉、牛肉、胡萝卜、土豆、橄榄、辣椒等。有的还浇上牛肉汁，然后用新鲜的香蕉叶包成扁方形。

◇拉丁美洲

拉丁美洲也流行一种类似粽子的食品，这大概要起源于印第安人的传统食品。他们用香蕉叶包粽子，主料是玉米粉和菜豆，吃起来味道很香。

◇秘鲁

秘鲁人是在圣诞节时吃粽子。全家人围坐在一起，边欢庆圣诞节边吃粽子，甚至已出嫁的女儿也赶回娘家，再尝娘家粽子的风味。

◇委内瑞拉

每逢圣诞来临，国内家家户户包裹粽子，这已成了应节一景。届时，连平日卖点心的店铺也堆满了粽子。这种粽子以玉米面为主料，以火腿、腊肉或香肠为馅料，还加进橄榄、葡萄干，用新鲜蕉叶包成长方形。每个粽子重约半公斤，焙干蕉叶，粽子即熟。

《我的成长足迹》

在传统节日中成长：

同学们，你包的“欢乐粽”里是用什么做的“种子”呢？哪位老师或同学吃到了你的粽子？快来记录你的“欢乐”吧。

我的小星星：

☆☆☆☆☆

亲爱的同学，如果请你给自己在这个月中的表现打分，你会打几分呢？你如何评价自己呢？

请回忆你在这个月里的表现，尝试给自己打分吧！请用红色或黄色来涂一涂上面的五颗星星，也可以两种颜色都使用。其中，每颗红色星星代表20分，每颗黄色星星代表10分。

你给自己打多少分：

你在哪里丢分了呢？

针对以上表现，你觉得后面该怎么做呢？

同学们，在这个月的活动中，大家一起学习、研究，通过合作和分工完成了很多任务。在合作学习的过程中，你对其他同学有哪些中肯的评价呢？请你为他们写下你的评价吧，别忘了，也要请同学为你写评价哟。

我得到的评价：

评价人：

亲爱的同学，你这个月读了哪些书？认识了哪些人物？了解了哪些故事？或者哪一段文字的描写触动了你？请记录一段你的读书感悟吧。

书名：____________________

作者（国籍）：____________________

我的感悟：

____

____

____

____

____

同学们，针对自己在这个月的表现，你给自己打了几颗星呢？父母长辈和老师对你的表现有何评论呢？快快请老师和爸爸妈妈帮你做一个整体评价吧。

评价指标	学校表现得分（满分10分）	家庭表现得分（满分10分）
热爱祖国传统文化，积极主动了解家乡、国家时政大事，知晓、正视国家历史和革命历史		
尊老爱幼、文明守纪，同学之间团结互助，待人接物大方得体		
遵守公共秩序，遵守规则，并能劝导周围的伙伴共同履行行为规范		
主动学习，勤于思考，不懂就问，热衷钻研和探究，喜欢和他人交流意见，共同讨论		
具有良好的阅读习惯，有固定的阅读时间，不沉迷网络和手机游戏，讲卫生、爱清洁，具有环保意识		
拥有健康意识，有喜爱和擅长的体育运动项目；自信阳光，积极向上，正确看待挫折和困难，能正确处理与他人的矛盾；拥有正确的是非观		
诚实守信用，不说谎话，信守约定，履行计划，不轻言放弃		
拥有奉献精神，主动帮助他人，热心公益和慈善，具有持续的帮扶救助目标和计划		
具有节约意识，不浪费水电、粮食，不随意丢弃自己的旧物品；不乱花零花钱，有基本的理财观念		
老师评语：		
家长评语：		

后 记

亲爱的同学们，

初中生活是美好的，初中生活是多姿多彩的，是别具一格的，是回味无穷的。

这里有快乐，有苦恼，有困惑，有伤心……太多的情感融合在一起，让短短的初中变得简单而复杂，像一杯咖啡，苦涩中带有淡淡的哀愁，只有细细品味，才能察觉它的香甜。在这里，你渴望生活，渴望创造，渴望学习，渴望为你的人生谱写一曲壮丽的乐章。

在初中的生活中，你也会慢慢发现自己变了，变得独立，变得坚强，变得有个性、有主见。对父母的依赖少了，能帮助他们做的事情多了。

在过去的一年中，你们认识了崭新的自己；传承了良好的家风家训；知道了说话的艺术和技巧，体验了记者这个职业；知道了怎样处理生活中的小矛盾，学会了做一名遵纪守法的小公民；丰富了全球各地民俗文化知识和阅历，体验了当“导演”的乐趣；懂得了如何辨别假冒伪劣商品，如何维护自己的正当权益；研究了中华民族战争历史时期的文物；学习了京剧知识，了解了北京文化；学会了包粽子。

希望你们能够继续秉持“做自己，赢未来”的坚强决心，充分发挥自己的优势，用强大的能力充实自己，走进生活里，走进社会中，在不断的探索与实践中完善自我品格，提升个人涵养，成为有道德、有情感、有理想、有抱负的“社会人”！

“i优势”

北方工业大学附属学校德育、体育、美育课程体系

（学生用书）

王　英　主编

八年级

中国发展出版社
CHINA DEVELOPMENT PRESS

图书在版编目（CIP）数据

“i优势”：北方工业大学附属学校德育、体育、美育课程体系（学生用书）/ 王英主编 . 北京：中国发展出版社，2019.7

ISBN 978-7-5177-1027-1

Ⅰ . ① i… Ⅱ . ①王… Ⅲ . ①德育—中小学—教材 ②体育课—中小学—教材 ③美育—中小学—教材 Ⅳ . ① G634

中国版本图书馆 CIP 数据核字（2019）第 137690 号

书　　名：“i优势”：北方工业大学附属学校德育、体育、美育课程体系（学生用书）
著作责任者：王　英
出 版 发 行：中国发展出版社
（北京市西城区裕民东路 3 号 9 层　100029）
标 准 书 号：ISBN 978-7-5177-1027-1
经　销　者：各地新华书店
印　刷　者：河北鑫兆源印刷有限公司
开　　　本：889mm × 1194mm　1/16
印　　　张：38.5
字　　　数：800 千字
版　　　次：2019 年 8 月第 1 版
印　　　次：2019 年 8 月第 1 次印刷
定　　　价：158.00 元（全 9 册）

联 系 电 话：（010）68990630　68990692
购 书 热 线：（010）68990682　68990686
网 络 订 购：http://zgfzcbs. tmall. com//
网 购 电 话：（010）88333349　68990639
本 社 网 址：http://www.develpress. com. cn
电 子 邮 件：370118561@qq. com

前言

亲爱的同学们：

你们好！学生时代是人生中最欢愉、最难忘的一段时光，你们可以无忧无虑地徜徉于书海中，探索未来的世界。但是身为学生的你们，有时，往往急于告别学生时代，希望自己可以快快长大，快快拥有丰满的羽翼，拥抱五光十色的大千世界。就像钱钟书先生在《围城》中描写的那样：处在围城内的人想尽一切办法出来，而处于围城之外的人则想办法进去。

其实，人生中有很多值得我们珍惜和留恋的日子，而学生时代一定是最纯洁、最美好的那一段时光。

你们要好好学习，珍惜大好年华，不断地用知识充实自己的头脑、净化自己的心灵；学会各种技能，让自己变得更加强大。

你们要发现自己的优势和特长，培养高雅的情趣和爱好；要学会自主，并在未来发挥自己的优势，学会自立。要勇于做自己，做不一样的自己，做真实的自己，追寻内心的声音，不随波逐流。要做独特的自己，依照自己的特长去专注成长。要做最好的自己，把最优秀的一面展示给世界。“做自己”需要一种不受外界干扰的坚定毅力，就如苏轼所言：“守其初心，始终不变”。

你们要积极地去赢取属于自己的未来，追求精彩绽放。每个人都有自己的梦想，你们要坚守成功的信念，不轻言放弃，直面未来，追逐精彩。要拥有改变自我命运的志气，拥有战胜一切困难的勇气，拥有发挥优势的底气。赢未来，需要一种执着的理想和信念贯穿成长的始终，如朱熹所言：“立志不坚，终不济事”。

经济合作与发展组织（OECD）每三年组织一次的国际学生评估项目（PISA）测试，在2018年增加关于“全球素养”（Global Competence）的内容，旨在考查学生能否尊重不同的文化和信仰，融入多元化世界，在全球化的进程中，用新的排名来展示各国年轻人的能力。这种能力可帮助你们日后在变幻莫测的社会中找到自己的生存之路，拥有一份提升自己的方向指南。你们要学会接受不一样的想法、观点，不一样的价值观，努力尝试参与国际与文化交流的活动，跨越差异，实现人与人之间的相

互信任。

同学们，你们准备好做合格的世界公民了吗？

附：【“全球素养”的定义】

——从多个角度批判地分析全球和跨文化议题的能力；

——理解差异是如何影响观念、判断，以及对自我和他人的认知的能力；

——在尊重人类尊严的基础上，与不同背景的他人进行开放、适宜、有效的互动的能力。

根据该定义，全球素养是一个有着多重维度的学习领域，包含了知识与理解力、技能、态度这三个维度。

目 录

一字诀　善——人之初，性本善 …… 1

二字诀　志——有志者，事竟成 …… 8

三字诀　技——精一技，通百路 …… 15

四字诀　恒——学无涯，贵有恒 …… 23

五字诀　律——克于己，复于礼 …… 29

六字诀　责——尽己责，担道义 …… 36

七字诀　识——学而思，思而行 …… 43

八字诀　合——尚和合，求大同 …… 49

九字诀　悦——身心悦，远近悦 …… 56

后　记 …… 64

一字诀

善——人之初，性本善

“人之初，性本善”是《三字经》中开篇的六个字，也是以孔子为代表的儒学的中心思想。孔子认为，人刚刚生下来的时候，本性就是善良的，而多年后孟子也一直延续着这个思想。其中，“善”的意思就是主张人性的根源是善良的，有了“善”的思想，才会有“善”的行动。所以，我们要拥有一颗向善之心、仁爱之心、爱国之心，这样，你才能体会到习善、行善的快乐。

关于“家国”的名言：

爱国主义就是千百年来巩固起来的对自己祖国的一种深厚的感情。——列宁

中国惟有国魂是最可宝贵的，惟有他发扬起来，中国人才真有进步。——鲁迅

人民不仅有权爱国，而且爱国是个义务，是一种光荣。——徐特立

国耻未雪，何由成名？——李白

第一、二课　告别战争，拥抱和平

同学们，战争与和平几乎伴随着整个人类的发展史。许许多多的国家和民族都曾经历过战争所带来的创伤。九月，恰逢 “九·一八”事变纪念日、中国人民抗日战争胜利日、世界和平日三个关乎“战争”与“和平”的日子，让我们一起，学会从战争的惨痛中体会和平的珍贵与美好，热爱和平，积极维护世界和平。

本月活动

回到"九·一八"

1931年的"九·一八事变"（又称"奉天事变""柳条湖事件"）是日本在中国东北蓄意制造并发动的一场侵华战争。此后，日本在中国东北建立了伪满洲国傀儡政权，开始了对东北人民长达14年之久的奴役和殖民统治。

"九·一八事变"标志着世界反法西斯战争的开始，揭开了第二次世界大战东方战场的序幕。

今天，我们将聆听"九·一八"知识讲座，充分了解"九·一八"的历史。

在聆听讲座的同时，请你思考以下问题：

1. 铁路在当时（中国）有哪些重要性？统治者占领铁路的作用是什么？拥有铁路修筑权有什么意义？
2. 如果你是张学良将军，你会怎么做？为什么？
3. 如何理解"落后就要挨打"这句话？

小提示：你可以通过网络观看视频《勿忘九·一八》中的第一集："阴谋逼近九·一八"和第二集："沈阳沦陷"，重温当时的历史。

感知"和平"

亲爱的同学，现在，让我们展开想象，做一个冥想练习，勾画一个属于我们自己的和平世界，一起体会它的美好吧。你可以和爸爸妈妈一起，或者和同学们一起来做，其中一个人口念下面的文字，其他人闭上眼睛，保持沉默，进行想象。

请在脑海里画出一个美丽的大气泡，你走进去，就像走进一架小巧而安静的飞机，你驾驶着它，来到一个美好的世界……那个世界是怎样的？……自然景色如何？……你来到一片丛林里，深吸一口气，感觉空气怎么样？……你在这和平美好的树林里漫步，薄雾环绕，小鸟啁啾，你感受到身体有什么变化？……这时，一群当地的居民从你身边经过，他们的表情如何？……相互间如何相处？……看到你这个陌生人，他们反应如何？……你就要乘坐你的气泡飞机离开了，人们向你挥手、微笑……飞机顺利返回……当你感到你坐在这里时，气泡消失了，你的内心一片澄澈、宁静。

伸出爱的双手

1. 战争是政治集团之间、民族（部落）之间、国家（联盟）之间矛盾最高的斗争表现形式，通常被认为是原始社会才会使用的方法，在现代人类社会是不被认可的。但是在现代世界中，战争这种极端的行为仍然存在，且造成了无法估量的灾难。

请你查阅和收集资料，了解现今社会存在哪些战争、争端、国家或联盟之间的矛盾，了解这些争端发生的根源是什么，战争造成了哪些破坏。（请列举一至两个例子说明）

____

____

____

____

____

____

2. “难民”的产生是战争带来的结果。他们逃离战争，离开故土，流离失所，不再能够接受国家的保护。不少难民在逃离家园寻求避难的途中死亡。为纪念《关于难民地位的公约》的成立，联合国将6月20日定为“世界难民日”。请你查找一些“世界难民日”的标语，和一些关注、关爱难民的句子，你也可以尝试自己写一写。

①用善良驱散战争的阴霾，迎来和平的曙光；用爱心帮助饥饿的人们，给他们生活的勇气；用真诚援助贫穷的地方，给他们生命的希望。

②______________________________

____

③______________________________

____

④______________________________

____

3. 同学们，你们见过下面这两张照片吗？照片上的两位难民儿童曾经伤了无数人的心。

第一张照片中的小男孩叫Aylan，当时3岁，他和5岁的哥哥、35岁的母亲在逃亡的过程中都遇难了，只有他的父亲活了下来。

第二张照片中的小女孩叫hudea，当时4岁。她把摄影师的长焦镜头错当成了武器。她紧握的双手举过头，眼睛充满惊恐，做出了投降的姿势。

请你利用网络了解他们的遭遇，并送上你的告慰和祝福。

亲爱的Aylan，____

____

____

亲爱的Hudea，____

____

____

世界之窗

同学们，你们喜欢听歌吗？你们知道被誉为“世界上最动听的歌曲”的是哪一首歌吗？

这首歌叫《Heal the World》，是由迈克尔·杰克逊（Michael Jackson）作词、作曲并演唱的。它是一首呼唤世界和平的歌曲，歌词倡导人们保护和珍惜我们的环境，共同营造一个没有战争、没有荒地，生机勃勃，到处充满温暖和关怀的世界，让孩子们可以自由地欢笑，让世界充满爱。

请你找到这首歌曲，并听一听，感受音乐世界中的和平气息。

经典回眸

《辛德勒名单》
——救人一命，如救苍生

《辛德勒的名单》（Schindler's List）是1993年由史蒂文·斯皮尔伯格导演的一部电影。影片再现了德国企业家奥斯卡·辛德勒（Oskar Schindler）与其夫人埃米莉·辛德勒在第二次世界大战期间倾家荡产保护了1200余名犹太人免遭法西斯杀害的真实历史事件。该片包揽了第66届奥斯卡金像奖的7大奖项及第51届金球奖的7项大奖。

辛德勒常被人与另一位德国英雄拉贝同时提起。拉贝被称为“东方的辛德勒”。在日本侵华进行南京大屠杀期间，德国西门子公司驻南京办事处经理拉贝以自己时任德国国家社会主义工人党（德国纳粹党）南京分部副部长的特殊身份，建立国际安全区，出任安全区委员会主席，保护了约25万名中国人。同时著有《拉贝日记》，记录了侵华日军暴行。

《我的成长历程》

一、思考与感悟

有时，战争是山河破碎、人民流离失所的罪魁祸首，但有时，我们也要为了保卫国家主权、保卫人民的利益而迎接战争的挑战。请谈一谈你对“战争与和平”的理解。

____

____

____

二、家长对你这个月表现的评价

☆孩子的作业完成情况（自主程度）：

____

____

☆孩子与家长的沟通情况：

____

____

☆总体来说孩子有哪些进步：

____

____

☆您希望孩子能够改掉哪些不足：

____

____

☆请您为孩子写一句鼓励的话：

____

____

三、“我长大了”

请你回顾自己在这个月里的表现，想想自己学到了哪些知识、道理，掌握了哪些技能，克服了哪些困难，做了哪些好人好事，哪里做得不好，下个月计划如何改进等等。

____

____

____

四、“难忘的记忆”

同学们，在每个人的成长历程中，总有一些“难忘的记忆”，让我们铭刻在心。比如，做了一件非常了不起的事情，让自己能量满满，足以“载入史册”；或者看了某部电影，让你伤心、难过了好几天；或者伤害了某人，让你很后悔；或者有人误会了你；或者一件事情你怎么也想不明白为什么……

在这个月里，你有没有经历过这样一件事呢？你愿意将它写出来吗？其实，这些事情就像树上的叶子，不管怎样，它们都会飘落，然后消失。而随着一片片叶子的荣枯，小树也在不断成长。

《难忘的记忆》

____

____

____

____

____

____

五、教师评语

亲爱的同学，通过一个月的学习、实践等活动，你达成了核心素养目标吗？做得好不好呢？请老师为我们把把关，做个点评吧。

善	学生得分（满分10分）	积极表现	不足之处
志	学生得分（满分10分）	积极表现	不足之处
技	学生得分（满分10分）	积极表现	不足之处
恒	学生得分（满分10分）	积极表现	不足之处
律	学生得分（满分10分）	积极表现	不足之处
责	学生得分（满分10分）	积极表现	不足之处
识	学生得分（满分10分）	积极表现	不足之处
合	学生得分（满分10分）	积极表现	不足之处

二字诀

志——有志者，事竟成

“有志者，事竟成”，意思是有志向的人，做事终究会成功。告诉我们人生要靠自己去拼搏、去奋斗，在风雨中百折不挠、勇往直前。同学们，成功属于那些不怕困难、不怕失败、坚持不懈、执着追求梦想而又充满自信的人。

几千年前的一天，在渭水北岸，有位悠然垂钓的老人。一辆马车经过，车上的人问他：“老先生钓到鱼了吗？”

老人回答说：“什么有没有钓到？你问得未免太浅薄了，我是在想国家大事呀！钓一条小鱼就得意忘形，那只是小人的行径，而我要钓的鱼和他们的大不相同。”

这样的回答让车上的人马上下来。他毕恭毕敬地对老者说：“先生正是我梦寐以求的老师啊！”随即在老人的背后深深地鞠躬。

车上的人就是周文王，而老人正是助周兴业八百年的姜太公。凡夫俗子偶有小成就会得意忘形，好像已经称霸天下一样，总是摆脱不了小家子气。如果能像姜太公那样沉着冷静、志向高远，哪怕得不了天下，也能收获成功的人生。

第三课 读传记 铭宏志

每一个人都应该拥有自己的梦想，并有着为这个梦想而努力的志向，只有那些不怕困难、勇攀高峰的人才会实现自己伟大的理想。十月，我们将将来伟大祖国的生日，而我们的新中国也正是诞生在无数宏伟壮志和甘愿牺牲的奉献精神之上。

让我们为自己的梦想继续努力！让我们相信，只要不放弃，梦想终将会实现！

“逐梦人生”读书笔记

1. 亲爱的同学，请你阅读一本人物的传记，并总结你的收获。

◇你读了哪本人物传记?

______

◇它的主要内容是什么?

______

______

◇主人公最大的梦想是什么?

______

◇他为梦想的实现做了哪些事情，付出了哪些努力?

______

______

◇你从故事主人公身上得到了哪些实现梦想的启发?

______

______

2. 请你概况和归纳所读传记的要点和重点，提炼整本书的故事主线，用思维导图将人物的生平、故事呈现出来。

“梦想”的成长

同学们，你们还记得自己小时候的梦想吗？是当科学家、飞行员、发明家，还是演员、运动员？相信每个同学小时候都信誓旦旦地许下过长大后的人生梦想。

我儿时的梦想

我小时候，梦想着长大人后能成为________________。

那时候，我以为的________________是这样的：________________

____

____。

小时候那些天真的梦想，现在是否依旧坚守？随着年龄的成长，你对梦想的认识和追求发生了怎样的变化？

我现在的梦想

现在，我的梦想是成为________________，因为________________

____。为了实现这一梦想，我认为自己应该学习________________等方面的知识，掌握________________等技能。

现在，请你思考三个问题，并写下你的答案：

1. 为了实现梦想，我现阶段的一个计划是：

____

2. 实现这一目标，我的3个有利条件是：

①____

②____

③____

3. 实现这一目标，我的3个阻碍是：

①____

②____

③____

本月活动

助梦使者

请你在卡纸上写上自己的梦想（匿名），投入班级的“梦想之船”（大一点的纸船）。课堂上，大家从纸船中随机抽取一张卡片，大声念出卡片上的内容，并对“隐藏”在卡片背后不知名的同学说上几句话。可以是加油鼓励的暖心话语，也可以为实现“他（她）”的梦想给出一些建议等等。

活动纪要

1. 我给出的“梦想建议”是：

____

____

2. 我得到的“梦想建议”是：

____

____

3. 我对这个（些）建议的看法是：

____

____

4. 通过这次活动我的感悟有：

____

____

共筑未来

由班委会组织，开通班级博客（或微博），记录大家的成长故事，如参加校内外各项活动、社会实践活动、志愿活动、社区活动、家庭活动、比赛等，以及班级发生的趣事、有意义的事，并带领大家制定博客名称、博文撰写规则和分工。

我们的班级博客网址（或微博公众号）：

《我的成长历程》

一、思考与感悟

1. 关于"'梦想'的成长"栏目中"梦想实现的3个障碍"，你觉得很难以克服吗？你一定能克服吗？

2. 你愿意为实现目标付出哪些努力？

3. 你在班级博客的建设中负责哪项工作？

5. 请为本月导语补充一个关于"有志者，事竟成"的故事，将其写在相应的横线上。

二、家长对你这个月表现的评价

☆孩子的作业完成情况（自主程度）：

☆孩子与家长的沟通情况：

☆总体来说孩子有哪些进步：

☆您希望孩子能够改掉哪些不足：

☆请您为孩子写一句鼓励的话：

三、“我长大了”

请你回顾自己在这个月里的表现，想想自己学到了哪些知识、道理，掌握了哪些技能，克服了哪些困难，做了哪些好人好事，哪里做得不好，下个月计划如何改进等等。

四、“难忘的记忆”

同学们，在每个人的成长历程中，总有一些“难忘的记忆”，让我们铭刻在心。比如，做了一件非常了不起的事情，让自己能量满满，足以“载入史册”；或者看了某部电影，让你伤心、难过了好几天；或者伤害了某人，让你很后悔；或者有人误会了你；或者一件事情你怎么也想不明白为什么……

在这个月里，你有没有经历过这样一件事呢？你愿意将它写出来吗？其实，这些事情就像树上的叶子，不管怎样，它们都会飘落，然后消失。而随着一片片叶子的荣枯，小树也在不断成长。

《难忘的记忆》

五、教师评语

亲爱的同学，通过一个月的学习、实践等活动，你达成了核心素养目标吗？做得好不好呢？请老师为我们把把关，做个点评吧。

善	学生得分（满分10分）	积极表现	不足之处
志	学生得分（满分10分）	积极表现	不足之处
技	学生得分（满分10分）	积极表现	不足之处
恒	学生得分（满分10分）	积极表现	不足之处
律	学生得分（满分10分）	积极表现	不足之处
责	学生得分（满分10分）	积极表现	不足之处
识	学生得分（满分10分）	积极表现	不足之处
合	学生得分（满分10分）	积极表现	不足之处

三字诀

技——精一技，通百路

“精一技，通百路”，意思是要掌握一门精通的技艺，以便在未来的人生道路上获得成功。我们要养成会学习、会探究、会交往、会沟通的能力；要以正确的心态看待失败，不要害怕失败；要知道“失败是成功之母”的道理，学会总结失败的原因，不断学习和改进。这样，我们才能真正地掌握一门技艺，掌握一种本领，未来的成功也才会属于我们。

探究是人类智慧最宝贵的意识形态之一。我们在学习中要善于通过观察、阅读，发现问题，搜集数据，形成解释，获得答案并进行交流、检验。当你通过一系列研究、探索，最后找到了答案，获得了结果时，你将体会到学习带给你的最大乐趣。

关于“探索”的名言：

我从事科学研究是出于一种不可遏止的想要探索大自然奥秘的欲望，别无其他动机！——爱因斯坦

生活的全部意义在于无穷地探索尚未知道的东西，在于不断地增加更多的知识！——左拉

困难也是如此，面对悬崖峭壁，一百年也看不出一条缝来，但用斧凿，能进一寸进一寸，得进一尺进一尺，不断积累，飞跃必来，突破随之！——华罗庚

人的天职在于探索真理！——哥白尼

第四、五、六课　共话科技促成长

同学们，我们身处的社会正处在一个信息大爆炸、科技高速更新换代的时代中，社会中的我们该怎样紧跟时代的步伐，做一个“现代人”，而非“原始人”呢？

11月，恰逢北京市科技周，你们也将前往北方工业大学参观那里的科技节。俗话说，“外行看热闹，内行看门道”，希望你们不要只看“热闹”，而是要用心去看、去聆听、去学习，学会发现问题及解决问题的办法，尝试着去探索其中的“门道”。

我看“信息社会责任”

1. 信息技术（Information Technology，缩写IT），顾名思义就是管理和处理信息所采用的各种技术的总称，也被称为信息和通信技术（Information and Communications Technology, ICT）。现实生活中，信息技术的应用非常普遍，比如，电脑游戏就是信息技术。请你想一想，在我们的生活中还有运用信息技术的哪些例子呢?

①通信卫星

②打印机

③电影

④______

⑤______

⑥______

⑦______

⑧______

⑨______

⑩______

2. 在信息技术日新月异发展的今天，人们无时无刻不在享受着信息技术给人们带来的便利与好处。然而，随着信息技术的深入发展和广泛应用，出现了许多不容回避的道德的问题，请你列举一些例子。

①发布不实谣言；

②群发垃圾邮件、垃圾短信；

③______

④______

⑤______

3. 同学们，请仔细思考，我们在充分利用网络的同时，应该遵循哪些网络道德规范呢？

①学会自我保护，远离网吧

②________________

③________________

④________________

⑤________________

参观大学科技节

这个月我们将前往北方工业大学的科技节参观、学习。你要仔细观察、认真聆听，带着勇于探究的精神走进科技的世界。

活动纪要

参观了北方工业大学的科技节，你看到了哪些新科技、新发明？有什么感想和计划吗？请做一个小总结吧。

小提示：记录好你参观的时间，科技节的名称、主题等信息，记录你看到了哪些新鲜事物，你印象最深、感触最深的事物，你有哪些感悟等。

本月活动

工具的创新设计

同学们，我们在日常生活中会用到各种工具，如炉具、灶具、学具、玩具、灯具等等。这些工具随着人类社会的发展脚步不断更新、换代和创新，比如，灶具就是从烧柴、烧煤到燃气，到现在普遍应用的电磁炉具。

现在，请你对“学具”进行一次创新。

◇首先，请观察你用到的各种学具，找出这些学具存在的问题：

◇请你借助查阅资料、参观博物馆、访谈等方式了解学具的发展与变化：

◇请你仔细思考，开动脑筋，创造一种新型学具。

我的新型学具的名称：

说明书及使用方法：

◇请为你的发明画一幅草图。

知识角

中国启动WAP项目　助截瘫患者重拾行走能力

2014年巴西世界杯的开幕式上，一位脊髓损伤后截瘫9年的患者在“重拾行走计划”（WAP）项目的帮助下实现了站立、行走，并开出世界杯第一脚球。

帮助这位截瘫患者站立的系统正是一套应用于人类的脑机双向接口系统。经过系统的虚拟行走、踢球的训练后，受试者最终学会通过脑电波控制外骨骼的运动。而外骨骼脚面布满了传感器，每走出一步，传感器记录到的信号都会传输到脑内，从而实现足部对足球的感知。

2018年2月6日，中国国际神经科学研究所类脑智能临床转化研究中心成立仪式暨“重拾行走计划”(WAP)启动会在北京举办。此次，中国将与全球的研究者并肩，为脊髓损伤患者重拾行走能力而不懈努力。

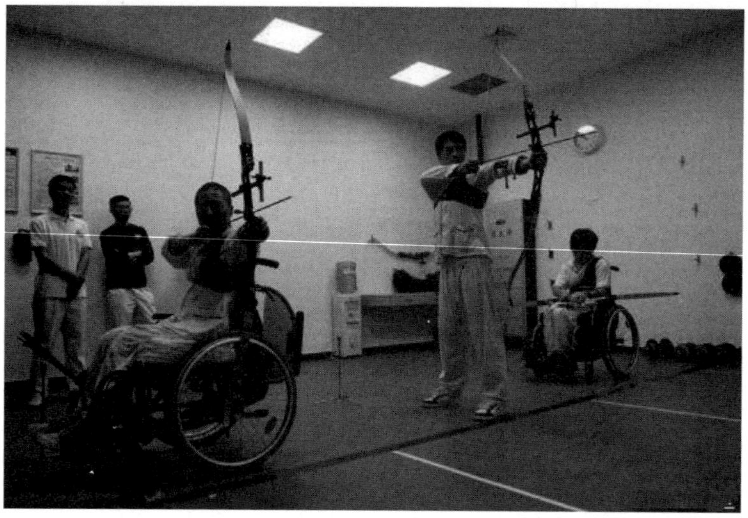

《我的成长历程》

一、思考与感悟

1. 请谈一谈信息技术在校园中的应用，以及对你的学习有哪些帮助。

2. 请谈一谈你所理解的“探究精神”。

二、家长对你这个月表现的评价

☆孩子的作业完成情况（自主程度）：

☆孩子与家长的沟通情况：

☆总体来说孩子有哪些进步：

☆您希望孩子能够改掉哪些不足：

☆请您为孩子写一句鼓励的话：

三、“我长大了”

请你回顾自己在这个月里的表现，想想自己学到了哪些知识、道理，掌握了哪些技能，克服了哪些困难，做了哪些好人好事，哪里做得不好，下个月计划如何改进等等。

四、“难忘的记忆”

同学们，在每个人的成长历程中，总有一些“难忘的记忆”，让我们铭刻在心。比如，做了一件非常了不起的事情，让自己能量满满，足以“载入史册”；或者看了某部电影，让你伤心、难过了好几天；或者伤害了某人，让你很后悔；或者有人误会了你；或者一件事情你怎么也想不明白为什么……

在这个月里，你有没有经历过这样一件事呢？你愿意将它写出来吗？其实，这些事情就像树上的叶子，不管怎样，它们都会飘落，然后消失。而随着一片片叶子的荣枯，小树也在不断成长。

《难忘的记忆》

五、教师评语

亲爱的同学，通过一个月的学习、实践等活动，你达成了核心素养目标吗？做得好不好呢？请老师为我们把把关，做个点评吧。

善	学生得分（满分10分）	积极表现	不足之处
志	学生得分（满分10分）	积极表现	不足之处
技	学生得分（满分10分）	积极表现	不足之处
恒	学生得分（满分10分）	积极表现	不足之处
律	学生得分（满分10分）	积极表现	不足之处
责	学生得分（满分10分）	积极表现	不足之处
识	学生得分（满分10分）	积极表现	不足之处
合	学生得分（满分10分）	积极表现	不足之处

四字诀

恒——学无涯，贵有恒

“学无涯，贵有恒”，意思在学习生活中，最可贵的就是要有坚持不懈的恒心和执着的毅力，要养成认真、执着、拼搏进取的习惯。

我们在平时的学习和生活当中，总会遇到一些小困难、小坎坷。如果很容易就退缩、放弃，半途而废，那之前的努力就付之东流了。而只有那些坚持、不放弃的人，才能到达成功的彼岸。

小典故

永不言败的马云

阿里巴巴的创办者马云，对梦想从不放弃。他曾经想考重点小学，但却失败了；考重点中学也失败了；考大学更是考了三年才考上；想念哈佛大学也没有成功。但他有坚持不懈、勇往直前的精神。俗话说：“宝剑锋从磨砺出，梅花香自苦寒来。”他通过自己的努力，最终成功了。他说：梦想，要脚踏实地，和眼泪是息息相关的。

坚持到底的柏拉图

有一次上课时，苏格拉底布置了一道作业，让他的弟子们做一件事：每天把手甩一百下。过一个星期后，他问有多少人坚持做了的，百分之九十的人都给了肯定的答复。一个月后，他又问，只有一半的人还在做了。一年后，他再问，只有一个人坚持在做，那个人就是柏拉图。

第七课　爱与自由

“爱”与“自由”象征着人类对美好的向往。人生来渴望被爱，也生来向往自由，“爱”与“自由”是每个人都应该享有的权利。我们每个人也都会为之去拼搏、去奋斗。

12月10日恰逢世界人权日，我们将学习黑人领袖曼德拉为了自由、平等拼搏一生的故事，学习他为信念而执着一生的品质。

爱在“红十字”

1. 红十字会以发扬人道、博爱、奉献精神，保护人的生命和健康，促进人类和平进步事业为宗旨。加入红十字会，意味着你将成为一名为生命传递爱、奉献爱的小使者，肩负起保护生命的光荣使命。下面，就请你写下一段加入红十字会的会宣誓词吧。

红十字会入会宣誓词
我，＿＿＿＿＿＿，誓为红十字会会员。我将努力做到：＿＿＿。

COMITE INTERNATIONAL GENEVE

ICRC

2. 生命是脆弱的，同学们应该掌握一些基本的急救知识，这样，当自己和他人的生命遇到危险时可以提供帮助。请你和小组同伴一起，共同选择一个生命急救项目，通过查阅资料、观看视频等，学习相关的急救知识和技能，并做成PPT等形式，与老师和同学们交流、分享，之后在校园内进行宣传。

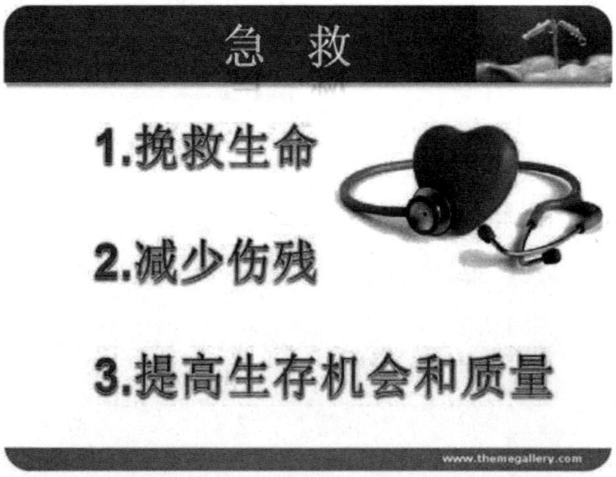

本月活动

“光辉岁月”展

1. 曼德拉（Nelson Rolihlahla Mandela）被尊称为“南非国父”，是首位黑人总统，他一生为自由、平等而拼搏，为新南非开创了一个民主统一的局面，在1993年获得诺贝尔和平奖。

请你和小组同伴一起，查阅资料，了解曼德拉的生平事迹，并制作一份关于曼德拉的作品，形式可以是手绘报纸、海报、展板、诗集、绘画、影像作品（视频、音频等）等，内容包括但不限于：

光辉记忆：介绍曼德拉的生平；

历史瞬间：生动地再现曼德拉一生中的重大事件；

诗书人生：呈现曼德拉的主要著作；

光辉颂歌：世人对曼德拉称颂和纪念；

……

2. 同学们，你们知道Beyond乐队吗？他们演唱过一首非常好听的经典歌曲《光辉岁月》。这首歌曲是乐队主唱黄家驹为曼德拉创作的。

请你了解这首歌曲的创作背景，并聆听这首歌曲。谈一谈这首歌曲表达了曼德拉的哪些宝贵品质和精神。

____

3. 请你学习并摘抄曼德拉的5句名言。

世界之窗

自由照耀世界

自由女神像（Statue Of Liberty），全名为“自由女神铜像国家纪念碑”，正式名称是“自由照耀世界（Liberty Enlightening the World）”，位于美国纽约海港内的自由岛。是法国于1876年为纪念美国独立战争胜利一百周年而建造的，1886年10月28日铜像落成。

自由女神穿着古希腊风格服装，头戴光芒四射冠冕，七道尖芒象征七大洲。右手高举象征自由的火炬，左手捧着《独立宣言》；脚下是打碎的手铐、脚镣和锁链，象征着挣脱暴政的约束和自由。

1984年，美国自由女神铜像国家纪念碑列入世界遗产名录。

《我的成长历程》

一、思考与感悟

1.《世界人权宣言》是联合国的基本法之一，于1948年12月10日通过。这一具有历史意义的“宣言”颁布后，大会要求所有会员国广为宣传，并且“不分国家或领土的政治地位，主要在各级学校和其他教育机构加以传播、展示、阅读和阐述”。作为第一个人权问题的国际文件，《世界人权宣言》为国际人权领域的实践奠定了基础，对后来世界人民争取、维护、改善和发展自己的人权产生了深远影响。

请你查找相关资料，仔细阅读和理解《世界人权宣言》的内容，并谈谈你对“自由”和“平等”的理解。

____

____

____

____

____

2. 曼德拉一生拼搏，致力于为南非人民及有色人种赢得权益和尊重。作为一名中学生，你们也要顽强拼搏，为实现自己的梦想而努力。请写下你对“拼搏”的理解。

二、家长对你这个月表现的评价

☆孩子的作业完成情况（自主程度）：

☆孩子与家长的沟通情况：

☆总体来说孩子有哪些进步：

☆您希望孩子能够改掉哪些不足：

☆请您为孩子写一句鼓励的话：

三、“我长大了”

请你回顾自己在这个月里的表现，想想自己学到了哪些知识、道理，掌握了哪些技能，克服了哪些困难，做了哪些好人好事，哪里做得不好，下个月计划如何改进等等。

四、“难忘的记忆”

同学们，在每个人的成长历程中，总有一些“难忘的记忆”，让我们铭刻在心。比如，做了一件非常了不起的事情，让自己能量满满，足以“载入史册”；或者看了某部电影，让你伤心、难过了好几天；或者伤害了某人，让你很后悔；或者有人误会了你；或者一件事情你怎么也想不明白为什么……

在这个月里，你有没有经历过这样一件事呢？你愿意将它写出来吗？其实，这些事情就像树上的叶子，不管怎样，它们都会飘落，然后消失。而随着一片片叶子的荣枯，小树也在不断成长。

《难忘的记忆》

____

____

____

____

____

____

五、教师评语

亲爱的同学，通过一个月的学习、实践等活动，你达成了核心素养目标吗？做得好不好呢？请老师为我们把把关，做个点评吧。

善	学生得分（满分10分）	积极表现	不足之处
志	学生得分（满分10分）	积极表现	不足之处
技	学生得分（满分10分）	积极表现	不足之处
恒	学生得分（满分10分）	积极表现	不足之处
律	学生得分（满分10分）	积极表现	不足之处
责	学生得分（满分10分）	积极表现	不足之处
识	学生得分（满分10分）	积极表现	不足之处
合	学生得分（满分10分）	积极表现	不足之处

五字诀

律——克于己，复于礼

“见贤思齐焉，见不贤而内自省也”，这一直是中国人德行修养的标准之一。自省就是自我评价、自我反省、自我调控和自我教育。它不仅是一种优良的品德，更是一种使人走向幸福的能力。

“自省”不等于自我批判，而是积极的、愉快的、具有建设性的。我们在逆境时要自省，顺境时更要自省，在自省中总结过去，规划未来。

具备“自省”能力的人表现为意志力强、个性独立、有自己的世界观、追求自己的兴趣、有自信、能独立完成学习任务。作为一名中学生，我们要不断审视和发现自身存在的不足，并不断改进、不断进步、日臻完善。

关于“自省”的名言：

吾日三省吾身。——孔子

知错就改，永远是不嫌迟的。——莎士比亚

最伟大的胜利，就是战胜自己。——高尔基

九牛一毫莫自夸，骄傲自满必翻车。历览古今多少事，成由谦逊败由奢。——陈毅

以人为鉴，明白非常，是使人能够反省的妙法。——鲁迅

第八课　绿色消费我倡导

同学们，进入1月，我们将开启愉快的寒假之旅。我们也将迎来中华民族最隆重的传统节日——春节。在这个全球华人共贺新春的日子里，你们将长大一岁，变成一个更加独立、更有追求的人。

这节课，我们将学习有关“绿色消费”的知识。希望你们通过学习，懂得节约、勤俭，尤其在节日期间，不要大吃大喝、铺张浪费，要和家人一起倡导绿色食品，倡导健康生活。你们还将了解一些“理财”知识，这样，你们就能更好地管理压岁钱，把它用在最需要的地方。

开启"绿色生活之旅"

1. 杜绝"舌尖上的浪费"

据估算，我国每年在餐桌上浪费的食物高达2000亿元，相当于2亿多人一年的口粮。但是践行"节约"并不是一件容易的事，要做到节约、绿色的生活方式，还需要全社会共同努力。同时，人们杜绝浪费的意识和行动也在逐渐增强，比如"光盘"倡议，还有一些饭店提出的"半份菜"举措。

现在，请你查阅资料，了解更多相关信息，补充一些杜绝"舌尖上的浪费"的举措吧。

①____

②____

③____

④____

____

2. 选择绿色食品

绿色消费，也称可持续消费，是指适度节制消费，避免或减少对环境的破坏。"选购绿色食品"就是绿色消费的内容之一。

春节和寒假期间，爸爸妈妈会为我们做上很多美味佳肴，或者到饭店去吃一顿大餐。现在，就请你列举一份《绿色食品清单》，和家人们过一个健康、"绿色"的春节吧。

我的《绿色食品清单》

____

____

____

____

____

____

____

3. 拒绝有害材料

“绿色消费”是崇尚自然和保护生态等为特征的新型消费。所以，除了选购绿色食品外，选择用环保材质制造的物品，抵制有害材料（甲醛等）也是绿色消费所倡导的内容。请你查阅资料，了解有害材料都有哪些，和家人、朋友们共同抵制。

本月活动

“消费”的双重体验

同学们，今天，我们来举行一个为期一周的“班级小型跳蚤市场”。请每位同学选择一件或几件自己的物品，如学习用品、书籍、小饰品、衣物、花草绿植等，在市场上进行交换或售卖。同时请思考两方面问题：首先，你该如何如实地对你的“商品”进行特征描述，并诚信地制定价格？其次，作为消费者，你该怎样选购商品？你想买的商品对你来说是“必要的”还是“想要的”？

《我的商品目录》

名称	商品描述	定价	市场价
例：地球仪	直径32厘米；95成新；一年前购买于西单图书大厦	65元	100元
1:			
2:			
3:			

杜绝炫富攀比之风

随着人们生活水平的快速提高，攀比之风悄然盛行，在校园中，同学们常常互相攀比，谁的钱多，谁的衣服贵，谁的书包贵……导致我们把精力都用在了如何用金钱来武装自己、满足自己的虚荣心上。你有没有攀比之心呢？如果有，那么希望你能努力改掉这个坏毛病。

◇请你找一件自己喜爱的物品，并写下自己喜爱它的三个理由：

①________________________________

②________________________________

③________________________________

____

◇请找一件自己想要丢弃的东西，并尝试写下不丢弃它的三个理由：

①________________________________

②________________________________

③________________________________

____

◇你还想丢弃它吗？仍然想丢弃，还是决定保留？为什么？请写下你的想法。

____

____

管理我的“小金库”

1. 同学们，过春节你会收到多少压岁钱？你平时有多少零花钱？你怎样管理自己的零花钱呢？你有存款吗？你会利用银行进行存款吗？

请你了解有关利息和利率的知识，回答以下问题：

◇目前，我国银行的活期和定期利率各是多少？

____

◇“标准利率”是由哪家银行制定的？

◇各个银行的活期利率一样吗？请你对三家以上银行进行调查，并记下你的调查结果：

银行1（名称）：________活期利率为：________

银行2（名称）：________活期利率为：________

银行3（名称）：________活期利率为：________

◇假如你计划将一笔钱存入银行定期，存入一年、五年、十年的利率一样吗？都是多少呢？

我选择的银行：________一年定期利率：________

五年定期利率：________十年定期利率：________

2. 你现在有多少储蓄？________元

对于储蓄的使用你有何打算呢？

攒钱为自己买喜欢的东西：________元；给亲人、朋友买礼物：________元；

买书籍和学习用品：________元；存入银行：________元，计划存________年。

《我的成长历程》

一、思考与感悟

1. 在日常消费，该如何区分“必要的”和“想要的”？请用举例法说说你的理解。

---

2. 请谈一谈你今后在“绿色消费”方面应该怎么做？

二、家长对你这个月表现的评价

☆孩子的作业完成情况（自主程度）：

☆孩子与家长的沟通情况：

☆总体来说孩子有哪些进步：

☆您希望孩子能够改掉哪些不足：

☆请您为孩子写一句鼓励的话：

三、“我长大了”

请你回顾自己在这个月里的表现，想想自己学到了哪些知识、道理，掌握了哪些技能，克服了哪些困难，做了哪些好人好事，哪里做得不好，下个月计划如何改进等等。

四、“难忘的记忆”

同学们，在每个人的成长历程中，总有一些“难忘的记忆”，让我们铭刻在心。比如，做了一件非常了不起的事情，让自己能量满满，足以“载入史册”；或者看了某部电影，让你伤心、难过了好几天；或者伤害了某人，让你很后悔；或者有人误会了你；或者一件事情你怎么也想不明白为什么……

在这个月里，你有没有经历过这样一件事呢？你愿意将它写出来吗？其实，这些事情就像树上的叶子，不管怎样，它们都会飘落，然后消失。而随着一片片叶子的荣枯，小树也在不断成长。

《难忘的记忆》

五、教师评语

亲爱的同学，通过一个月的学习、实践等活动，你达成了核心素养目标吗？做得好不好呢？请老师为我们把把关，做个点评吧。

善	学生得分（满分10分）	积极表现	不足之处
志	学生得分（满分10分）	积极表现	不足之处
技	学生得分（满分10分）	积极表现	不足之处
恒	学生得分（满分10分）	积极表现	不足之处
律	学生得分（满分10分）	积极表现	不足之处
责	学生得分（满分10分）	积极表现	不足之处
识	学生得分（满分10分）	积极表现	不足之处
合	学生得分（满分10分）	积极表现	不足之处

六字诀

责——尽己责，担道义

“尽己责，担道义”出自《三字经》，意思是一个人要有担当的胸襟，推己及人去帮助他人，关心社会，成为有公益情怀的人。

责任无处不在，存在于生命中的每一个岗位。父母养儿育女，儿女孝敬父母，老师教书育人，学生尊师好学，医生救死扶伤，军人保家卫国……人们在社会中生存，就必然要对自己、对家庭、对集体、对祖国承担并履行一定的责任。

责任只有轻重之分，而无有无之别。如果一个人不履行道德责任，他就会受到道德的谴责和良心的拷问；如果不履行法定责任，那么他将会受到法律的追究和制度的惩处。

所以，我们每一个人都应该拥有一份“尽责之心”，做好自己该做的事情。作为学生，我们就要好好学习，用知识充实自己、武装自己，为报效祖国打下好的基础。

第九课　志愿服务，人人有责

同学们，承担社会责任是你们健康成长的一个重要体现。未来，你们将走向社会、面向世界，成为一个合格的“世界公民”，而从事志愿活动、参与志愿服务将是每一位合格公民所必有的行为和意识。

3月5日为全国学雷锋日，做志愿服务也正是“雷锋精神”的重要组成部分。在这个月的活动中，你们将成为光荣的“校园志愿者”，为学校、老师和同学们奉献你的时间、精力和爱心，体会“乐善”所带来的别样的快乐。

本月活动

开展校园志愿服务

亲爱的同学，你做过志愿服务吗？你了解志愿者吗？志愿者（Volunteer）是一群自愿进行社会公共利益服务，而不获取任何利益、金钱、名利的活动者。他们在不为任何物质报酬的情况下，能够主动承担社会责任，奉献个人的时间和行动。

1. 请你和小组同伴一起，了解志愿者的定义，和“志愿者精神”的含义，并在横线上写下你的理解。

志愿者：____

____

志愿者精神：____

____

2. 请小组讨论，志愿服务都包括哪些内容和形式：

____

____

____

3. 成立班级志愿服务队，共同制定校园《志愿服务计划》，以班级为单位，开展志愿服务。制定好人员、内容、时长、周期、受益人、服务时间等计划。并拍摄志愿服务中的视频或照片，保存在《电子成长档案》中。

文明有你我

1. 随着互联网技术和社会的发展，我们已进入共享时代。共享时代的到来，拉近了人与人之间的距离，也让资源能更有效地被利用起来。在这个房子、车子和公共场所都可以共享的时代，对人道德的考验也日益显现。作为中学生，该如何保护我们的共享空间？

请同学们仔细查阅资料，认识什么是“共享时代”。

◇什么是共享？共享时代的主要特征是什么？

____

____

____

◇共享经济是什么？共享经济将给人类生活带来哪些变化？

____

____

____

◇请你思考，共享时代对人的考验有哪些？

____

____

____

____

2. 请你仔细观察社会上、各类公共场所中存在的文明行为和不文明行为，并好做好记录。

文明行为包括：____________________

____

____

不文明行为包括：____________________

____

____

3. 假如你在公共场所遇到有人蓄意破坏公共设施，你会上前劝阻吗？你会如何进行有效劝阻呢？

寻找好人好事

同学们，在你们生活的社区里，是否会发现一些值得你学习的人和事呢？请你展开小采访，问问爸爸妈妈和街坊四邻，尝试寻找社区中的好人好事吧。记得录下采访的录音，保存在《电子成长档案》中。

知识角

在2018年春节期间，香港导演陈可辛拍摄了贺岁短片《三分钟》，讲述了一位列车员母亲过年期间在列车上值班，无法与孩子团聚，仅凭列车靠站的三分钟与儿子相聚的故事。请你查找并观看这部影片，并围绕“职责”“敬业”等方面写下你的观后感。

《我的成长历程》

一、思考与感悟

1. 请谈一谈你对“奉献”一词的理解：

2. 你在班级志愿服务计划中承担哪些分工？请具体描述。

3. 通过班级志愿服务，你获得了哪些收获呢？

二、家长对你这个月表现的评价

☆孩子的作业完成情况（自主程度）：

☆孩子与家长的沟通情况：

☆总体来说孩子有哪些进步：

☆您希望孩子能够改掉哪些不足：

☆请您为孩子写一句鼓励的话：

三、“我长大了”

请你回顾自己在这个月里的表现，想想自己学到了哪些知识、道理，掌握了哪些技能，克服了哪些困难，做了哪些好人好事，哪里做得不好，下个月计划如何改进等等。

四、“难忘的记忆”

同学们，在每个人的成长历程中，总有一些“难忘的记忆”，让我们铭刻在心。比如，做了一件非常了不起的事情，让自己能量满满，足以“载入史册”；或者看了某部电影，让你伤心、难过了好几天；或者伤害了某人，让你很后悔；或者有人误会了你；或者一件事情你怎么也想不明白为什么……

在这个月里，你有没有经历过这样一件事呢？你愿意将它写出来吗？其实，这些事情就像树上的叶子，不管怎样，它们都会飘落，然后消失。而随着一片片叶子的荣枯，小树也在不断成长。

《难忘的记忆》

五、教师评语

亲爱的同学，通过一个月的学习、实践等活动，你达成了核心素养目标吗？做得好不好呢？请老师为我们把把关，做个点评吧。

善	学生得分（满分10分）	积极表现	不足之处
志	学生得分（满分10分）	积极表现	不足之处
技	学生得分（满分10分）	积极表现	不足之处
恒	学生得分（满分10分）	积极表现	不足之处
律	学生得分（满分10分）	积极表现	不足之处
责	学生得分（满分10分）	积极表现	不足之处
识	学生得分（满分10分）	积极表现	不足之处
合	学生得分（满分10分）	积极表现	不足之处

七字诀

识——学而思，思而行

“学而思，思而行”，这句话的意思是指思考是读书、学习的深化，我们要学会在学习中有所思、有所悟，将学到的知识真正心领神会，成为自己的本领。

《论语》中有一句话叫作“学而不思则罔，思而不学则殆”，这是孔子所提倡的一种读书和学习的方法。其中，“学而不思则罔”指的是如果一味地读书而不会思考，那么就无法理解书本的意义，不能更好际运用书本中的知识；只有把学习和思考结合起来，才能切实学到有用的知识，否则就会收效甚微。

所以，我们不能只是死记硬背，要学会思考和理解书本的内涵，做到活学活用、融会贯通，这样才能真正达到读书、学习的目的。

关于“读书”的名言：

书是人类进步的阶梯。——高尔基

生活里没有书籍，就好像没有阳光；智慧里没有书籍，就好像鸟儿没有翅膀。——莎士比亚

读一本好书，就是和许多高尚的人谈话。——歌德

发奋识遍天下字，立志读尽人间书。——苏轼

我一生的嗜好，除了革命外，只有好读书，我一大不读书，便不能生活。——孙中山

第十课　朗读者

阅读是一种理解、领悟、吸收、鉴赏、评价和探究的思维过程，不仅让人们拥有广博的见识，还能陶冶情操、提升自我修养。有时，阅读还能改变命运。

四月是我们学校的“书香月”，希望你和老师、同学们一起，畅游书的海洋，扬起智慧的风帆，一路乘风破浪，收获丰富的阅历和知识，充实自己的内心，增强自己的力量。

读书之我见

同学们，阅读是我们获取知识的重要途径，“爱读书、会读书”也是一名初中生应该掌握的必备技能。最近你读书了吗？请你回答以下问题。

◇你最近刚刚读完的一本书是：________________

◇这本书你阅读了多长时间：________________

◇你每天会利用哪些时间来读书？

____

◇读这本书的目的是什么？

____

◇你感觉这本书能满足你获取相关知识的需要吗？

____

◇下一步你打算阅读哪本书？

____

本月活动

“朗读者”读书会

这个月，我们将进行一次校园“朗读者”读书会，分享自己的人生故事和对生活、生命的体会。请你仔细思考，回答以下问题。

1. 如果让你来策划这次的“朗读者”读书会，你打算确立什么主题词呢？围绕这个主题词，你打算朗读哪本书目、哪个段落，分享自己的哪段经历呢？

____

____

____

____

2. 朗读不仅可以提高阅读能力，还可以陶冶性情、开阔胸怀，也能够增强自己对语言词汇细致入微的体味。朗读都有哪些技巧？请你查阅资料，了解一些朗读的好方法。

①正确理解作品的思想情感；

②使用标准普通话进行朗读；

③________________

④________________

⑤________________

……

知识角

说“捕鲸”

同学们，4月22日是世界地球日，旨在提高人类对于现有环境问题的意识，积极参与到环保运动中，通过绿色低碳生活，改善地球的整体环境。

今天，我们结合“地球日”来说一说“捕鲸”这回事。

1. 请你利用网络查找资源，观看相关影片或纪录片。

2. 请你回答下列问题：

◇除了日本还有哪些国家从事捕鲸这件事？

____

◇有哪些机构在反对捕鲸？

____

◇捕鲸行为的驱动力是什么？

____

3. 你觉得应该怎样辩证地看待捕鲸问题？如何解决这一问题呢？请你撰写一篇小议论文：《说“捕鲸”》。你可以借鉴以下两种正反观点做论述：

论点1：为了维护生态平衡，捕鲸行业应该被彻底取缔。

论点2：为了传统的延续和经济利益，捕鲸行业应该继续。

《说“捕鲸”》

____

____

____

____

____

____

____

《我的成长历程》

一、思考与感悟

1. 往届读书会中，让你印象最深的一次是（主题词）：__________，因为__________

____

____

2. 本次“朗读者”读书会你有哪些收获?

____

____

____

二、家长对你这个月表现的评价

☆孩子的作业完成情况（自主程度）：

____

____

☆孩子与家长的沟通情况：

____

____

☆总体来说孩子有哪些进步：

____

____

☆您希望孩子能够改掉哪些不足：

☆请您为孩子写一句鼓励的话：

三、“我长大了”

请你回顾自己在这个月里的表现，想想自己学到了哪些知识、道理，掌握了哪些技能，克服了哪些困难，做了哪些好人好事，哪里做得不好，下个月计划如何改进等等。

四、“难忘的记忆”

同学们，在每个人的成长历程中，总有一些“难忘的记忆”，让我们铭刻在心。比如，做了一件非常了不起的事情，让自己能量满满，足以“载入史册”；或者看了某部电影，让你伤心、难过了好几天；或者伤害了某人，让你很后悔；或者有人误会了你；或者一件事情你怎么也想不明白为什么……

在这个月里，你有没有经历过这样一件事呢？你愿意将它写出来吗？其实，这些事情就像树上的叶子，不管怎样，它们都会飘落，然后消失。而随着一片片叶子的荣枯，小树也在不断成长。

《难忘的记忆》

五、教师评语

亲爱的同学，通过一个月的学习、实践等活动，你达成了核心素养目标吗？做得好不好呢？请老师为我们把把关，做个点评吧。

善	学生得分（满分10分）	积极表现	不足之处
志	学生得分（满分10分）	积极表现	不足之处
技	学生得分（满分10分）	积极表现	不足之处
恒	学生得分（满分10分）	积极表现	不足之处
律	学生得分（满分10分）	积极表现	不足之处
责	学生得分（满分10分）	积极表现	不足之处
识	学生得分（满分10分）	积极表现	不足之处
合	学生得分（满分10分）	积极表现	不足之处

合——尚和合，求大同

“尚和合，求大同”讲述的是我们国家的社会理想和民族精神。“和合”精神与社会主义核心价值观的“和谐”是完全一致的。“和谐”描述的是一个美好社会的样子，而“合作”正是要达到这个样子的根本精神和美德。“大同”则是古人所描绘的和谐社会的样子，是中国古人的“中国梦”，指人人友爱互助、家家安居乐业、没有贫富差距、没有战争，充满真正的自由、平等、文明、和谐。

正如习近平主席指出的那样，中华文化崇尚和谐，中国“和”文化源远流长，蕴涵着天人合一的宇宙观、协和万邦的国际观、和而不同的社会观、人心和善的道德观。在5000多年的文明发展中，中华民族一直追求和传承着和平、和睦、和谐的坚定理念。以和为贵，与人为善，己所不欲、勿施于人等理念在中国代代相传，深深植根于中国人的精神中，体现在中国人的行为上。

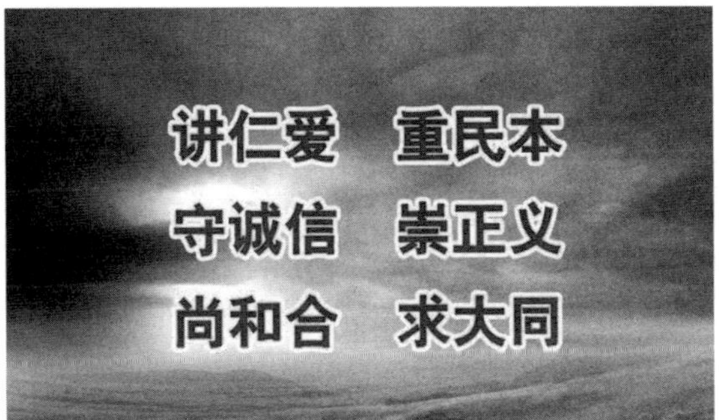

第十一、十二、十三、十四课　“青春绚丽，追梦砺行”我们十四岁集体生日

同学们，你们即将迈入青春的大门，即将踏着青春的足迹去征服成长路上的荆棘与险峻。14岁，是一个了不起的人生里程碑，正值青春飞扬、意气风发之时。14岁，总有一种情怀在心中弥漫，总有一种坚定的信念在升腾。

在14岁集体生日活动中，你将和同学们一起，迎接青春的到来，收获老师和家长的期盼。希望你们团结起来，共同努力，共同进步，共同成长，用最宝贵的年华迈好人生最关键的第一步。

“五四”百科

请同学们了解“五四”运动相关知识，回答下列问题：

◇“五四青年节”的来源是什么？

____

____

◇在“五四运动”中诞生了哪些青年领袖和榜样？

____

____

◇什么是“五四精神”？

____

____

本月活动

寻找“榜样”

1. 同学们，每年的“五四”青年节都会诞生许多值得人们学习的“五四榜样”。请你查阅资料，寻找你心目中最值得学习的“五四榜样人物”，记录他们的事迹，与老师同学们交流、分享。

____

____

____

____

2. 榜样往往不在远方，而在身边。我们要善于发现身边的榜样，并向他们学习。请同学们在班级内寻找各类值得同学们学习的榜样，并回答下列问题。

◇你认为可以被评选为班级榜样的同学是：

____

◇他们身上具备哪些特质？他们为何能成为“榜样”？他们身上最值得我们学习的地方是什么？

____

____

____

3. 请你将自己在学习、生活、人际交往、气质提升等方面遇到的困惑向各类榜样进行提问，与身边的榜样同学一起进行交流，一起成长。

为青春点赞

1. 请同学们搜集与“青春”相关的名人名言，并概括一下，这些名言主要从哪几个方面对“青春”进行解读？名人们都关注了有关“青春”的哪些问题呢？

____

____

____

____

2. 在你搜集并整理的名言中，你最喜欢哪几句呢？请你背诵令你印象深刻的名言，并写下你的感悟与思考。

____

____

____

____

3. 对于青春美好的赞颂，是文人墨客笔下永远的主题，请你以“致青春”为主题，创作一首小诗，写下你的青春感言。

____

____

____

____

4. 请你“观看一本青春励志电影，阅读一本青春励志书籍，学唱一首青春励志歌曲”，写下你的观后感，并与同学们分享你的思考与观点。

____

____

____

____

为青春点赞

这个月我们将举办“十四岁集体生日”活动，同学们一起告别童年，步入青春的殿堂，共同进步，共同经历和分享青春的甜蜜和苦涩。

《我的成长历程》

一、思考与感悟

1. 同学们，这个月，我们举行了十四岁集体生日会，请谈一谈你的“青春感悟”。

2. 你在日常的学习、生活中，是否有通过与人合作而获得成功的经历？请你回忆并记录一件自己最难忘的“合作”经历。

二、家长对你这个月表现的评价

☆孩子的作业完成情况（自主程度）：

☆孩子与家长的沟通情况：

☆总体来说孩了有哪些进步：

☆您希望孩子能够改掉哪些不足：

☆请您为孩子写一句鼓励的话：

三、“我长大了”

请你回顾自己在这个月里的表现，想想自己学到了哪些知识、道理，掌握了哪些技能，克服了哪些困难，做了哪些好人好事，哪里做得不好，下个月计划如何改进等等。

四、“难忘的记忆”

同学们，在每个人的成长历程中，总有一些“难忘的记忆”，让我们铭刻在心。比如，做了一件非常了不起的事情，让自己能量满满，足以“载入史册”；或者看了某部电影，让你伤心、难过了好几天；或者伤害了某人，让你很后悔；或者有人误会了你；或者一件事情你怎么也想不明白为什么……

在这个月里，你有没有经历过这样一件事呢？你愿意将它写出来吗？其实，这些事情就像树上的叶子，不管怎样，它们都会飘落，然后消失。而随着一片片叶子的荣枯，小树也在不断成长。

《难忘的记忆》

五、教师评语

亲爱的同学，通过一个月的学习、实践等活动，你达成了核心素养目标吗？做得好不好呢？请老师为我们把把关，做个点评吧。

善	学生得分（满分10分）	积极表现	不足之处
志	学生得分（满分10分）	积极表现	不足之处
技	学生得分（满分10分）	积极表现	不足之处
恒	学生得分（满分10分）	积极表现	不足之处
律	学生得分（满分10分）	积极表现	不足之处
责	学生得分（满分10分）	积极表现	不足之处
识	学生得分（满分10分）	积极表现	不足之处
合	学生得分（满分10分）	积极表现	不足之处

九字诀

悦——身心悦，远近悦

在《论语》中有“近者说（悦），远者来”的话，意思是让邻近的人感到喜悦，使远方的人也都闻风前来。这句话告诉我们，要保持开开心心的状态，并把我们的快乐传递给身边的小伙伴们，也让不在我们身边的，以及那些不开心的小伙伴能我们一起沉浸在快乐的海洋里。如果你总是挂着一副抑郁的表情、保持阴郁的心情，那么不但你自己的状态会很糟糕，你身边的人也会失去欢乐。这样，大家就会慢慢地远离你，你就会变得更加孤独和抑郁了。

快乐其实很简单。快乐的多少，来自有乐趣事物的多少，来自自己内心的需求被满足了多少。比如说，你想要什么，你喜欢什么，你期望什么？这些被满足得越多，你快乐的次数也就越多。

如果你想直观和感性地去感受各种乐趣，让自己自然地去选择，那么你可以查阅各种电影、小说、传记、音乐等，它们都会让你直观地感受到各种不同的乐趣，进而在现实中去追求，并让自己更快乐！

第十五课　释放心灵 赢得健康

拥有愉悦的身心，是人生中的一笔宝贵财富，它让我们忘却烦恼、卸下包袱，用积极的心态去放眼世界、发现世界。这样，我们看到的世界也是一个五光十色的、美好的世界。

这个月，我们将学习一些积极心理学方面的知识，你会知道什么样的心理表现是积极的、健康的。临近期末，你们即将迎来快乐的暑假，希望你们能够获得快乐和幸福，拥有快乐的暑期生活，带着一颗热情、饱满的心走进新的学年。

心悦，成福

1. 同学们，你们听过歌曲《欢乐颂》吗？《欢乐颂》是在1785年由德国诗人席勒所写的诗歌，贝多芬为之谱曲，成为他的第九交响曲第四乐章的主要部分。这支曲子成为现今欧洲联盟的盟歌、欧洲委员会会歌。

请你阅读席勒的诗歌原文，并选择其中一个段落进行摘抄和翻译。

原文：

翻译：

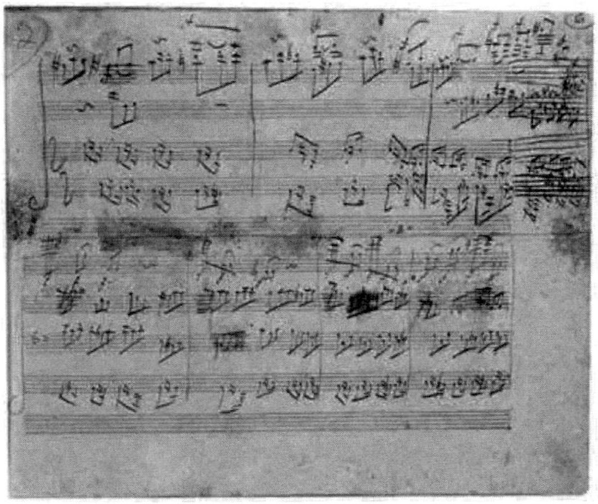

2. 请阅读以下图片中关于“自爱”与“爱人”的18种“高情商”的表现，对照自己的心理和行为，努力成为一个充满自信的人。

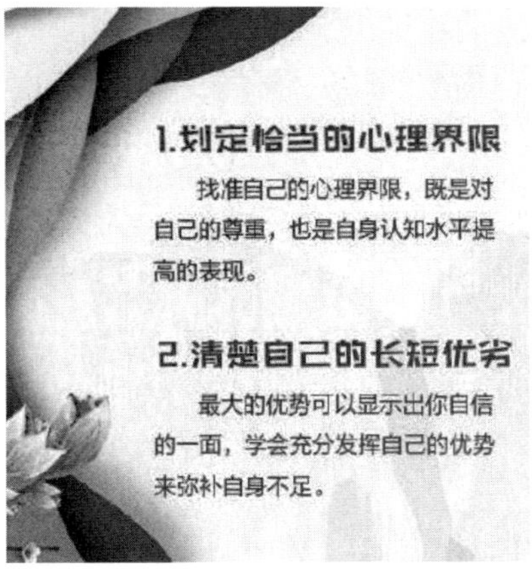

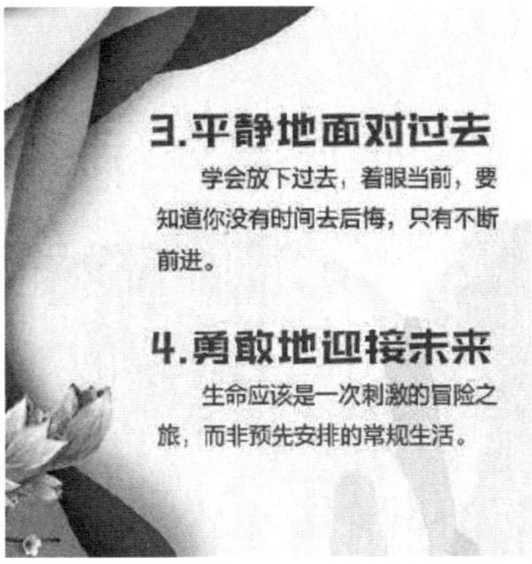

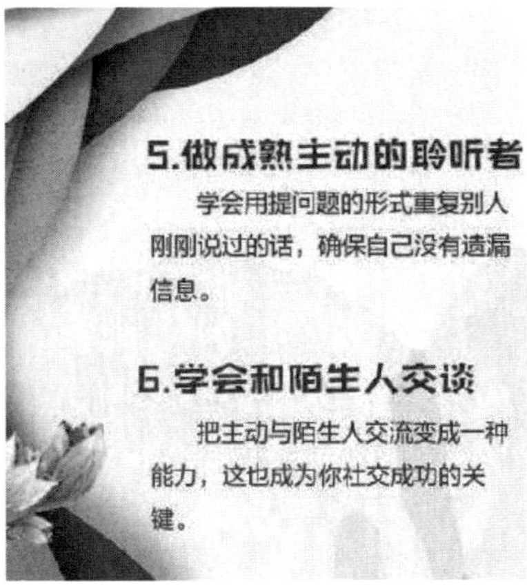

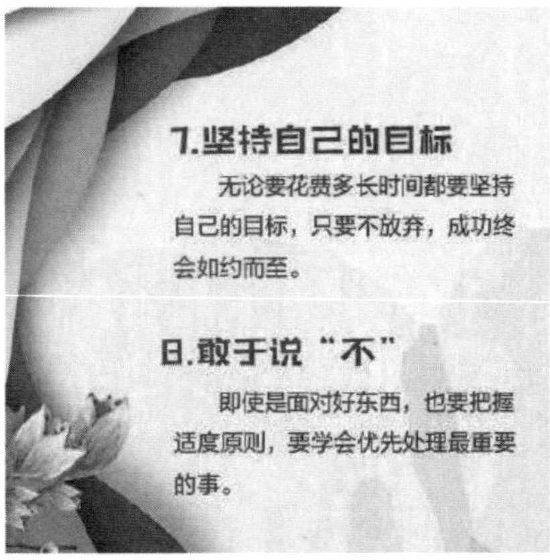

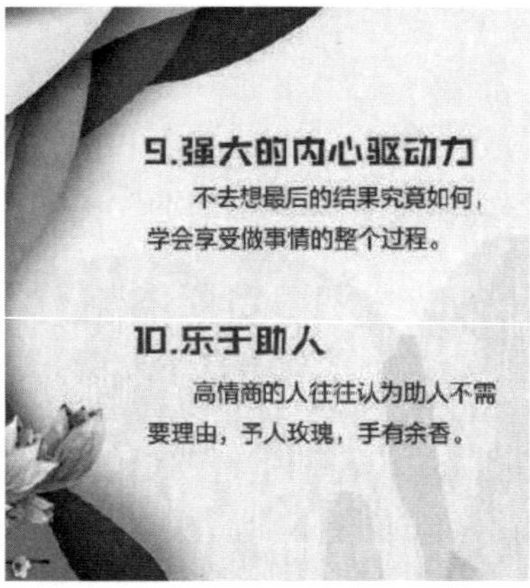

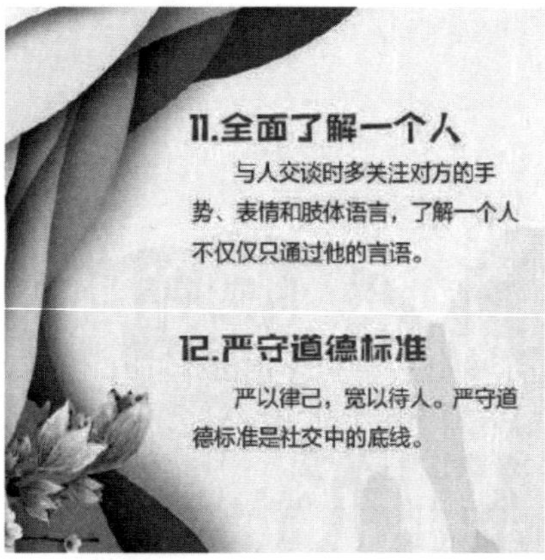

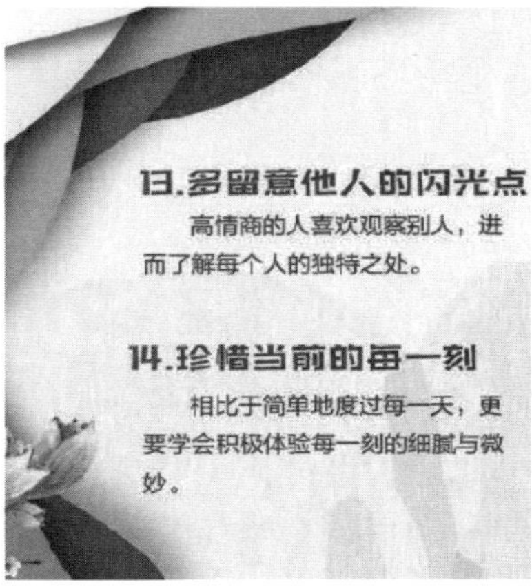

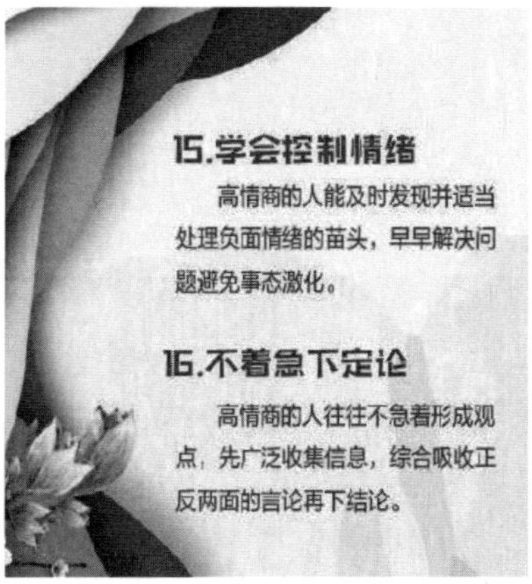

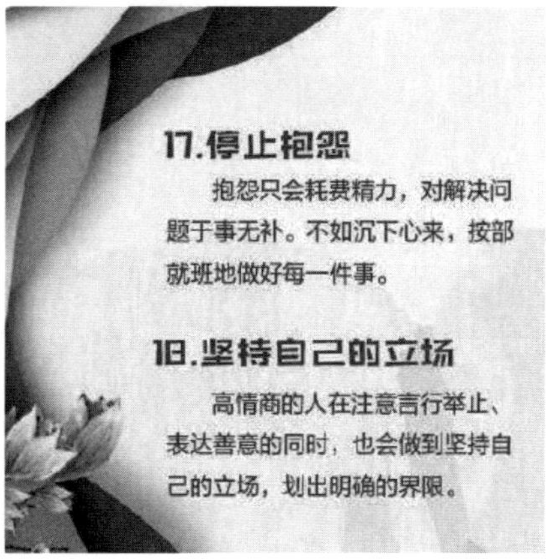

积极心理学

1. 同学们，你们知道关于心理学的知识吗？听说过“积极心理学”吗？积极心理学就是告诉人们如何获得“积极的情绪”。请你想一想，哪些情绪可被看作是积极的情绪呢？

____

____

2. 请查阅资料，了解积极心理学的“六个方面”。

①智慧和知识：创造力、好奇心、开放思想、热爱学习、有视野（洞察力）；

②勇气：真诚、勇敢、坚持、热情；

③____________________________

④____________________________

⑤____________________________

⑥____________________________

3. 以上六个方面，你能做到几个？哪些还做不到？请如实记录。

____

____

本月活动

班级心理知识竞赛

同学们，这个月，我们将开展班级心理知识大赛，共同学习和探讨心理学相关知识。请利用课余时间了解和掌握心理知识，争取在竞赛中独占鳌头。

活动总结

同学们，你在心理学知识竞赛中表现得怎么样？答对了多少道题？得了多少分？还有哪里表现得不足？应该怎样改进？请给自己做个总结。

____

____

____

自尊者，人恒敬之

1. 案例分析：徐悲鸿的豪言壮语

20世纪初，徐悲鸿在欧洲留学时，曾碰到一个洋人的寻衅。那个洋人说：“中国人愚昧无知，生来就是当亡国奴的材料，即使送到天堂深造，也成不了才！”徐悲鸿义愤填膺地回答：“那好，我代表我的祖国，你代表你的国家，等学习结业时，看到底谁是人才，谁是蠢材！”一年之后，徐悲鸿的油画就受到法国艺术家的好评，此后数次竞赛，他都得了第一，他的个人画展，轰动了整个巴黎美术界。这样令人惊叹的成就，是那个洋人远远不能及的。

◇你认为徐悲鸿的言行反映了什么样的心理？

____

____

____

◇对这种心理你是如何认识的？

____

____

____

2. 同学们，我们在日常学习和生活中，难免会受到别人的指责和批评，那么在这种情况下我们该怎样做呢？

当遇到以下情况，你会有什么想法呢？请写下你心中的答案。

正面情境	我的感受	负面情境	我的感受
父母喜欢你，老师欣赏你		父母贬低你，老师看轻你	
你是班干部，在同学中间树立了较高威信		你是班干部，同学们却拿你不当回事	
当你遇到困难和挫折时，你的同学鼓励你、支持你		当你遇到困难和挫折时，你的同学嘲笑你、冷落你	

请想一想：为什么得到别人的肯定和赞扬时我们就会高兴？被别人看低、嘲笑时就会感到沮丧、生气、伤心？自己需要怎样做才能得到别人的尊重？请你提供3个好办法。

知识角

苏格拉底的快乐

一群年轻人到处寻找快乐，但是，却遇到许多烦恼、忧愁和痛苦。他们向老师苏格拉底询问：快乐到底在哪里？苏格拉底说："你们还是先帮我造一条船吧！"年轻人们暂时把寻找快乐的事儿放到一边，找来造船的工具，用了七七四十九天锯倒了一棵又高又大的树，又挖空树心，造成了一条独木船。独木船下水了，年轻人们把老师请上船，一边合力荡桨，一边齐声唱起歌来。苏格拉底问："孩子们，你们快乐吗？"学生齐声回答："快乐极了！"苏格拉底道："快乐就是这样，它往往在你忙于做别的事情时突然来访。"

《我的成长历程》

一、思考与感悟

1. 在寓言故事中，苏格拉底的快乐指的是什么？请你谈谈自己的理解。

2. 对于“自爱”与“爱人”的九张图片的内容，哪些是你做不到，或者做起来有困难的？你打算如何克服这些困难呢？

____

____

____

二、家长对你这个月表现的评价

请爸爸妈妈为你这一年的表现做个评价吧。

《家长评价表》

评价内容	评分(满分10分)	请简要描述您的评分依据
关心时政新闻，主动了解国内外大事		
生活中善于提出问题，并主动思考		
爱学习、会学习，讲究学习方法和学习策略		
日常生活完全自理		
每天都能帮助大人做家务		
尊重父母，有心事、想法主动与父母沟通		
良好的作息规律，对垃圾食品能主动节制		
主动与他人打招呼、沟通，言语举止大方得体		
不与同学攀比，爱惜物品、不随意丢弃		
诚实、诚信，勇于担当		
总分：		
您的总结（总结、思考、期望等）：		

三、“我长大了”

请你回顾自己在这个月里的表现，想想自己学到了哪些知识、道理，掌握了哪些技能，克服了哪些困难，做了哪些好人好事，哪里做得不好，下个月计划如何改进等等。

____

____

____

____

四、“难忘的记忆”

同学们，在每个人的成长历程中，总有一些“难忘的记忆”，让我们铭刻在心。比如，做了一件非常了不起的事情，让自己能量满满，足以“载入史册”；或者看了某部电影，让你伤心、难过了好几天；或者伤害了某人，让你很后悔；或者有人误会了你；或者一件事情你怎么也想不明白为什么……

在这个月里，你有没有经历过这样一件事呢？你愿意将它写出来吗？其实，这些事情就像树上的叶子，不管怎样，它们都会飘落，然后消失。而随着一片片叶子的荣枯，小树也在不断成长。

《难忘的记忆》

五、教师评语

亲爱的同学，通过一个月的学习、实践等活动，你达成了核心素养目标吗？做得好不好呢？请老师为我们把把关，做个点评吧。

善	学生得分（满分10分）	积极表现	不足之处
志	学生得分（满分10分）	积极表现	不足之处
技	学生得分（满分10分）	积极表现	不足之处
恒	学生得分（满分10分）	积极表现	不足之处
律	学生得分（满分10分）	积极表现	不足之处
责	学生得分（满分10分）	积极表现	不足之处
识	学生得分（满分10分）	积极表现	不足之处
合	学生得分（满分10分）	积极表现	不足之处

后 记

亲爱的同学们：

初中生活是美好的，初中生活是多姿多彩的，是别具一格的，是回味无穷的。

这里有快乐，有苦恼，有困惑，有伤心……太多的情感融合在一起，让短短的初中变得简单而复杂，像是一杯咖啡，苦涩中带有淡淡的哀愁，只有细细品味，才能察觉它的香甜。在这里，你渴望生活，渴望创造，渴望学习，渴望为你的人生谱写一曲壮丽的乐章。

在初中的生活中，你也会慢慢发现自己变了，变得独立，变得坚强，变得有个性、有主见。对父母的依赖少了，能帮助他们做的事情多了。

在过去的一年中，你们编写了《和平宣言》，树立了全新的志向；享受了一次创造新科技的过程，体会了科技的力量；懂得了如何消费和理财；参与了学校志愿服务；学会了从书中放眼世界，体会人生百味；了解了“五四精神”，拥有了“五四榜样”；知道了如何不虚度我们的青春；学习了“积极心理学”的知识，明白了如何尊重他人、如何赢得尊重。

希望你们能够继续秉持“做自己，赢未来”的坚强决心，充分发挥自己的优势，用强大的能力充实自己，走进生活里，走进社会中，在不断的探索与实践中完善自我品格，提升个人涵养，成为有道德、有情感、有理想、有抱负的“社会人”！

“i优势”

北方工业大学附属学校德育、体育、美育课程体系

（学生用书）

王　英　主编

九年级

中国发展出版社
CHINA DEVELOPMENT PRESS

图书在版编目（CIP）数据

"i优势"：北方工业大学附属学校德育、体育、美育课程体系（学生用书）/王英主编．北京：中国发展出版社，2019.7

ISBN 978-7-5177-1027-1

Ⅰ．①i… Ⅱ．①王… Ⅲ．①德育—中小学—教材 ②体育课—中小学—教材 ③美育—中小学—教材 Ⅳ．①G634

中国版本图书馆CIP数据核字（2019）第137690号

书　　名："i优势"：北方工业大学附属学校德育、体育、美育课程体系（学生用书）
著作责任者：王　英
出 版 发 行：中国发展出版社
（北京市西城区裕民东路3号9层　100029）
标 准 书 号：ISBN 978-7-5177-1027-1
经　销　者：各地新华书店
印　刷　者：河北鑫兆源印刷有限公司
开　　本：889mm×1194mm　1/16
印　　张：38.5
字　　数：800千字
版　　次：2019年8月第1版
印　　次：2019年8月第1次印刷
定　　价：158.00元（全9册）

联 系 电 话：（010）68990630　68990692
购 书 热 线：（010）68990682　68990686
网 络 订 购：http://zgfzcbs. tmall. com//
网 购 电 话：（010）88333349　68990639
本 社 网 址：http://www.develpress. com. cn
电 子 邮 件：370118561@qq. com

前 言

亲爱的同学们：

你们好！学生时代是人生中最欢愉、最难忘的一段时光，你们可以无忧无虑地徜徉于书海中，探索未来的世界。但是身为学生的你们，有时，往往急于告别学生时代，希望自己可以快快长大，快快拥有丰满的羽翼，拥抱五光十色的大千世界。就像钱钟书先生在《围城》中描写的那样：处在围城内的人想尽一切办法出来，而处于围城之外的人则想办法进去。

其实，人生中有很多值得我们珍惜和留恋的日子，而学生时代一定是最纯洁、最美好的那一段时光。

你们要好好学习，珍惜大好年华，不断地用知识充实自己的头脑、净化自己的心灵；学会各种技能，让自己变得更加强大。

你们要发现自己的优势和特长，培养高雅的情趣和爱好；要学会自主，并在未来发挥自己的优势，学会自立。要勇于做自己，做不一样的自己，做真实的自己，追寻内心的声音，不随波逐流。要做独特的自己，依照自己的特长去专注成长。要做最好的自己，把最优秀的一面展示给世界。“做自己”需要一种不受外界干扰的坚定毅力，就如苏轼所言：“守其初心，始终不变”。

你们要积极地去赢取属于自己的未来，追求精彩绽放。每个人都有自己的梦想，你们要坚守成功的信念，不轻言放弃，直面未来，追逐精彩。要拥有改变自我命运的志气，拥有战胜一切困难的勇气，拥有发挥优势的底气。赢未来，需要一种执着的理想和信念贯穿成长的始终，如朱熹所言：“立志不坚，终不济事”。

经济合作与发展组织（OECD）每三年组织一次的国际学生评估项目（PISA）测试，在2018年增加关于“全球素养”（Global Competence）的内容，旨在考查学生能否尊重不同的文化和信仰，融入多元化世界，在全球化的进程中，用新的排名来展示各国年轻人的能力。这种能力可帮助你们日后在变幻莫测的社会中找到自己的生存之路，拥有一份提升自己的方向指南。你们要学会接受不一样的想法、观点，不一样的价值观，努力尝试参与国际与文化交流的活动，跨越差异，实现人与人之间的相

互信任。

同学们，你们准备好做合格的世界公民了吗？

附：【“全球素养”的定义】

——从多个角度批判地分析全球和跨文化议题的能力；

——理解差异是如何影响观念、判断，以及对自我和他人的认知的能力；

——在尊重人类尊严的基础上，与不同背景的他人进行开放、适宜、有效的互动的能力。

根据该定义，全球素养是一个有着多重维度的学习领域，包含了知识与理解力、技能、态度这三个维度。

目 录

一字诀　善——人之初，性本善 …… 1

二字诀　志——有志者，事竟成 …… 10

三字诀　技——精一技，通百路 …… 18

四字诀　恒——学无涯，贵有恒 …… 23

五字诀　律——克于己，复于礼 …… 29

六字诀　责——尽己责，担道义 …… 35

后　记 …… 42

一字诀

善——人之初，性本善

“人之初，性本善”是《三字经》中开篇的六个字，也是以孔子为代表的儒学的中心思想。孔子认为，人刚刚生下来的时候，本性就是善良的，而多年后孟子也一直延续着这个思想。其中，“善”的意思就是主张人性的根源是善良的，有了“善”的思想，才会有“善”的行动。所以，我们要拥有一颗向善之心、仁爱之心、爱国之心，这样，你才能体会到习善、行善的快乐。

关于“家国”的名言：

爱国主义就是千百年来巩固起来的对自己祖国的一种深厚的感情。——列宁

中国惟有国魂是最可宝贵的，惟有他发扬起来，中国人才真有进步。——鲁迅

人民不仅有权爱国，而且爱国是个义务，是一种光荣。——徐特立

国耻未雪，何由成名？——李白

第一课　我们的世界和平宣言

同学们，每年的9月21日为“世界和平日”，倡导所有国家和人民在这一天停止敌对行动，珍惜和平的宝贵。而在历史的长河中，涌现出了很多为世界和平、人类自由而战的伟大人物。

今天，在世界和平日到来之际，让我们了解几位“和平使者”的故事，学习他们为和平而奋斗和奉献的精神。

“圣雄”甘地

甘地，全名莫罕达斯·卡拉姆昌德·甘地（Mohandas Karamchand Gandhi，1869年10月2日—1948年1月30日），是印度民族解放运动的领导人、印度国民大会党领袖。甘地是印度国父，他的“非暴力”的哲学思想，影响了全世界的民族主义者和争取以和平实现变革的国际运动。

1. 请你查阅资料，了解甘地的生平事迹，并回答为什么人们称他为“圣雄”甘地。

____

____

____

2. 请简要概括甘地主义的思想。

“甘地主义”的核心内容是争取印度民族独立和社会进步，______________________________

____

____

3. 电影《甘地传》讲述了甘地提倡非暴力政策，赢得贫苦人民的信任和爱戴，并坚持用绝食等手段迫使英国政府同意印度独立的故事。该片荣获了第55届奥斯卡金像奖。

请你利用课余时间和同学或爸爸妈妈一起观看影片，进一步了解这位和平战士和政治领袖。

外交家——郑和

郑和是中国明朝航海家、外交家。从1405年开始，郑和在29年中先后七次下西洋。他的航行之举远远超过将近一个世纪之后的麦哲伦、哥伦布、达伽玛等航海家，堪称是“大航海时代”的先驱。

请你查阅资料，了解相关历史知识，回答下列问题：

1. 后人称“郑和下西洋”为“和平外交活动”，稳定了国际秩序，为什么呢？

____

____

____

2. 请你概况郑和身上具备哪些优秀的品质。

____

____

感今怀昔

在2014年12月13日，首个南京大屠杀死难者国家公祭日的公祭仪式上，77名中学生齐声诵读《和平宣言》，发出了南京对和平的呼唤。

《和平宣言》共240字，四字一句，用诗经体展现东方智慧，祈福世界和平。既朗朗上口、富有韵律，又饱含深情、极具震撼。文中引用了大量古今名句，表达了全国人民对南京大屠杀死难者的悼念与哀思，让很多现场公众落泪。请你和老师、同学们一起，欣赏并诵读宣言。

和平宣言

巍巍金陵，滔滔大江，钟山花雨，千秋芬芳。
一九三七，祸从天降，一二一三，古城沦丧。
侵华倭寇，掳掠烧杀，尸横遍野，血染长江。
三十余万，生灵涂炭，炼狱六周，哀哉国殇。
举世震惊，九州同悼，雪松纪年，寒梅怒放。

亘古浩劫，文明罹难，百年悲叹，警钟鸣响。
积贫积弱，山河蒙羞，内忧外患，国破家亡。
民族觉醒，独立解放，改革振兴，国运日昌。
前事不忘，后事之师，殷忧启圣，多难兴邦。
七十七载，青史昭彰，生生不息，山高水长。
二零一四，国家公祭，中外人士，齐聚广场。
白花致哀，庄严肃穆，丹忱抒写，和平诗章。
大道之行，天下为公，大德曰生，和气致祥。
和平发展，时代主题，民族复兴，世代梦想。
龙盘虎踞，彝训鼎铭，继往开来，永志不忘。

同学们，现在，就请你和同学们一起，编写你们的班级《和平宣言》，并为这份宣言设计制作一份宣传海报吧。

我们的班级《和平宣言》

本月活动

我的初中分享

同学们，你们已经升入初三，成了名副其实的“学长”“学姐”。相信你们在学习、生活、心理、活动等方面都拥有了许多宝贵的经验。如果让你们向初一的学弟学妹们分享，你有什么想说的呢？

请小组合作，制作一份以“分享”为主题的视频，为初一的同学提供力所能及的帮助。

同学们可以参考以下内容：

分享主题	分享内容
学习指导	围绕学习方法、目标制定、计划实施等方面—— 例如：如何为“五选三”做准备？ 如何有效巩固复习？ 我学文/理科的小秘籍 平衡学习与活动时间有方法 细节和习惯的力量
生活向导	好书推荐、值得一去的地方
心理疏导	如何应对/处理学业压力、考试焦虑、人际关系
活动辅导	兴趣培养、课外实践活动、志愿服务、公益活动、运动赛事

世界之窗

尼泊尔世界和平白塔（White tower Nepal world peace）

该塔是世纪之交的2000年，由日本、泰国、斯里兰卡及尼泊尔四个国家的人士集资兴建的，其中最主要的集资者是日本的佛教界。

在世界和平塔的四面墙壁上，塑着佛祖释迦摩尼四个阶段的雕像。

荷兰和平宫

和平宫是荷兰的著名建筑，位于海牙市郊，是联合国国际法院、国际法图书馆和国际法学院所在地。和平宫建造于1907年至1913年之间，它容纳着国际法庭、常设国际仲裁庭、海牙国际法学院和庞大的国际法图书馆。全球各国都为其中的陈设做出了贡献。

这座宫殿之所以被命名为和平宫，是为了表达它对解决争端和维持世界和平的重要性。1946年，国际法庭第一次开庭。这个法庭也作为联合国的司法机构，解决其成员国之间的争端。它同时也是战争罪行的审判地点。

联合国和平使者

"联合国和平使者"是联合国秘书长授予全球公民的最高荣誉。他们都是来自艺术、文学、音乐和体育等各个领域的杰出人士，其职责是吸引公众的注意力，帮助人们了解联合国的工作及其重要性。

该项计划自20世纪末启动以来，已有十多位杰出人士将自己的名字、声誉和力量慷慨地贡献出来，激励人们为创造更加和平的世界而奋斗。

已经被任命为和平使者的杰出人士包括对黑猩猩做出开创性研究的英国科学家珍·古道尔，华裔大提琴演奏家马友友，还有美国影星乔治·克鲁尼等人。

这些杰出人士甘愿奉献自己的时间、才智和热忱，使人们认识到联合国为改善全球数十亿人民的生活而付出的努力。

2013年10月，中国钢琴家郎朗被任命为联合国关注全球教育的和平使者，成为联合国第十二位和平使者。

《我的成长历程》

一、思考与感悟

1. 请你了解一位联合国和平使者的故事，学习他（她）是为世界和平所做出的贡献。

____

____

____

2. 作为一名初三的学生，你能为维护世界和平做出哪些努力呢？请谈一谈你的想法。

____

____

二、家长对你这个月表现的评价

☆孩子的作业完成情况（自主程度）：

____

☆孩子与家长的沟通情况：

____

☆总体来说孩子有哪些进步：

☆您希望孩子能够改掉哪些不足：

☆请您为孩子写一句鼓励的话：

三、"我长大了"

请你回顾自己在这个月里的表现，想想自己学到了哪些知识、道理，掌握了哪些技能，克服了哪些困难，做了哪些好人好事，哪里做得不好，下个月计划如何改进等等。

四、"难忘的记忆"

同学们，在每个人的成长历程中，总有一些"难忘的记忆"，让我们铭刻在心。比如，做了一件非常了不起的事情，让自己能量满满，足以"载入史册"；或者看了某部电影，让你伤心、难过了好几天；或者伤害了某人，让你很后悔；或者有人误会了你；或者一件事情你怎么也想不明白为什么……

在这个月里，你有没有经历过这样一件事呢？你愿意将它写出来吗？其实，这些事情就像树上的叶子，不管怎样，它们都会飘落，然后消失。而随着一片片叶子的荣枯，小树也在不断成长。

《难忘的记忆》

五、教师评语

亲爱的同学，通过一个月的学习、实践等活动，你达成了核心素养目标吗？做得好不好呢？请老师为我们把把关，做个点评吧。

善	学生得分（满分10分）	积极表现	不足之处
志	学生得分（满分10分）	积极表现	不足之处
技	学生得分（满分10分）	积极表现	不足之处
恒	学生得分（满分10分）	积极表现	不足之处
律	学生得分（满分10分）	积极表现	不足之处
责	学生得分（满分10分）	积极表现	不足之处
识	学生得分（满分10分）	积极表现	不足之处
合	学生得分（满分10分）	积极表现	不足之处

二字诀

志——有志者，事竟成

“有志者，事竟成”，意思是有志向的人，做事终究会成功。告诉我们人生要靠自己去拼搏、去奋斗，在风雨中百折不挠、勇往直前。同学们，成功属于那些不怕困难、不怕失败、坚持不懈、执着追求梦想而又充满自信的人。

所谓志者，乃有识之士也；所谓志者，亦当有远大抱负之人。

我们身处当今这样一个杰出人物频出的时代，没有远大的志向并为之努力奋斗，我们终将被淘汰。因此，树立远大的志向是至关重要的，它有助于我们更好地面对挫折，奋发向上，向着自己的目标，执着地追求，直至理想实现!

升入初三，你将面临未来的中考，学校、老师、家长包括你自己都希望能考个好的高中，进而考上一个好大学，学习你喜欢的专业知识，发挥你的特长优势，为社会贡献一份力量，也实现你自身的价值。

第二课　职面未来

同学们，你们了解目前的职场中都有哪些工作和岗位吗？现在的你，有未来的职业目标了吗？

通过这节课的学习，你将对目前的行业和职业有一个系统的了解，也希望你能了解自己的性格和特长，有一个初步的职业方向。在这个“万众创新”的时代里，希望你勇于探索、勇于开拓，更好地发挥和实现自己的价值。

职业梦工厂

1. 请你前往“智联招聘”等求职网站，了解行业的分类，以及每个行业下的职业类别，找到你喜欢或感兴趣的职位，了解这些职位的工作内容描述和对应聘者的要求。

◇你比较感兴趣的、让你心动的职位是什么？属于哪个行业？

◇求职网站上对该职位的描述和你想象的一样吗？有哪些出入呢？

2. 请你充当一次“猎头”，帮助以下历史人物推荐一个好工作吧，并说明你的理由。

小提示：你要充分了解这些人物的个性和特长。

人物	推荐岗位	推荐理由
张飞	岗位1：	
	岗位2：	
林黛玉	岗位1：	
	岗位2：	
王熙凤	岗位1：	
	岗位2：	
薛宝钗	岗位1：	
	岗位2：	

寻找职业偶像

同学们，成功并非偶然，每一位职场上的成功人士都比别人付出了更多的努力。他们在工作中更加用心、善于思考，以及把握机遇、懂得创新。比如比尔·盖茨、马克·扎克伯格、史蒂芬·乔布斯、马云等等，他们也已经成为一代年轻人的偶像。

你的心目中有没有这样一位偶像呢？有没有一位你想要成为的人？谁能够成为你追求职业梦想的

精神导师？请你写下他（她）的名字，并说明你要学习他们身上的哪些精神和品质。

本月活动

一日职业体验

1. 父母的职业

◇你的父母从事什么职业？具体承担什么工作？

爸爸：

妈妈：

◇你认为你的父母是否热爱他们的职业？请写出你的判断依据。

爸爸：

妈妈：

◇你认为做好一份工作，需要有怎样的态度？付出怎样的努力？

2. 请你深入了解爸爸妈妈的工作，有条件的同学可以跟随父母去工作单位近距离地体验父母每日的工作，或者做父母的“小助手”，帮他们做一些工作上力所能及的事情。请完成以下记录表，并将你体验的过程用视频或照片记录下来，保存到你的《电子成长档案中》。

《一日职业体验记录表》

我体验的工作是：
我的体验方式是（现场体验或做“小助手”）：
我体验的内容有：
我遇到的困难，以及解决办法：
爸爸或妈妈对我的工作的评价：
我认为自己还需要改进的地方：

畅想“未来职业”

1. 你认为，国家为何要提出开展“全国大众创业万众创新活动周”？你是如何看待“大众创业，万众创新”的？

____

____

2. 请思考：作为一名中学生，是否也应该是“大众”中的一员？你认为中学生应该在“大众创业，万众创新”的时代发挥怎样的光和热？

____

____

3. 如今，谷歌的无人驾驶汽车可以在硅谷101高速公路上自由穿梭，或是自己停靠到旧金山大街上，而且奥迪、丰田和奔驰等汽车厂商都在计划开发自己的无人驾驶汽车。因此，司机、驾校老师、停车执法者等等职业将可能会慢慢消失。

◇请你展开想象，谈一谈哪些“新型职业”可能被取而代之呢？

____

____

____

____

◇除了以上的例子，你还能想象出哪些“未来职业”呢？请你查阅资料，了解相关信息，畅想一个“未来职业”吧。

请描述你畅想的“未来职业”：______________________________

____

____

____

____

《我的成长历程》

一、思考与感悟

“为什么我们的学校总是培养不出杰出人才?”这是著名的“钱学森之问”。这位伟大的科学家道出了现代社会创新人才缺乏的无奈。请同学们谈一谈，你眼中的创新精神是什么？我们需要如何做才能解答“钱学森之问”？

二、家长对你这个月表现的评价

☆孩子的作业完成情况（自主程度）：

☆孩子与家长的沟通情况：

☆总体来说孩子有哪些进步：

☆您希望孩子能够改掉哪些不足：

☆请您为孩子写一句鼓励的话：

三、“我长大了”

请你回顾自己在这个月里的表现，想想自己学到了哪些知识、道理，掌握了哪些技能，克服了哪些困难，做了哪些好人好事，哪里做得不好，下个月计划如何改进等等。

四、“难忘的记忆”

同学们，在每个人的成长历程中，总有一些“难忘的记忆”，让我们铭刻在心。比如，做了一件非常了不起的事情，让自己能量满满，足以“载入史册”；或者看了某部电影，让你伤心、难过了好几天；或者伤害了某人，让你很后悔；或者有人误会了你；或者一件事情你怎么也想不明白为什么……

在这个月里，你有没有经历过这样一件事呢？你愿意将它写出来吗？其实，这些事情就像树上的叶子，不管怎样，它们都会飘落，然后消失。而随着一片片叶子的荣枯，小树也在不断成长。

《难忘的记忆》

五、教师评语

亲爱的同学，通过一个月的学习、实践等活动，你达成了核心素养目标吗？做得好不好呢？请老师为我们把把关，做个点评吧。

善	学生得分（满分10分）	积极表现	不足之处
志	学生得分（满分10分）	积极表现	不足之处
技	学生得分（满分10分）	积极表现	不足之处
恒	学生得分（满分10分）	积极表现	不足之处
律	学生得分（满分10分）	积极表现	不足之处
责	学生得分（满分10分）	积极表现	不足之处
识	学生得分（满分10分）	积极表现	不足之处
合	学生得分（满分10分）	积极表现	不足之处

技——精一技，通百路

“精一技，通百路”，意思是要掌握一门精通的技艺，以便在未来的人生道路上获得成功。我们要养成会学习、会探究、会交往、会沟通的能力；要以正确的心态看待失败，不要害怕失败；要知道“失败是成功之母”的道理，学会总结失败的原因，不断学习和改进。这样，我们才能真正地掌握一门技艺，掌握一种本领，未来的成功也才会属于我们。

第三课　探寻我自己的吉尼斯

同学们，11月9日是“吉尼斯世界纪录日”。《吉尼斯世界纪录大全》以猎奇取胜，许多人千方百计创造各种离奇的纪录，以使自己的名字列入书中。因此，探索与研究，是吉尼斯纪录的起源与发展的重要因素。

在“术攻月”里，你们将有机会创造属于自己的“吉尼斯记录”，也可以向别人的记录发起挑战。所以，你要仔细探究每一项记录背后所蕴含的知识和能力，并找到突破的办法，加以提升和训练，这样，才能挑战成功。

“吉尼斯”知多少

1. 你了解过“吉尼斯世界纪录”吗？请你检索资料，将下列填空补充完整。

①第一版《吉尼斯世界纪录大全》于____________年出版发行。

②____________年，中文版《吉尼斯世界纪录大全》开始出版发行。

③“吉尼斯世界纪录”所秉持的价值观是：________、________、________、________。

2. 你知道为什么要称为“吉尼斯世界纪录”吗？“吉尼斯”一词源于何处？

3. 在你看来，“吉尼斯世界纪录”存在的意义是什么？

寻找“吉尼斯挑战者”

1. 请你和小组同伴一起，寻找一位吉尼斯纪录获得者或挑战者，谈一谈他们的挑战故事，以及他们身上具备哪些精神和品质。

2. 吉尼斯的挑战过程是充满了挫折和失败的。你是否有过备受挫折、倍感沮丧的时刻呢？你是如何应对这种情况的呢？

本月活动

班级“吉尼斯”挑战赛

请根据自己的特长申报自己的班级“吉尼斯”项目，包括日常生活、学习、体能等各项技能，如：绕口令、古诗大比拼、口语达人、24点、口算大王、最强大脑、天文地理通、跳绳、踢毽子、记忆力、速算、呼啦圈、多米诺骨牌等等。

你也可以同时选择一项其他同学的“吉尼斯”项目发出“挑战宣战”。

每个项目先由申报者挑战个人纪录，该项目如有挑战者则再由挑战者向其个人纪录发起挑战，挑战成功者将更新纪录。最终评选出5名“班级吉尼斯之星”，并制作《班级吉尼斯纪录大全》。

活动引导

我申报的项目：________________________________

我的最好成绩是：________________________________

我想挑战的项目是：________________________________

我的目标成绩是：________________________________

《我的成长历程》

一、思考与感悟

在“班级吉尼斯挑战赛”中，你的战绩如何？是否挑战成功，或者成功“卫冕”？请你做一个小总结，说一说你找到了怎么样的方法？做了怎样的努力？

二、家长对你这个月表现的评价

☆孩子的作业完成情况（自主程度）：

☆孩子与家长的沟通情况：

☆总体来说孩子有哪些进步：

☆您希望孩子能够改掉哪些不足：

☆请您为孩子写一句鼓励的话：

三、“我长大了”

请你回顾自己在这个月里的表现，想想自己学到了哪些知识、道理，掌握了哪些技能，克服了哪些困难，做了哪些好人好事，哪里做得不好，下个月计划如何改进等等。

四、“难忘的记忆”

同学们，在每个人的成长历程中，总有一些“难忘的记忆”，让我们铭刻在心。比如，做了一件非常了不起的事情，让自己能量满满，足以“载入史册”；或者看了某部电影，让你伤心、难过了好几天；或者伤害了某人，让你很后悔；或者有人误会了你；或者一件事情你怎么也想不明白为什么……

在这个月里，你有没有经历过这样一件事呢？你愿意将它写出来吗？其实，这些事情就像树上的叶子，不管怎样，它们都会飘落，然后消失。而随着一片片叶子的荣枯，小树也在不断成长。

《难忘的记忆》

____

____

____

____

____

____

五、教师评语

亲爱的同学，通过一个月的学习、实践等活动，你达成了核心素养目标吗？做得好不好呢？请老师为我们把把关，做个点评吧。

善	学生得分（满分10分）	积极表现	不足之处
志	学生得分（满分10分）	积极表现	不足之处
技	学生得分（满分10分）	积极表现	不足之处
恒	学生得分（满分10分）	积极表现	不足之处
律	学生得分（满分10分）	积极表现	不足之处
责	学生得分（满分10分）	积极表现	不足之处
识	学生得分（满分10分）	积极表现	不足之处
合	学生得分（满分10分）	积极表现	不足之处

四字诀

恒——学无涯，贵有恒

“学无涯，贵有恒”，意思是在学习生活中，最可贵的就是要有坚持不懈的恒心和执着的毅力，要养成认真、执着、拼搏进取的习惯。

坚持是对极限的挑战，是对心血和汗水的慷慨挥洒，是对理想的执着，是不到长城不止步的豪迈。绳锯木断，水滴石穿，成功往往就诞生在“再坚持一下”的努力之中。

我们在平时的学习和生活当中，总会遇到一些小困难、小坎坷。如果我们很容易就退缩、放弃，半途而废，那之前的努力就都付之东流了。而只有那些坚持、不放弃的人，才能到达成功的彼岸。

请记录你自己经历的关于“恒”的一件事：

第四课　缅怀“一二·九”，长跑练意志

“一二·九”抗日救亡运动是中国共产党领导的一次大规模学生爱国运动，公开揭露了日本帝国主义侵略中国的阴谋，打击了国民党政府的妥协政策，促进了中国人民的觉醒。

在“持恒月”中，我们将开展长跑活动，希望你不要中途掉队或放弃，要克服困难，努力坚持下来。也希望你能继承和发扬“一二·九”运动中拼搏和奋斗的精神，战胜学习和生活中遇到的每一个难题、每一个困难，将“知难而进”变成一种学习习惯，将“拼搏”变成属于你自己的品质与魅力。

“为祖国自由而奋斗”

1935年12月9日，北平（北京）大中学生数千人举行了抗日救国示威游行，反对华北自治，反抗日本帝国主义，要求保全中国领土的完整。学生的爱国行动，得到了全国学生的响应和全国人民的支持，形成了全国人民抗日民主运动的新高潮。“一二·九”抗日救亡运动推动了抗日民族统一战线的建立，标志着中国人民抗日民主运动新高潮的到来。

1. 请你和同学们一起，阅读纪念“一二·九”运动的诗歌、文章，了解运动的历史背景和产生的意义，谈一谈“一二·九运动”中学生们如何展现出来拼搏与奋斗的精神。

____

____

____

____

2. 请你“小试牛刀”，尝试写一写纪念“一二·九”运动的诗歌，要表达出你对于爱国救亡运动的认识和赞扬。

____

____

____

____

本月活动

团结一致夺第一

1. 开展年级“团队跑”达标赛，每班一列纵队，由班主任或班长带队进行团队跑，并高喊“一二·九”长跑口号（如“强身健体，立志成才”“携手超越，逐梦未来”“齐心协力，永不言弃”等）。

小提示：“团队跑”要求整个团队具有很好的协调性。必须掌握统一的步伐和节奏，左右脚的出脚顺序、每一步的距离都是跑步协调的关键。最重要的是学生间要有配合精神。

达标数为3000米，限时20分钟。

达标要求：班级所有学生全部参与完成3000米跑，没有掉队和中途退出；全班步伐整齐，步调一致；口号呼喊整齐、嘹亮；团队跑时间在20分钟以内。

2. 请你在长跑前先充分了解冬季长跑中的注意事项，包括着装、跑前热身、跑后的拉伸运动等。

3. 活动总结：在长跑活动中，你是否在规定时间内完成了达标？是否跟上了老师和同学们的步伐？当感到吃力想要放弃的时候，你是如何克服并坚持下来的呢？请分享你在长跑中对于“拼搏”的体会。

《我的成长历程》

一、思考与感悟

1. 请你仔细思考，我们该如何从“一二九”运动中体会“拼搏”的意义？我们如何发扬和继承“拼搏”的精神来为实现我们的目标而努力？

2. 请记录你自己经历过的关于“恒”的一件事（请写明时间、地点、人物、事件等要素），并写在导语中。

二、家长对你这个月表现的评价

☆孩子的作业完成情况（自主程度）：

☆孩子与家长的沟通情况：

☆总体来说孩子有哪些进步：

☆您希望孩子能够改掉哪些不足：

☆请您为孩子写一句鼓励的话：

三、“我长大了”

请你回顾自己在这个月里的表现，想想自己学到了哪些知识、道理，掌握了哪些技能，克服了哪些困难，做了哪些好人好事，哪里做得不好，下个月计划如何改进等等。

四、“难忘的记忆”

同学们，在每个人的成长历程中，总有一些“难忘的记忆”，让我们铭刻在心。比如，做了一件非常了不起的事情，让自己能量满满，足以“载入史册”；或者看了某部电影，让你伤心、难过了好几天；或者伤害了某人，让你很后悔；或者有人误会了你；或者一件事情你怎么也想不明白为什么……

在这个月里，你有没有经历过这样一件事呢？你愿意将它写出来吗？其实，这些事情就像树上的叶子，不管怎样，它们都会飘落，然后消失。而随着一片片叶子的荣枯，小树也在不断成长。

《难忘的记忆》

五、教师评语

亲爱的同学，通过一个月的学习、实践等活动，你达成了核心素养目标吗？做得好不好呢？请老师为我们把把关，做个点评吧。

善	学生得分（满分10分）	积极表现	不足之处
志	学生得分（满分10分）	积极表现	不足之处
技	学生得分（满分10分）	积极表现	不足之处
恒	学生得分（满分10分）	积极表现	不足之处
律	学生得分（满分10分）	积极表现	不足之处
责	学生得分（满分10分）	积极表现	不足之处
识	学生得分（满分10分）	积极表现	不足之处
合	学生得分（满分10分）	积极表现	不足之处

五字诀

律——克于己，复于礼

“见贤思齐焉，见不贤而内自省也”，这一直是中国人德行修养的标准之一。自省就是自我评价、自我反省、自我调控和自我教育。它不仅是一种优良的品德，更是一种使人走向幸福的能力。

“自省”不等于自我批判，而是积极的、愉快的、具有建设性的。我们在逆境时要自省，顺境时更要自省，在自省中总结过去、规划未来。

具备“自省”能力的人表现为意志力强、个性独立、有自己的世界观、追求自己的兴趣、有自信、能独立完成学习任务。作为一名中学生，我们要不断审视和发现自身存在的不足，并不断改进、不断进步、日臻完善。

关于“自省”的名言：

吾日三省吾身。——孔子

知错就改，永远是不嫌迟的。——莎士比亚

最伟大的胜利，就是战胜自己。——高尔基

九牛一毫莫自夸，骄傲自满必翻车。历览古今多少事，成由谦逊败由奢。——陈毅

以人为鉴，明白非常，是使人能够反省的妙法。——鲁迅

第五课　秀出新年新气象

同学们，一年一度的新春佳节就要来到了。春节，意味着辞旧迎新，每个人都将迎接新的一年，面向新的未来。无论在这一年当中，你遇到了什么挫折，受到了哪些伤害，取得了哪些进步，赢得了哪些赞扬，你都将迎来新一年的曙光，你都将有机会重新开始，做一个崭新的自己。

希望在“律己月”中，你能更好地反省自己，认识自己的优势，更要发现自己的不足之处。通过这个月的活动，希望你能够体会“新”的含义，并通过努力，在新的一年里，成为一个更新、更好的自己。

本月活动

光影“新”播客

请你在春节期间捕捉5个表现“新”的画面，可以是新事物、新生命、新生活、新方法、新希望等等。请你将照片洗出来（12寸），在开学后与老师和同学们分享。

1. 请为你的照片设定一个主题，每张照片都要围绕这个主题。主题要紧扣“春节”或“新”这两个要素，如团圆相聚、万事如意、瑞雪兆丰年、辞旧迎新、最暖是亲情、世界万象、大好河山等。

2. 要想拍出美丽、经典的照片，就要掌握一些摄影技巧。请你查阅资料，学习关于摄影的技巧。

①拍下事物的影子，能够增强画面的立体感和美感。

②善用“黄金分割法”，使照片更有吸引力。

③______________________________

④______________________________

⑤______________________________

活动总结

你拍摄的新年照片展示的是什么主题？你是在什么情况下拍摄的？请你对五张照片所反映的人物或景物做一个描述。

全新的我

同学们，新的一年，希望你能拥有一个全新的自我，迎接新一年的挑战。现在，让我们来尝试通过努力，改掉一些坏习惯、坏毛病，在新的一年做更好的自己。

1. 请你查阅字典，找一找有哪些成语是形容人的“坏习惯”，并对照自身，“查缺补漏”。

“坏习惯”大发现

类 型	成语
做人的坏习惯	如：言而无信、悲观消极、斤斤计较……
做事的坏习惯	如：急于求成、敷衍了事……
学习的坏习惯	如：粗心大意、半途而废、三心二意……
交往的坏习惯	如：嫉善妒能、固执己见、心胸狭小……

2. 请你回忆自己的日常行为，找一找自己存在的“坏习惯”。

3. 请你搜索资料，阅读一些名人故事，谈一谈他们在改正坏习惯的过程中表现出了哪些精神？哪一点给你留下了深刻印象？

《“改掉坏习惯”阅读笔记》

◇我阅读了＿＿＿＿＿＿的故事。

◇故事讲述了他（她）＿＿＿＿＿＿＿＿＿＿＿＿＿＿＿＿＿＿＿＿＿＿＿＿

＿＿＿＿＿＿＿＿＿＿＿＿＿＿＿＿＿＿＿＿＿＿＿＿＿＿＿＿＿＿＿＿＿＿

＿＿＿＿＿＿＿＿＿＿＿＿＿＿＿＿＿＿＿＿＿＿＿＿＿＿＿＿＿＿＿＿＿＿

◇我的收获与感悟：

＿＿＿＿＿＿＿＿＿＿＿＿＿＿＿＿＿＿＿＿＿＿＿＿＿＿＿＿＿＿＿＿＿＿

＿＿＿＿＿＿＿＿＿＿＿＿＿＿＿＿＿＿＿＿＿＿＿＿＿＿＿＿＿＿＿＿＿＿

＿＿＿＿＿＿＿＿＿＿＿＿＿＿＿＿＿＿＿＿＿＿＿＿＿＿＿＿＿＿＿＿＿＿

＿＿＿＿＿＿＿＿＿＿＿＿＿＿＿＿＿＿＿＿＿＿＿＿＿＿＿＿＿＿＿＿＿＿

4. 请你在这个月当中，谨慎思行，刻意地去努力摒弃你的坏习惯，并向做得好的同学学习。然后分享在这个过程中你战胜困难、成功改掉坏习惯的办法。

示例：我平时总是爱丢三落四，于是我尝试把重要的物品摆放在固定的位置上，在出门和放学前检查并确认自己带好了所有物品，也请爸爸妈妈时刻提醒我。经过近一个月的努力尝试和克服，我不再丢三落四了。

＿＿＿＿＿＿＿＿＿＿＿＿＿＿＿＿＿＿＿＿＿＿＿＿＿＿＿＿＿＿＿＿＿＿

＿＿＿＿＿＿＿＿＿＿＿＿＿＿＿＿＿＿＿＿＿＿＿＿＿＿＿＿＿＿＿＿＿＿

＿＿＿＿＿＿＿＿＿＿＿＿＿＿＿＿＿＿＿＿＿＿＿＿＿＿＿＿＿＿＿＿＿＿

＿＿＿＿＿＿＿＿＿＿＿＿＿＿＿＿＿＿＿＿＿＿＿＿＿＿＿＿＿＿＿＿＿＿

＿＿＿＿＿＿＿＿＿＿＿＿＿＿＿＿＿＿＿＿＿＿＿＿＿＿＿＿＿＿＿＿＿＿

《我的成长历程》

一、思考与感悟

1. 通过努力，你是否改掉了一些坏毛病，养成了好习惯？如果在没有强制要求的情况下，你还会保持良好的习惯吗？为什么？

＿＿＿＿＿＿＿＿＿＿＿＿＿＿＿＿＿＿＿＿＿＿＿＿＿＿＿＿＿＿＿＿＿＿

＿＿＿＿＿＿＿＿＿＿＿＿＿＿＿＿＿＿＿＿＿＿＿＿＿＿＿＿＿＿＿＿＿＿

＿＿＿＿＿＿＿＿＿＿＿＿＿＿＿＿＿＿＿＿＿＿＿＿＿＿＿＿＿＿＿＿＿＿

2. 对于一些不会伤害到别人的“坏毛病”，你觉得有必要改正吗？为什么？

二、家长对你这个月表现的评价

☆孩子的作业完成情况（自主程度）：

☆孩子与家长的沟通情况：

☆总体来说孩子有哪些进步：

☆您希望孩子能够改掉哪些不足：

☆请您为孩子写一句鼓励的话：

三、“我长大了”

请你回顾自己在这个月里的表现，想想自己学到了哪些知识、道理，掌握了哪些技能，克服了哪些困难，做了哪些好人好事，哪里做得不好，下个月计划如何改进等等。

四、“难忘的记忆”

同学们，在每个人的成长历程中，总有一些“难忘的记忆”，让我们铭刻在心。比如，做了一件非常了不起的事情，让自己能量满满，足以“载入史册”；或者看了某部电影，让你伤心、难过了好几天；或者伤害了某人，让你很后悔；或者有人误会了你；或者一件事情你怎么也想不明白为什么……

在这个月里，你有没有经历过这样一件事呢？你愿意将它写出来吗？其实，这些事情就像树上的叶子，不管怎样，它们都会飘落，然后消失。而随着一片片叶子的荣枯，小树也在不断成长。

《难忘的记忆》

五、教师评语

亲爱的同学，通过一个月的学习、实践等活动，你达成了核心素养目标吗？做得好不好呢？请老师为我们把把关，做个点评吧。

善	学生得分（满分10分）	积极表现	不足之处
志	学生得分（满分10分）	积极表现	不足之处
技	学生得分（满分10分）	积极表现	不足之处
恒	学生得分（满分10分）	积极表现	不足之处
律	学生得分（满分10分）	积极表现	不足之处
责	学生得分（满分10分）	积极表现	不足之处
识	学生得分（满分10分）	积极表现	不足之处
合	学生得分（满分10分）	积极表现	不足之处

六字诀

责——尽己责，担道义

“尽己责，担道义”出自《三字经》，意思是一个人要有担当的胸襟，推己及人去帮助他人，关心社会，成为有公益情怀的人。作为一名新时代的中学生，我们每一个人都要拥有责任意识。力学习是我们的责任，孝敬父母、团结同学、尊敬老师是我们的责任，热爱祖国、热爱人民也是我们的责任。

这个月，我们将学习“爱岗敬业”的知识。“爱岗敬业”指的是忠于职守的事业精神，这是职业道德的基础。“爱岗”就是热爱自己的工作岗位，热爱本职工作，“敬业”就是要用一种恭敬严肃的态度对待自己的工作。

爱岗和敬业，互为前提，相互支持，相辅相成。“爱岗”是“敬业”的基石，“敬业”是“爱岗”的升华。

请你谈一谈对“乐善”的理解：

第六课　超越自我，创造辉煌

同学们，再过三个月，你们就要毕业了，即将成为高中生的你，将要迈上人生中的又一级新的台阶。不知你是否为之做好了准？是否聚集了足够的能量迎接新的挑战？

三月是我们的“职守月”，而努力学习就是你们对职责的最大坚守。希望通过“百日誓师”活动，你们能够树立起“创造辉煌”的决心和动力，能够唤起你们对未来更高的向往，激发你们勇往直前的信心。

青春我做主

1. 德国著名的儿童心理学家夏洛特·彪勒曾把青春期称为“消极反抗期”，处于这个时期期的青少年，经常会被贴上“叛逆”“偏激”“固执”等标签。

请你回想并观察，你和你的同学们是否也表现出了这些特质？你是如何看待这些“标签”呢？

____

____

2. 现在的青年人口头常说：“我好迷茫！”作为正值青春的你，是否也在成长路上感到迷茫呢？请写下你的“迷茫”之处。

____

____

3. 遇到了迷茫和困惑，你首先会选择向谁沟通呢？你的老师、家长还是哥哥姐姐？请你把烦恼和他们说一说，看看会得到怎样的开导和帮助。

《烦恼涂改记》

我的困惑	我的“导师”	“导师”的话	我的思考

“水滴石穿”的信念

“我要扼住命运的咽喉，它不能使我完全屈服”，这是伟大的音乐家贝多芬一生的誓言，也是一首英雄意志战胜宿命论、光明战胜黑暗的壮丽凯歌！正是有了这种“水滴石穿”的信念，我们才敢于向命运中的艰难困苦进行挑战，不轻言放弃，谱写精彩的人生。

1. 请解释“水滴石穿”的含义，并列举它的近义词。

◇释义

____

____

◇近义词

____

____

2. 请你搜索资料，解释一下为何“滴水能穿石”？你还能举出与“滴水穿石”原理类似的例子吗？

寻找“初心”

习近平总书记在党的十九大报告中指出，全党人要“不忘初心，牢记使命”，为实现新时代历史使命而努力奋斗。

1. 请结合自身，谈谈你对“不忘初心，牢记使命”的理解。

2. 请你寻找“不忘初心，牢记使命”的榜样人物，可以是你身边的同学、家长，也可以是文学作品中的人物，请把他（她）的事迹简要记录下来。

本月活动

百日誓师

同学们，还有三个月，你们就要面临中考了，这也许是你们的人生当中真正遇到的第一道“关卡”。你将如何用努力来证明自己的实力？如何为自己的理想实现迈上关键的一步？

1. 请你大声朗读《百日誓言》。

百日誓言

我的青春，在这神圣的时刻剧烈燃烧，火红的烈焰，亮彻每一个角落；

我的理想，在这庄严的殿堂盘旋升腾，青春的脚步，敲响出征的战鼓。

奋战一百天，

让飞翔的梦在六月张开翅膀。

奋斗一百天，
让雄心与智慧在六月闪光。
这里，我们昂首蓝天，
这里，我们举起右手，
这里，让我们庄严宣誓——
不负父母的期盼！
不负恩师的厚望！
不负天赐的智慧！
不负青春的理想！
信心百倍！
斗志昂扬！
全力以赴！
铸我辉煌！

2. 请仔细思考，明确自己的目标，列出你的“百日计划”。

◇3月：________________________________

____

◇4月：________________________________

____

◇5月：________________________________

____

◇6月：________________________________

____

《我的成长历程》

一、思考与感悟

1. 请你思考并谈一谈，在成长路上的我们应该如何坚定自己的信念？

____

____

____

____

2. 在你看来，理想信念是不是应该坚持始终如一？还是可以随着外界的变化而不断变化？请写下你的结论和思考。

____

____

____

3. 请利用课余时间阅读塞万提斯的名著《唐·吉坷德》，感受理想与现实的辩证关系。

4. 通过本月的活动，你对“乐善”的意义什么新的理解吗？请仔细思考并写在导语中相应的位置上。

二、家长评价

请爸爸妈妈为你这一年的表现做个评价吧。

《家长评价表》

评价内容	评分(满分10分)	请简要描述您的评分依据
关心时政新闻，主动了解国内外大事		
生活中善于提出问题，并主动思考		
爱学习、会学习，讲究学习方法和学习策略		
日常生活完全自理		
每天都能帮助大人做家务		
尊重父母，有心事、想法主动与父母沟通		
良好的作息规律，对垃圾食品能主动节制		
主动与他人打招呼、沟通，言语举止大方得体		
不与同学攀比，爱惜物品、不随意丢弃		
诚实、诚信，勇于担当		
总分：		
您的总结（总结、思考、期望等）：		

三、“我长大了”

请你回顾自己在这个月里的表现，想想自己学到了哪些知识、道理，掌握了哪些技能，克服了哪些困难，做了哪些好人好事，哪里做得不好，下个月计划如何改进等等。

四、“难忘的记忆”

同学们，在每个人的成长历程中，总有一些“难忘的记忆”，让我们铭刻在心。比如，做了一件非常了不起的事情，让自己能量满满，足以“载入史册”；或者看了某部电影，让你伤心、难过了好几天；或者伤害了某人，让你很后悔；或者有人误会了你；或者一件事情你怎么也想不明白为什么……

在这个月里，你有没有经历过这样一件事呢？你愿意将它写出来吗？其实，这些事情就像树上的叶子，不管怎样，它们都会飘落，然后消失。而随着一片片叶子的荣枯，小树也在不断成长。

《难忘的记忆》

五、教师评语

亲爱的同学，通过一个月的学习、实践等活动，你达成了核心素养目标吗？做得好不好呢？请老师为我们把把关，做个点评吧。

善	学生得分（满分10分）	积极表现	不足之处
志	学生得分（满分10分）	积极表现	不足之处
技	学生得分（满分10分）	积极表现	不足之处
恒	学生得分（满分10分）	积极表现	不足之处
律	学生得分（满分10分）	积极表现	不足之处
责	学生得分（满分10分）	积极表现	不足之处
识	学生得分（满分10分）	积极表现	不足之处
合	学生得分（满分10分）	积极表现	不足之处

注：由于9年级的你们即将中考，故剩下的三个字诀——识、合、悦，不再编排内容统一学习。但是，这三个字诀仍需你们自行体悟、深刻领会，因为它们对你们以后的人生过程至关重要。博学多识，尚合求同，远近皆悦，愿你们扬鞭策马，望远登高，不负灼灼韶华！

后记

亲爱的同学们：

初中生活是美好的，初中生活是多姿多彩的，是别具一格的，是回味无穷的。

这里有快乐，有苦恼，有困惑，有伤心……太多的情感融合在一起，让短短的初中变得简单而复杂，像是一杯咖啡，苦涩中带有淡淡的哀愁，只有细细品味，才能察觉它的香甜。在这里，你渴望生活，渴望创造，渴望学习，渴望为你的人生谱写一曲壮丽的乐章。

在初中的生活中，你也会慢慢发现自己变了，变得独立，变得坚强，变得有个性、有主见。对父母的依赖少了，能帮助他们做的事情多了。

在过去的一年中，你们明白了和平的意义，明确了自己的家国梦想；知道了自己喜欢的职业类型，体验了“一日”职场生活，找到了自己的职业榜样；完成了属于自己的吉尼斯挑战；了解和学习了“一二·九”运动中的拼搏精神和顽强斗志；改掉了一些坏毛病，找到了一个全新的自己；同学们互相帮助，摆脱了青春期的迷茫；寻找自己的坚定不移的初心，经历了斗志昂扬的百日誓师。

希望你们能够继续秉持“做自己，赢未来”的坚强决心，充分发挥自己的优势，用强大的能力充实自己，走进生活里，走进社会中，在不断的探索与实践中完善自我品格，提升个人涵养，成为有道德、有情感、有理想、有抱负的“社会人”！